最新盾构机司机培训教程

李 波 黄 磊 主 编
张 微 赵征祥 副主编

化学工业出版社
·北京·

本教程由国内知名的工程机械驾驶培训教练编写，总结了多年实际职业培训的要求、经验和方法编写而成，内容实用，可操作性强。本书主要教会盾构机司机认识、了解盾构机的整体结构，如何一步一步地学会操作盾构机，并逐步掌握熟练操作的技巧；同时还介绍了保养维护的基本知识和要求，以及必要的安全操作规程和安全注意事项。另外，该教程还介绍了新机型、新技术的理论及应用，使读者既能操作盾构机普通机型又能操作最新机型。

本操作教程不仅适用于工程机械专业技术培训学校，也可供盾构机售后服务人员、维修人员自学参考。

图书在版编目（CIP）数据

最新盾构机司机培训教程/李波，黄磊主编. —北京：化学工业出版社，2015.3（2020.5重印）
ISBN 978-7-122-23032-4

Ⅰ.①最… Ⅱ.①李…②黄… Ⅲ.①盾构-施工机械-操作-培训-教材 Ⅳ.①U455.3

中国版本图书馆CIP数据核字（2015）第030385号

责任编辑：张兴辉　　　　　　　　　文字编辑：项　潋
责任校对：陶燕华　　　　　　　　　装帧设计：王晓宇

出版发行：化学工业出版社（北京市东城区青年湖南街13号　邮政编码100011）
印　　装：北京七彩京通数码快印有限公司
850mm×1168mm　1/32　印张10　字数278千字
2020年5月北京第1版第4次印刷

购书咨询：010-64518888　　　　　　　售后服务：010-64518899
网　　址：http://www.cip.com.cn
凡购买本书，如有缺损质量问题，本社销售中心负责调换。

定　　价：49.00元　　　　　　　　　　　　版权所有　违者必究

前言 FOREWORD

近年来，随着科学技术的快速发展，工程机械新技术、新产品不断涌现，盾构机也有了新一代的产品，确立了新的机械理论体系。为满足职业技术培训学校及企业工程机械驾驶培训的需要，我们在过去已编《盾构机操作工培训教程》一书基础上，根据近年来盾构机培训中反馈的信息，有针对性地编写了本书。本书在原有基础理论技术的基础上，重点增加了新理论、新技术、新内容和新的操作方法，以提高盾构机驾驶员的实际操作能力，以及管理服务人员在盾构机施工现场分析和解决问题的能力。

盾构机司机培训教程是针对新一代盾构机，电喷发动机理论技术、电脑控制以及电脑监控运用的操作，以了解认识盾构机、会开盾构机、熟练掌握施工操作技巧，最终成为一名既是操作高手，又会维护保养的合格驾驶员而编写的。

本教程按盾构机培训的内容分为：盾构机常识；盾构机安全要求；盾构机结构基础知识；盾构机操作技术；盾构机维护保养以及盾构机故障诊断。在论述盾构机操作过程中，必须掌握哪些理论知识（应知），需要具备哪些技能（必会），同时在完成这些技能时要注意哪些事项，及有哪些经验技巧可以供参考，通过这些内容的学习体现该教程做什么、学什么；学什么、用什么。使之体现出学以致用的最大特点。

本书由李波、黄磊主编，张微、赵征祥副主编，赵永年、李文强、赵成志、徐文秀、马志梅、朱永杰、李秋、李林、马冰雪、陆清晨、张斌、张翠等参与编写，并得到了微山县技工学校的大力支持和帮助，在此表示衷心感谢！

由于笔者水平有限，书中难免存在不足之处，恳请广大读者批评指正。

编 者

目录 CONTENTS

	PAGE
第 1 篇	
盾构机操作基础	1

第 1 章　盾构机简介	2
1.1　盾构机基本概况	2
1.2　盾构机的功能与组成	5
1.2.1　盾构机的功能	5
1.2.2　盾构机的类型	7
1.2.3　盾构机的组成	7
1.3　盾构机的技术参数	16
1.3.1　术语和定义	16
1.3.2　技术性能参数	18
1.4　国内外盾构技术的发展现状及趋势	27
第 2 章　盾构机安全作业与操作员的基本要求	34
2.1　盾构机操作员的素质与职责	34
2.1.1　对操作员的要求	34
2.1.2　对操作者的安全规定	35
2.1.3　组织管理措施	36
2.1.4　安全保障设备和危险区域	36
2.1.5　操作	39
2.1.6　保养和维修的要求	40
2.1.7　其他安全规程	41
2.2　盾构机主机操作安全操作规程	43
2.2.1　人员要求及安全操作总则	43
2.2.2　操作系统参数设定	44
2.2.3　开机	46
2.2.4　掘进	46

2.2.5 盾构的姿态调整	47
2.2.6 掘进结束	48
2.2.7 掘进报告的填写	49

第 2 篇

盾构机构造原理

PAGE 51

第 3 章 盾构机的结构原理与组成	52
3.1 盾构机的结构概述	53
3.1.1 盾构的类型和机型	53
3.1.2 土压盾构的结构原理	53
3.2 盾构机的主体部分结构与原理	56
3.2.1 盾体结构功能与工作原理	57
3.2.2 刀盘	61
3.2.3 刀盘驱动	64
3.2.4 双室气闸	66
3.2.5 管片拼装机	69
3.2.6 盾构机的排土机构	70
3.2.7 铰接系统	72
3.3 盾构机后配套部分结构部分	72
第 4 章 盾构机的液压系统	86
4.1 液压系统概述	86
4.1.1 盾构系统的功能	86
4.1.2 液压传动系统的组成	88
4.2 盾构液压系统的基本组成	91
4.2.1 液压系统动力源	91
4.2.2 液压系统执行单元	92
4.2.3 操作和控制单元	96
4.2.4 盾构液压系统的特点	96
4.3 液压系统回路	97
4.3.1 液压主系统回路	97
4.3.2 辅助系统回路	109

4.4 盾构设备辅助系统	113
4.4.1 润滑和密封	113
4.4.2 注浆回路	117
4.4.3 泡沫回路	118
4.4.4 膨润土回路	120
4.4.5 压缩空气回路	121
4.4.6 工业水回路	122
4.4.7 排气与通风	123
4.4.8 回转接头和人闸	126
第5章 盾构机电气控制系统	127
5.1 盾构机电气系统概述	127
5.1.1 配电系统	128
5.1.2 自动控制系统的组成	132
5.2 盾构机的基本电气设备及基本原理	134
5.2.1 配电系统概述	134
5.2.2 电气设备	137
5.3 盾构机控制电路的组成及基本原理	140
5.3.1 控制电路的组成	140
5.3.2 控制线路系统组成	143
5.3.3 可编程控制系统	143
5.3.4 计算机控制及数据采集分析系统	144
5.3.5 盾构机电气系统的应用	145

第3篇	PAGE
盾构机施工操作	149

第6章 盾构机基础操作	150
6.1 操纵台功用与控制	150
6.1.1 盾构机主要结构组成及操作顺序	150
6.1.2 盾构机各系统的启动和停止	151
6.2 PLC控制屏幕的识读与监控	152
6.2.1 屏幕的布置	153

6.2.2　操作面板的描述	157
第7章　盾构机操作程序	173
7.1　盾构机操作	173
7.1.1　盾构机操作手的要求	173
7.1.2　盾构机的主要技术参数功能	174
7.2　盾构机的操作程序	179
7.2.1　开机的准备	179
7.2.2　掘进的操作	180
7.2.3　掘进中可能的紧急情况处理	183
7.2.4　掘进结束	184
7.2.5　掘进记录	185
7.2.6　管片拼装	185
7.3　盾构机装置的基本操作	187
7.3.1　操作台(操作面)的使用	187
7.3.2　操作台(监控面)的使用	190
7.3.3　操作台内部的使用	191
7.3.4　上部推进液压缸操作箱的使用	192
7.3.5　下部推进液压缸操作箱的使用	192
7.3.6　拼装机遥控器的使用	192
7.3.7　拼装机有线操作箱的使用	193
7.3.8　紧急停止操作盒的使用	194
7.3.9　报警操作盒的使用	194
7.3.10　加泥转播操作箱操作	194
7.3.11　阀头闸门、螺旋机伸缩操作箱的使用	195
7.3.12　安全装置(联锁装置)	195
7.3.13　盾尾密封	200
第8章　盾构机施工作业	202
8.1　盾构法施工的特点及流程	202
8.1.1　盾构施工的特点	202
8.1.2　盾构施工工艺流程	204
8.2　土压平衡式盾构机安装	204
8.2.1　盾构体	204
8.2.2　盾构机的施工准备	208

8.2.3 盾构的出、进洞技术	211
8.2.4 盾构推进	213
8.2.5 管片拼装及防水	217
8.2.6 隧道注浆	221
8.2.7 隧道内衬施工	224
8.3 盾构机技术标准	228
8.4 试验方法	239
8.4.1 厂内试验	239
8.4.2 施工现场井下试验	247
8.4.3 盾构100m试推进试验	248
8.5 检验规则	248
8.5.1 检验的分类	248
8.5.2 判定规则与复验规则	254
8.5.3 标志、标签、使用说明书	254
8.5.4 包装、运输、贮存	254

第4篇 盾构机维护保养与故障排除

PAGE 257

第9章 盾构机的维护保养	258
9.1 盾构机维修保养内容	258
9.2 维修保养操作方法	268
9.2.1 滤清器(更换滤芯)	269
9.2.2 加注液压油和齿轮油方法	272
9.2.3 推进液压缸检查方法	273
9.2.4 铰接密封的调节方法	273
9.2.5 盾尾油脂密封气动阀的检查方法	274
9.2.6 空压机的维保方法	275
9.2.7 油脂桶更换操作要求	277
第10章 盾构机常见故障排除	278
10.1 盾构机操作员常见故障	279
10.2 盾构机液压系统故障与排除	283

10.2.1 盾构机推进系统液压故障案例分析	283
10.2.2 刀盘驱动液压系统的故障与排除	290
10.2.3 刀盘卡死故障与排除	292
10.2.4 管片拼装系统的故障与排除	294
10.2.5 盾构机施工中设备泄漏的故障与排除	295
10.2.6 液压油温度过高故障的排除	298
10.3 盾构机电气系统故障与排除	300

第1篇 盾构机操作基础

第1章 盾构机简介

1.1 盾构机基本概况

(1) 认识盾构机（图1-1、图1-2）

为了对盾构机有一个初步的认识，现以德国海瑞克设计的盾构机为例作一介绍，海瑞克盾构机总重520t，总长82m。盾构机分为"车头""车厢"两大部分；"车头"叫盾体，"车厢"叫后配套设备，后配套设备分别安装在盾体后的5节后续台车上。盾体的构成十分复杂，包括盾构本体、盾构千斤顶、管片拼装机、刀盘、仿形刀盘、动力装置、电源装置、管道和布线、牵引车架、注浆系统、泡沫系统、回填系统等20多个组成部分。盾构机的主要作业都是在盾壳的保护下进行的，盾构机其实是盾和矛的综合体。位于盾体最前端的刀盘就起矛的作用。刀盘前端有92支"矛"，为适应地质条件，配备了由滚刀、刮刀及可换型撕裂刀等组合的具有硬岩和软土"通吃"的结构，因此得名盾构机。

图1-1 盾构机（一）

图 1-2　盾构机（二）

为防止盾构机在掘进过程中被地质中存在的黏性土质、风化岩黏附在刀盘背面及胸板表面，刀盘上附设了固定搅拌翼，能把加注在开挖面的添加材料，包括泥、水、泡沫等，与切削下来的土体在土仓中进行充分搅拌，提高土体的塑性及流动性，并具有止水性。在盾构机的前体上有一个密封隔板，盾构和开挖面之间构成一个土仓，用于堆积刀盘切削下来的渣土，以便通过对这些渣土进行加压，使压力作用在开挖面上，维护被开挖土体的稳定。同时它还可以保护在土仓内作业人员的安全。

盾体中上有推进系统、渣土运输系统、管片运输、安装系统、人闸装置系统等。盾构机后体内周均匀地安装了 32 个盾构，它与前体和后体之间的 14 台千斤顶组成盾构推进的动力装置。推进千斤顶总推力为 34,210kN，相当于 10 倍火车头的牵引力。当盾构机在地下掘进时，土仓内和隧道内的压力差可达 2atm❶，相当于 20m 水深，这也同时阻止了地下水渗入盾构体内。此时，工作人员若要进入土仓作业，必须在人闸内历经缓慢加压过程，直到人闸内气压与土仓内压力相等，方能打开闸门进入土仓；人员离开高压环境时也必须在人闸内经过减压过程。

人闸内的装置有照明灯、压力表、气阀、时钟、消声器、椅

---

❶　1atm＝101325Pa。

子、取暖器、电话等。一旦发现有人不适于继续工作时，将立即安排其到主仓接受减压，同时安排医护人员立即进入人闸副仓进行加压，以缩短医护人员与伤员之间的压力差，使医护人员能尽快对伤员进行初步救治。另外油压、电气、控制系统和庞大后配套系统共同协调配合，才能保证盾构机正常运行。

一台盾构机作业时，由正、副2名操作员担任操作工作。为提高可靠性，还要有1名操作员备班，要运行一台盾构机，还要配备除渣人员10人、管片运输和安装6人、龙门吊操作员2人，还有电工等。盾构机实行两班倒作业，每班人员不到40人。要使用好这台盾构机，整个团队，包括项目经理、安全员和材料采购、后勤人员等共有100多人。

(2) **TBM**（图1-3）

TBM是目前国际上最先进的隧洞施工机械，它依靠机械的强大推力和剪切力破碎岩石。

图1-3　TBM

它的巨大推力由高压液压缸提供，使刀具能够贯入岩体，因此液压缸的推力、道具的贯入度就是TBM掘进速度的一个重要参数。

剪切力就是由安装在刀盘上的刀具——滚刀、切刀、刮刀等切割岩体实现的，刀盘由驱动轴承带动旋转提供转矩和转速，使隧洞掘进、出碴、衬砌、灌浆、采用激光导向等工序平行作业，实现一次成洞。

TBM法对围岩扰动小，开挖面平整圆顺，超欠挖少，可以有效降低地质灾害引发的风险，实现连续快速作业。它具有速度快、质量优、费用低、施工安全等优点，广泛应用于水利、水电、城建、交通等行业。

真正意义上的TBM主要分为两个大类，一类是岩石隧道掘进机，国内一般称为TBM，有单护盾和双护盾的，用于岩石隧道施工，初期支护多采用锚杆喷射混凝土支护，大部分还有二次衬砌，最终成形隧道，不过也有采用类似盾构管片形式一次成形的；另一类就是盾构机，分为土压平衡盾构机和泥水盾构机。用于单一或者复合式的土层、砂层、岩层地质条件的隧道施工，没有初期支护，采用管片的形式进行拼装形成衬砌，一次成形隧道。

TBM适用于中硬岩层的开挖，最适宜于开挖岩石单轴抗压强度介于50~150MPa的岩层。当岩石的抗压强度超过150MPa时，将导致掘进机刀具磨损加剧，掘进速度降低，施工成本提高。而当掘进机通过自承能力较差围岩时，如土层、断层破碎带、溶洞等不良地质条件时，会发生机头下沉，拱顶坍塌，甚至会被埋没等。

20世纪60年代以来，TBM以其朴素的破岩机理、先进的技术集成及很高的掘进效率而得到迅速发展。目前，中小直径TBM在各类围岩中的掘进技术已经基本成熟，应用也最为广泛。

1.2 盾构机的功能与组成

1.2.1 盾构机的功能

盾构机（图1-4）是掘进机的一种类型，掘进机的定义是用机械能破碎隧道掌子面、随即将破碎物质连续向后输出并获得预期的洞型、洞线的机器。

用盾构机进行隧洞施工具有自动化程度高、节省人力、施工速度快、一次成洞、不受气候影响、开挖时可控制地面沉降、减少对地面建筑物的影响和在水下开挖时不影响水面交通等特点，在隧洞

图1-4 盾构机（三）

洞线较长、埋深较大的情况下，用盾构机施工更为经济合理。

盾构机是盾构施工法中的主要施工机械。盾构施工法是在地面下暗挖隧洞的一种施工方法，它使用盾构机在地下掘进，在防止软基开挖面崩塌或保持开挖面稳定的同时，在机内安全地进行隧洞的开挖和衬砌作业。其施工过程需先在隧洞某段的一端开挖竖井或基坑，将盾构机吊入安装，盾构机从竖井或基坑的墙壁开孔处开始掘进并沿设计洞线推进直至到达洞线中的另一竖井或隧洞的端点。

盾构机施工主要由稳定开挖面、挖掘及排土、衬砌（包括壁后灌浆）三大要素组成。

（1）盾构机的掘进

液压马达驱动刀盘旋转，同时开启盾构机推进液压缸，将盾构机向前推进，随着推进液压缸向前推进，刀盘持续旋转，被切削下来的碴土充满泥土仓，此时开动螺旋输送机将切削下来的渣土排送到带式输送机上，后由带式输送机运输至渣土车的土箱中，再通过竖井运至地面。

（2）掘进中控制排土量与排土速度

当泥土仓和螺旋输送机中的碴土积累到一定数量时，开挖面被切下的渣土经刀槽进入泥土仓的阻力增大，当泥土仓的土压与开挖面的土压和地下水的水压相平衡时，开挖面就能保持稳定，开挖面对应的地面部分也不会坍塌或隆起，这时只要保持从螺旋输送机和泥土仓中输送出去的渣土量与切削下来的流入泥土仓中的渣土量相平衡，开挖工作就能顺利进行。

(3) 管片拼装

盾构机掘进一环的距离后，拼装机操作手操作拼装机拼装单层衬砌管片，使隧道一次成形。

1.2.2 盾构机的类型

盾构机根据适用土质不同可分为软土盾构机、硬岩盾构机、混合型盾构机。

① 软土盾构机适用于未固结成岩的软土、某些半固结成岩及全风化和强风化围岩。刀盘只安装刮刀，不需滚刀。

② 硬岩盾构机适用于硬岩且围岩层较致密完整，只安装滚刀，不需要刮刀。

③ 混合型盾构机适用于以上两种情况，适应更为复杂多变的复合地层，可同时安装滚刀和刮刀。

盾构机根据工作方式的不同分为泥水式、土压平衡式等。泥水式盾构机是通过加压泥水或泥浆（通常为膨润土悬浮液）来稳定开挖面，其刀盘后面有一个密封隔板，与开挖面之间形成泥水室，里面充满了泥浆，开挖土料与泥浆混合由泥浆泵输送到洞外分离厂，经分离后泥浆重复使用。土压平衡式盾构机是把土料（必要时添加泡沫等对土壤进行改良）作为稳定开挖面的介质，刀盘后隔板与开挖面之间形成泥土室，刀盘旋转开挖使泥土料增加，再由螺旋输料器旋转将土料运出，泥土室内土压可由刀盘旋转开挖速度和螺旋输出料器出土量（旋转速度）进行调节。

1.2.3 盾构机的组成

盾构机的基本工作原理就是一个圆柱体的钢组件沿隧洞轴线边向前推进边对土壤进行挖掘。该圆柱体组件的壳体即护盾，它对挖掘出的还未衬砌的隧洞段起着临时支承的作用，承受周围土层的压力，有时还承受地下水压以及将地下水挡在外面。挖掘、排土、衬砌等作业在护盾的掩护下进行。

盾构机主要由盾体、刀盘驱动、双室气闸、管片拼装机、排土机构、后配套装置、电气系统和辅助设备。实例：有一台盾构机的最大直径为 6.28m，总长 65m，其中盾体长 8.5m，后配套设备长 56.5m，总质量约 406t，总配置功率 1577kW，最大掘进转矩 5300kN·m，最大推进力为 36400kN，最快掘进速度可达 8cm/min。

(1) 盾体

盾体主要包括前盾、中盾和尾盾三部分，这三部分都是管状筒体，其外径是 6.25m。

前盾和与之焊在一起的承压隔板用来支承刀盘驱动，同时使泥土仓与后面的工作空间相隔离，推力液压缸的压力可通过承压隔板作用到开挖面上，以起到支承和稳定开挖面的作用。承压隔板上在不同高度处安装有 5 个土压传感器，可以用来探测泥土仓中不同高度的土压力。前盾的后边是中盾，中盾和前盾通过法兰以螺栓连接，中盾内侧的周边位置装有 30 个推进液压缸，推进液压缸杆上安有塑料撑靴，撑靴顶推在后面已安装好的管片上，通过控制液压缸杆向后伸出可以提供给盾构机向前的掘进力，这 30 个千斤顶按上下左右被分成 A、B、C、D 四组，掘进过程中，在操作室中可单独控制每一组液压缸的压力，这样盾构机就可以实现左转、右转、抬头、低头或直行，从而可以使掘进中盾构机的轴线尽量拟合隧道设计轴线。

中盾的后边是尾盾，尾盾通过 14 个从动跟随的铰接液压缸和中盾相连。这种铰接连接可以使盾构机易于转向。

(2) 刀盘

刀盘是一个带有多个进料槽的切削盘体，位于盾构机的最前部，用于切削土体，刀盘的开口率约为 28%，刀盘直径 6.28m，也是盾构机上直径最大的部分，一个带四根支承条幅的法兰板用来连接刀盘和刀盘驱动部分。刀盘上可根据被切削土质的软硬而选择安装硬岩刀具或软土刀具。刀盘的外侧还装有一把超挖刀，盾构机在转向掘进时，可操作超挖刀液压缸使超挖刀沿刀盘的径向方向向外伸出，从而扩大开挖直径，这样易于实现盾构机的转向。超挖刀液压缸杆的行程为 50mm。刀盘上安装的所有类型的刀具都由螺栓连接，都可以从刀盘后面的泥土仓中进行更换。

法兰板的后部安装有一个回转接头，其作用是向刀盘的面板上输入泡沫或膨润土及向超挖刀液压缸输送液压油。

（3）刀盘驱动

刀盘驱动由螺栓牢固地连接在前盾承压隔板上的法兰上，它可以使刀盘在顺时针和逆时针两个方向上实现 $0\sim6.1r/min$ 的无级变速。刀盘驱动主要由 8 组传动副和主齿轮箱组成，每组传动副由一个斜轴式变量轴向柱塞马达和水冷式变速齿轮箱组成，其中一组传动副的变速齿轮箱中带有制动装置，用于制动刀盘。安装在前盾右侧承压隔板上的一台定量螺旋式液压泵驱动主齿轮箱中的齿轮油，用来润滑主齿轮箱，该油路中一个水冷式的齿轮油冷却器用来冷却齿轮油。

（4）双室气闸

双室气闸装在前盾上，包括前室和主室两部分，当掘进过程中刀具磨损工作人员进入泥土仓检察及更换刀具时，要使用双室气闸。在进入泥土仓时，为了避免开挖面坍塌，要在泥土仓中建立并保持与该地层深度土压力与水压力相适应的气压，这样工作人员要进出泥土仓时，就存在一个适应泥土仓中压力的问题，通过调整气闸前室和主室的压力，就可以使工作人员可以适应常压和开挖仓压力之间的变化。但要注意，只有通过高压空气检查和受到相应培训有资质的人员，才可以通过气闸进出有压力的泥土仓。现以工作人员从常压的操作环境下进入有压力的泥土仓为例，来说明双室气闸的作用。工作人员甲先从前室进入主室，关闭前室和主室之间的隔离门，按照规定程序给主室加压，直到主室的压力和泥土仓的压力相同时，打开主室和泥土仓之间的闸阀，使两者之间压力平衡，这时打开主室和泥土仓之间的隔离门，工作人员甲进入泥土仓。如果这时工作人员乙也需要进入泥土仓工作，乙就可以先进入前室，然后关闭前室和常压操作环境之间的隔离门，给前室加压至和主室及泥土仓中的压力相同，打开前室和主室之间的闸阀，使两者之间的压力平衡，打开主室和前室之间的隔离门，工作人员乙进入主室和泥土仓中。

（5）管片拼装机

管片拼装机由拼装机大梁、支承架、旋转架和拼装头组成。拼装机大梁用法兰连接在中盾的后支承架上，拼装机的支承架通过左右各两个滚轮安放在拼装机大梁上的行走槽中，一个内圈为齿圈形式外径 3.2m 的滚珠轴承外圈通过法兰与拼装机支承架相连，内圈通过法兰与旋转架相连，拼装头与旋转支架之间用两个伸缩液压缸和一个横梁相连接。现以拼装头在正下方位置的情况为例，来说明拼装机的运动情况。两个拼装机行走液压缸可以使支承架、旋转架、拼装头在拼装机大梁上沿隧道轴线方向移动；安装在支承架上的两个斜盘式轴向柱塞旋转马达，通过驱动滚珠轴承的内齿圈可以使旋转架和拼装头沿隧道圆周方向左右旋转各 200°；通过伸缩液压缸可以使拼装头上升或下降；拼装头在液压缸的作用下又可以实现在水平方向上的摆动，和在竖直方向上的摆动以及抓紧和放松管片的功能。这样在拼装管片时，就可以有六个方向的自由度，可以使管片准确就位。拼装手可以使用有线的或遥控的控制器操作管片拼装机，用来拼装管片。如采用 1.2m 长的通用管片，一环管片由六块管片组成，包括三个标准块、两块临块和一块封顶块。封顶块可以有十个不同的位置，代表十种不同类型的管环，通过选择不同类型的管环就可以使成形后的隧道轴线与设计的隧道轴线相拟合。隧道成形后，管环之间及管环的管片之间都装有密封，用以防水。管片之间及管环之间都由高强度的螺栓连接。

（6）排土机构

盾构机的排土机构主要包括螺旋输送机和带式输送机。螺旋输送机由斜盘式变量轴向柱塞马达驱动，带式输送机由电动机驱动。碴土由螺旋输送机从泥土仓中运输到带式输送机上，带式输送机再将碴土向后运输至第四节台车的尾部，落入等候的碴土车的土箱中，土箱装满后，由电瓶车牵引沿轨道运至竖井，龙门吊将土箱吊至地面，并倒入碴土坑中。

螺旋输送机有前后两个闸门，前者关闭可以使泥土仓和螺旋输送机隔断，后者可以在停止掘进或维修时关闭，在整个盾构机断电紧急情况下，此闸门也可由蓄能器储存的能量自动关闭，以防止开挖仓中的水及渣土在压力作用下进入盾构机。

（7）后配套设备

后配套设备主要组成：管片运输设备、四节后配套台车及其上面安装的盾构机操作所需的操作室、电气部件、液压部件、注浆设备、泡沫设备、膨润土设备、循环水设备及通风设备等。

① 管片运输设备　管片运输设备包括管片运送小车、运送管片的电动葫芦及其连接桥轨道。

管片由龙门吊从地面吊至竖井的管片车上，由电瓶车牵引管片车至第一节台车前的电动葫芦一方，由电动葫芦吊起管片向前运送到管片小车上，由管片小车再向前运送，供给管片拼装机使用。

② 一号台车及其上的设备　一号台车上装有盾构机的操作室及注浆设备。

盾构机操作室中有盾构机操作控制台、控制电脑、盾构机PLC 自动控制系统、VMT 隧道掘进激光导向系统电脑及螺旋输送机后部出土口监视器。

③ 二号台车及其上的设备　二号台车上有包含液压油箱在内的液压泵站、膨润土箱、膨润土泵、盾尾密封油脂泵及润滑油脂泵。液压油箱及液压泵站为刀盘驱动、推进液压缸、铰接液压缸、管片拼装机、管片小车、螺旋输送机、注浆泵等液压设备提供压力油。泵站上装有液压油过滤及冷却回路，液压油冷却器是水冷式。

盾尾密封油脂泵在盾构机掘进时将盾尾密封油脂由12 条管路压送到三排盾尾密封刷与管片之间形成的两个腔室中，以防止注射到管片背后的浆液进入盾体内。

润滑油脂泵将油脂泵送到盾体中的小油脂桶中，盾构机掘进时，4kW 电动机驱动的小油脂泵将油脂送到主驱动齿轮箱、螺旋输送机齿轮箱及刀盘回转接头中。这些油脂起到两个作用，一个作用是注入上述三个组件中唇形密封件之间的空间，起到润滑唇形密封件工作区域及帮助阻止赃物进入被密封区域内部的作用，对于螺旋输送机齿轮箱还有另外一个作用，就是润滑齿轮箱的球面轴承。

④ 三号台车及其上的设备　三号台车上装有两台打气泵、一个 $1m^3$ 储气罐、一组配电柜及一台二次风机。打气泵可提供8bar 的压缩空气并将压缩空气储存在储气罐中，压缩空气可以用来驱动盾尾油脂泵、密封油脂泵和气动污水泵，给人闸、开挖室加压，操作膨润土、盾尾油脂泵的气动开关，与泡沫剂、水混合形成改良土

壤的泡沫,操作气动工具等。二次风机由11kW的电动机驱动,将由中间井输送至第四节台车位置处的新鲜空气,继续向前泵送至盾体附近,以给盾构机提供良好的通风。

⑤ 四号台车及其上的设备　四号台车上装有变压器、电缆卷筒、水管卷筒、风管盒。

铺设在隧道中的两条内径为100mm的水管作为盾构机的进、回水管,将竖井地面的蓄水池与水管卷筒上的水管连接起来,与蓄水池连接的一台高压水泵驱动盾构机用水在蓄水池和盾构机之间循环。通常情况下,进入盾构机水管卷筒水管的水压控制在5bar左右。正常掘进时,进入盾构机水循环系统的水有以下用途:对液压油、主驱动齿轮油、空压机、配电柜中的电器部件及刀盘驱动副变速箱具有冷却功能,为泡沫剂的合成提供用水,提供给盾构机及隧道清洁用水。蓄水池中的水用冷却塔进行循环冷却。

风管盒中装有折叠式的风管,风管与竖井地面上的风机连接,向隧道中的盾构机里提供新鲜空气。新鲜空气通过风管被送至第四节台车的位置。

⑥ 电气设备　盾构机电气设备包括电缆卷筒、主供电电缆、变压器、配电柜、动力电缆、控制电缆、控制系统、操作控制台、现场控制台、螺旋输送机后部出土口监视器、电动机、插座、照明、接地等。电器系统最小保护等级为IP5.5。

主供电电缆安装在电缆卷筒上,10kV的高压电由地面通过高压电缆沿隧道输送到与之连接的主供电电缆上,接着通过变压器转变成400V,50Hz的低压电进入配电柜,再通过供电电缆和控制电缆供盾构机使用。

西门子S7-PLC是控制系统的关键部件,控制系统用于控制盾构机掘进、拼装时的各主要功能。例如盾构机要掘进时,盾构机操作人员按下操作控制台上的掘进按钮,一个电信号就被传到PLC控制系统,控制系统首先分析推进的条件是否具备(如推进液压缸液压泵是否打开,润滑脂系统是否工作正常等),如果推进的条件不具备,就不能推进,如果条件具备,控制系统就会使推进按钮指示灯变亮,同时控制系统也会给推进液压缸控制阀的电磁阀供电,电磁阀通电打开推进液压缸控制阀,盾构机开始向前推进。PLC安装于控制室，在配电柜里装有远程接口，PLC系统也与操作控制台的控制电脑及VMT公司的SLS-T隧道激光导向系统电脑相连。

盾构机由盾构机操作室内的操作控制台和盾构机某些可移动装置旁边的现场控制台（如管片拼装机、管片吊车、管片运送小车等）来控制，以实现各种功能。操作控制台上有控制系统电脑显示器、实现各种功能的按钮、调整压力和速度的旋钮、显示压力或液压缸伸长长度的显示模块及各种钥匙开关等。螺旋输送机后部出土口监视器用来监视螺旋输送机的出土情况。

电动机为所有液压泵、带式输送机、泡沫剂泵、合成泡沫用水水泵、膨润土泵等提供动力。当电动机的功率在30kW以下时，采用直接启动的方式；当电动机的功率大于30kW时，为了降低启动电流，采用星形-三角形启动的方式。

(8) 辅助设备

辅助设备包括数据采集系统、SLS-T隧道掘进激光导向系统、注浆装置、泡沫装置、膨润土装置。

① 数据采集系统　数据采集系统的硬件是一台有一定配置要求的计算机和能使该计算机与隧道中掘进的盾构机保持联络的调制解调器、转换器及电话线等。该计算机可以放置在地面的监控室中，并始终与隧道中掘进的盾构机自动控制系统的PLC保持联络，这样数据采集系统就可以和盾构机自动控制系统的PLC具有相同的各种关于盾构机当前状态的信息。数据采集系统按掘进、管片拼装、停止掘进三个不同运行状态段来记录、处理、存储、显示和评判盾构机运行中的所有关键监控参数。通过数据采集系统，地面工作人员就可以在地面监控室中实时监控盾构机各系统的运行状况。数据采集系统还可以完成以下任务：用来查找盾构机以前掘进的档案信息，通过与打印机相连打印各环的掘进报告，修改隧道中盾构机的PLC的程序等。

② 隧道掘进激光导向系统　德国VMT公司的SLS-T隧道掘进激光导向系统主要作用如下。

a. 可以在隧道激光导向系统用电脑显示屏上随时以图形的形式显示盾构机轴线相对于隧道设计轴线的准确位置，这样在盾构机掘进时，操作者就可以依此来调整盾构机掘进的姿态，使盾构机的轴线接近隧道的设计轴线，这样盾构机轴线和隧道设计轴线之间的偏差就可以始终保持在一个很小的数值范围内。

b. 推进一环结束后，隧道掘进激光导向系统从盾构机 PLC 自动控制系统获得推进液压缸和铰接液压缸的液压缸杆伸长量的数值，并依此计算出上一环管片的管环平面，再综合考虑被手工输入隧道掘进激光导向系统电脑的盾尾间隙等因素，计算并选择这一环适合拼装的管片类型。

c. 可以提供完整的各环掘进姿态及其他相关资料的档案资料。

d. 可以通过标准的隧道设计几何元素计算出隧道的理论轴线。

e. 可以通过调制解调器和电话线与地面的电脑相连，这样在地面就可以实时监控盾构机的掘进姿态。

隧道掘进激光导向系统主要部件有激光经纬仪、带有棱镜的激光靶、黄盒子、控制盒和隧道掘进激光导向系统用电脑。

激光经纬仪临时固定在安装好的管片上，随着盾构机的不断向前掘进，激光经纬仪也要不断向前移动，称为移站。激光靶则被固定在中盾的双室气闸上。激光经纬仪发射出激光束照射在激光靶上，激光靶可以判定激光的入射角及折射角，另外激光靶内还有测倾仪，用来测量盾构机的滚动和倾斜角度，再根据激光经纬仪与激光靶之间的距离及各相关点的坐标等数据，隧道掘进激光导向系统就可以计算出当前盾构机轴线的准确位置。

控制盒用来组织隧道掘进激光导向系统电脑与激光经纬仪和激光靶之间的联络，并向黄盒子和激光靶供电。黄盒子用来向激光经纬仪供电并传输数据。隧道掘进激光导向系统电脑则是将该系统获得的所有数据进行综合、计算和评估，所得结果可以图形或数字的形式显示在显示屏上。

③ 注浆装置　注浆装置主要包括两个注浆泵、浆液箱及管线。

在竖井，浆液被放入浆液车中，电瓶车牵引浆液车至盾构机浆液箱旁，浆液车将浆液泵入浆液箱中。两个注浆泵各有两个出口，这样总共有四个出口，四个出口直接连至盾尾上圆周方向分布的四个注浆管上。盾构机掘进时，由注浆泵泵出的浆液被同步注入隧道管片与土层之间的环隙中，浆液凝固后就可以起到稳定管片和地层的作用。

为了适应开挖速度的快慢，注浆装置可根据压力来控制注浆量的大小，可预先选择最小至最大的注浆压力，这样可以达到两个目的：一是盾尾密封不会被损坏，管片不会受过大的压力；二是对周围土层的扰动最小。注浆方式有两种：人工方式和自动方式。人工方式可以任选四根注浆管中的一根，由操作人员在现场操作台上操作按钮启动注浆系统；自动方式则是在注浆现场操作台上预先设定好的，盾构机掘进即启动注浆系统。

④ 泡沫装置　泡沫系统主要包括泡沫剂罐、泡沫剂泵、水泵、四个溶液计量调节阀、四个空气剂量调节阀、液体流量计、四个气体流量计、泡沫发生器及连接管路。

泡沫装置产生泡沫，并向盾构机开挖室中注入泡沫，用于开挖土层的改良，作为支承介质的土在加入泡沫后，其塑性、流动性、防渗性和弹性都得到改进，盾构机掘进驱动功率就可减小，同时也可减少刀具的磨损。

泡沫剂泵将泡沫剂从泡沫剂罐中泵出，并与水泵泵出的水按盾构机操作人员的操作指令的比例混合形成溶液，控制系统是通过安装在水泵出水口处的液体流量计测量水泵泵出水的流量，并根据这一流量控制泡沫剂泵的输出量来完成这一混合比例指令的。混合溶液向前输送至盾体中，被分配输送到四条管路中，经过溶液剂量调节阀和液体流量计后，又被分别输送到四个泡沫发生器中，在泡沫发生器中与同时被输入的压缩空气混合产生泡沫，压缩空气进入泡沫发生器前也要先经过气体流量计和空气剂量调节阀。泡沫剂溶液和压缩空气也是按盾构机操作人员的操作指令的比例混合的，这一指令需通过盾构机控制系统接收液体流量计和气体流量计的信息并控制空气剂量调节阀和溶液剂量调节阀来完成。最后，泡沫沿四条管路通过刀盘旋转接头，再通过刀盘上的开口，注入开挖室中。在控制室，操作人员也可以根据需要从四条管路中任意选择，向开挖室加入泡沫。

⑤ 膨润土装置　膨润土装置也是用来改良土质，以利于盾构机的掘进。膨润土装置主要包括膨润土箱、膨润土泵、九个气动膨润土管路控制阀及连接管路。

和浆液一样，在竖井，膨润土被放入膨润土车中，电瓶车牵引膨润土车至膨润土箱旁，膨润土车将膨润土泵入膨润土箱中。

需要注入膨润土时，膨润土被膨润土泵沿管路向前泵至盾体内，操作人员可根据需要，在控制室的操作控制台上，通过控制气动膨润土管路控制阀的开关，将膨润土加入开挖室、泥土仓或螺旋输送机中。

1.3 盾构机的技术参数

1.3.1 术语和定义（表1-1）

表1-1 盾构机术语和定义

序号	术语	定义
1	土压平衡盾构	由刀盘旋转切削土体,切削后的泥土进入密封土舱,在密封土舱内泥土压力与开挖面泥土压力取得平衡的同时,由螺旋输送机进行连续出土的盾构(机)。适合在黏土、砂土、砂砾等土层中进行掘进施工
2	刀盘	在盾构前端装有刀具,能旋转切削土体的钢结构
3	刀盘驱动装置	驱动刀盘旋转的装置。该装置包括液压设备(或电动机、离合器)、减速器、大小齿轮、大轴承等
4	管片	构筑隧道衬砌的拼装式预制弧形构件。有钢筋混凝土管片、复合管片和钢管片等
5	管片拼装机	拼装管片的机械装置。能夹持管片,做圆弧运动、径向运动和纵向运动等
6	螺旋输送机	输送土仓中土体的机械装置,包括螺旋机和驱动装置
7	盾构壳体	保护掘进设备的钢结构外壳。包括切口环、支承环、盾尾环三部分
8	盾尾密封系统	为防止衬砌环与盾构之间施工空隙涌水、漏泥而设置,由密封刷和油脂加注装置等组成的系统
9	后方台车	在隧道内装载着掘进所需主要机、电、液装备并跟随在盾构后行走的台车

续表

序号	术语	定 义	
10	推进液压缸	用来推动盾构前进的液压缸,能克服盾构推进时所遭遇的阻力	
11	铰接装置	为确保隧道曲线段施工而设置。主要由铰接液压缸、密封装置以及铰接止转装置等组成	
12	盾构外径	盾构的外径即指盾壳的最大外径	
13	盾构总长	盾构总长是指盾构最前点至后方台车最后点长度的最大值	
14	盾构主机长度	盾构主机长度是指盾构的最前点到螺旋机最末点的长度	
15	盾构总重	盾构总重指盾构总长范围内所有设备及结构件的总重量	
16	刀盘开口率	刀盘开口率是面板开口部分的面积(刀头投影面积忽略不计)与刀盘面积的比值	
17	盾构推进速度	盾构推进速度是指盾构工作时的掘进速度	
18	盾构装备推力	盾构装备推力是指盾构推进机构所能提供的最大推力	
19	盾构灵敏度	盾构灵敏度即盾构壳体长度与盾构外径的比值	
20	盾尾间隙	盾尾间隙是指衬砌环外径与盾构壳体内径之间的间隙	
21	盾构机的基本系统	基本构成	盾构主体、盾尾密封系统、刀盘和刀盘驱动系统、推进系统、管片拼装机、螺旋输送机、液压系统、后方台车管片吊装机构、同步注浆系统、润滑系统、冷却系统、供配电装置、照明装置、检测装置、二次回路
		可选择的系统	带式输送机、铰接装置、气闸和压缩空气站、加泥加水加泡沫装置、数据采集系统、施工轴线连续测量装置

续表

序号	术语		定 义
22	载荷(盾构上的载荷可分为运作载荷与外部载荷两种)	运作载荷	运作载荷发生在盾构的垂直及水平方向。可以用载荷的最大组合来确定盾构尺寸,这些载荷是结构设计和设备能力计算的主要依据。运作载荷是由于机器工艺及现场运作在盾构结构内部引起的全部载荷的总称。最主要的运作载荷来源于推进液压缸、拼装管片、切削土体、注浆压力等
		外部载荷	外部载荷就是土压、水压、开挖面支承压力、上覆荷载、变向荷载及其他作为一个整体施加在盾构结构上的载荷的总称。外部载荷可分为盾构四周载荷、盾构正面载荷和盾构变向载荷三部分
		盾构四周载荷	由土压及水压引起的外部载荷垂直作用在盾构四周面上,即盾壳面上的载荷
		盾构正面载荷	由作用于盾构正面开挖面的土压力和水压力,或泥土和泥水的灌注压力造成的阻力载荷
		变向载荷	当盾构在曲线上推进或修正蛇行时,盾构承受与其偏心推力相平衡的地层土抗力的作用荷载
23	符号	几何符号	A——面积;D——直径;L——长度;t——厚度
		计算系数	α——转矩系数;C——耗气系数;K——安全系数;n——输送能力备用系数
		其他常用符号	F——力;T——转矩;v——速度;P——功率;Q_a——耗气量;Q_s——螺旋机输送量;I——电流;U——电压;η——效率;n——转速;ω——角速度;ω_0——开口率

1.3.2 技术性能参数

海瑞克、小松与 NFM 盾构机主要尺寸、技术性能参数对照表见表 1-2。

表 1-2　海瑞克、小松与 NFM 盾构机主要尺寸、技术性能参数对照表

系统名称	海瑞克盾构机	小松盾构机	NFM 盾构机
1. 盾构机总体尺寸			
标称直径(盾壳)/mm	ϕ6250(前盾)	ϕ6140(通径)	ϕ6260(前盾)
总长度(包括拖车)/m	75	67	74
总重/kN	5200	2940	4500
最大推进速度/mm·min^{-1}	0~80	0~85	0~60
最大推力/kN	34210	37730	36000
最大工作压力/bar(1bar=10^{5}Pa)	3	3	3
最大设计压力/bar	4.5	4.5	3
2. 盾壳			
(盾壳+刀盘)总长/mm	8320	8570	8700
预注浆注入口	8	8	8
3. 前体			
除耐磨层以外的直径/mm	ϕ6250	ϕ6140	ϕ6260
耐磨层/mm	2×5	无	
前体长度/mm	1700	3300	1970
盾壳厚度/mm	60	45	40
隔板厚度/mm	80	上部 36, 下部 70	
土压传感器	5	4	5(4 个在隔板上, 1 个在螺机上)
隔板门数量	1	2	
隔板门尺寸/mm	ϕ600	600×500, 1200×480	
搅拌臂数量	4	2	
超前注浆孔	在中体上	25	
4. 中体			
外径/mm	ϕ6240	ϕ6140	ϕ6250
长度/mm	2580	2080	2980

续表

系统名称	海瑞克盾构机	小松盾构机	NFM盾构机
盾壳厚度/mm	40	45	40
超前注浆孔	10	在前体上	10+2(探测)
5. 盾尾			
外径/mm	ϕ6230	ϕ6140	ϕ6240
长度/mm	3285	2820	4265(含铰接)
盾壳厚度/mm	40	45	40
密封刷数量/排	4	3	3
油脂注入点数量	2×4 DN25	16	2×4(每腔4个点)
注浆口数量	4 DN50	4,DN50	2×4(4根备用)
6. 人员舱			
形式	双舱	单舱	双舱
长度/mm	2000	2384	
直径/mm	ϕ1600	ϕ1650	
操作压力/bar	3	3	3
容纳人数/人	3+2	2	3+2
超前注浆孔	无	4(万向铰接孔)	
7. 推进液压缸			
液压缸规格/mm	ϕ220/180	ϕ270/230	
液压缸行程/mm	2000	2000	2100
液压缸数量	30(10×双缸、10×单缸)	22(单缸)	20(10×双缸)
单缸最大推力/kN	1140	1715	
全部液压缸最大推力/kN	34210	37730	36000
推进液压缸方向控制	5	4	4
行程测量液压缸数量	5	4	4

续表

系统名称	海瑞克盾构机	小松盾构机	NFM 盾构机
液压缸的伸出速度/mm·min^{-1}	80	80	2000（仅 4 根动作时）
液压缸的回收速度/mm·min^{-1}	1400	974	3000（仅 4 根动作时）
8. 铰接液压缸			
液压缸规格/mm	ϕ180/80	ϕ332/220	
液压缸数量	14	12	8
液压缸行程/mm	150	230	170
行程测量液压缸数量	4	4	4st
总拉力/kN	7340	34596	10100
9. 拖车拖动液压缸			
液压缸规格/mm	ϕ130/70	无	
液压缸数量	2		
液压缸行程/mm	250		
10. 前部稳定器			
液压缸规格/mm	ϕ140/80	无	
液压缸数量	2		
液压缸行程/mm	100		
液压缸推力/kN	600		
11. 刀盘			
刀盘开挖直径/mm	ϕ6300	ϕ6210	ϕ6280
刀盘标称直径/mm	ϕ6230	ϕ6200	ϕ6240
重量/kN	560	530	450
旋转方向	右/左	右/左	右/左
刀盘进碴口	8	12	
搅拌臂数量	4	4	
旋转接头管道	4,DN50	4	4

续表

系统名称	海瑞克盾构机	小松盾构机	NFM盾构机
刀盘上的泡沫注入口	8,DN50	8	5
开口率/%	31	40	30
12. 刀具			
硬岩用盘形滚刀			
中心滚刀数量	4	8	10
中心滚刀直径/in	17	17	17
最大工作压力/kN	300	320	
双圈滚刀数量	无	8	
双圈滚刀直径/in	无	17,与中心滚刀相同	
单刃滚刀数量	31	20	36
单刃滚刀最大破岩能力/MPa	200	200	200
滚刀伸出刀盘面的高度/mm	175	110	170
软岩用齿刀			
中心双刃齿刀数量	4(可与中心滚刀互换)	1(箭形刀与中心滚刀互换)	
窄齿刀数量	31(可与单刃滚刀互换)	4(双齿刀与双圈滚刀互换)	
单齿刀数量		20(单齿刀与单刃滚刀互换)	
齿刀伸出刀盘面的高度/mm	140	75	
切刀			
切刀数量	64	106	82
切刀伸出刀盘面的高度/mm	140	75	
周边保护刀			12
刀盘边缘保护刀			12
刮刀			
双向旋转刮刀的数量	16	36	12

续表

系统名称	海瑞克盾构机	小松盾构机	NFM 盾构机
超挖刀		预留安装位置	
超挖刀数量	1	2	1
超挖刀行程/mm	50	80	75
中心切刀	无		
数量		10	
边刀	无		
数量		4	
先行刀	无		
数量		30	
旋转接头			
旋转接头数量	1	1	1
泡沫/膨润土注入管道	4,DN50	4	
液压管路	2,DN50	2	
13. 刀盘驱动			
功率/kW	3×315(945)	9×75(675)	945
旋转速度范围/r·min^{-1}	0~6.1	0.3~2.2	0~3.75
14. 转矩			
标称转矩/kN·m	4500	5773	7340(1.15r/min)
脱困转矩/kN·m	5300	6880	9550
15. 主驱动			
类型	液压马达驱动	电动驱动	
主轴承直径/mm	ϕ2600	ϕ3600	ϕ3200
驱动马达(电动机)数量	8	9	6
内唇形密封系统	2	3	5
外唇形密封系统	4	3	5
最大承压能力/bar	6	6	4.5

续表

系统名称	海瑞克盾构机	小松盾构机	NFM 盾构机
使用寿命/h	10000	10000	10000
16. 管片安装机			
自由度数量	6	4	6
纵向移动行程/mm	2000	600	2100
伸缩长度/mm	1200	550	
旋转角度/(°)	左右 200	左右 200	左右 220
功率/kW	55	37	
推力/提升力/kN	150/120	216/172	35/40
17. 管片运输小车			
长度/mm	5220	无	
宽度/mm	1660		
高度/mm	480		
负载管片能力/kN	45		
滑动行程/mm	1860		
18. 管片吊机			
负载能力/kN	45	56	40
上升/下降功率/kW	4/0.5	3.5	
起吊速度/m·min^{-1}	6.3	0.75/3.2	
起吊高度/mm	2400	2221	
驱动功率/kW		2.2	
驱动速度 v_1, v_2/m·min^{-1}	10,40	10	
19. 螺旋输送机			
功率/kW	315	250	160
标称直径/mm	$\phi 900$	$\phi 711.2$	$\phi 700$ $\phi 700$(HK 的 195#、217#)
转速范围/r·min^{-1}	0~19	0~20.6	0~25 0~21.9(HK 的 195#、217#)

续表

系统名称	海瑞克盾构机	小松盾构机	NFM盾构机
最大转矩/kN·m	215	62.2	105
管道上注入口	6	6	
可控开关门	3	3	
出碴能力/m³·h⁻¹	250	219	
允许工作压力/bar	3	3	3
测试压力/bar	4.5	4.5	
旋转方向	左/右	左/右	左/右
20. 保压泵碴系统			
双活塞排碴泵排碴量/m³·h⁻¹	85	85	100
功率/kW	90	90	
最高工作压力/bar	4.5	4.5	3(进口)/20(出口)
最大颗粒/mm	φ50	φ50	
21. 带式输送机			
功率/kW	30	18.5	30
运输速度/m·s⁻¹	2.5	2.2	3
运输能力/m³·h⁻¹	450	280	340
带宽/mm	800	650	800
带长/mm	45	61	56
22. 注浆系统			
注浆泵数量	2	2	2
注浆泵功率/kW	30	30	30
注浆口数量	4	4	4
砂浆罐容量/m³	6	6	5
搅拌器功率/kW	11	11	9
23. 膨润土供应/加泥系统			
功率/kW	30	15	10
运输能力/m³·h⁻¹	30	10.2	10

续表

系统名称	海瑞克盾构机	小松盾构机	NFM盾构机
工作压力/bar	16	25	
膨润土管路数量	4	4	4
膨润土罐容量/m³	4	6.8	4
24. 泡沫注入系统			
泡沫功率/kW	0.5	1.5(2台)	5.5
泡沫运输量/L·min⁻¹	5～300	800	3660
水泵功率/kW	11	3(2台)	
水泵运输量/L·min⁻¹	133	140(压力为5bar)	
泡沫喷枪数量	4	4	4
泡沫储存箱	1	1	
25. 工业空气压缩机			
功率/kW	55	30	30
空气压力/bar	7.5	1MPa	8
压缩机能力/m³·min⁻¹	10	3	3.5
空气罐容量/m³	1	0.6	1
数量	2	2	
26. 工业供水系统			
工地工业水供应/m³·h⁻¹	50	40	
管路直径/mm	80	50	
水管卷筒	3	无	
最高允许水温/℃	25	常温	25
27. 供风系统			
风管储存箱	2	1	
每箱储存能力/m	100	100	
风管标称直径/mm	1000	1000	
28. 供电系统			
初级电压/V	10000	10000	10000

续表

系统名称	海瑞克盾构机	小松盾构机	NFM 盾构机
二级电压/V	380	380	380
驱动电压/V	24/230	24/230	
照明/V	230	230	220
应急灯/V	24	24	
阀控制电压/V	24	24	
补偿装置	cos0.9	cos0.9	
变压器容量/kV·A	2000	2000	1600
频率/Hz	50	50	50
高压电缆长度/m	250	250	
高压电缆断面/m²	3×50	3×38	

1.4 国内外盾构技术的发展现状及趋势

(1) 国内外盾构技术的现状

全断面隧道掘进机（TBM盾构）问世已有180多年的历史。自1825年在英国伦敦泰晤士河底用盾构技术建成世界第一条水底隧道以来，在之后的一百多年中盾构及其施工技术发展甚慢。直至20世纪60年代末、20世纪70年代初，由于各国经济发展的需要和地下隧道施工难度的增加，盾构技术才得到了极大的发展。在日本和欧洲发达国家开发了以开挖面稳定为机理的两大类型的密闭式盾构，即前面叙述的泥水压力平衡盾构（简称SPB盾构）和土压平衡盾构（简称EPB盾构）。经过二十多年的施工实践，这两种盾构业已发展成熟，成为当前各国应对复杂地层经常采用的机型。

目前，国际上比较流行的盾构设计思想主要有两种：一种是日本的，它根据工程实际需要进行选型设计，考虑的是设备的经济性、适用性，其代表有日本三菱、HE公司；另一种是欧美的，它主要考虑的是设备的高可靠性及高效率，其代表有美国罗伯特、德国海瑞克公司。

我国对盾构技术的研究起步于20世纪50年代。20世纪60年代上海隧道公司运用网格式水力出土盾构建造了10.22m的打浦路过江隧道；20世纪80年代上海隧道公司又用该盾构建造了11.3m的延安东路过江隧道。

20世纪90年代以来，上海隧道公司成功地掌握了土压平衡盾构工法（贯通了上海地铁一号线，直径6.2m）和泥水平衡式盾构工法（贯通上海延安东路过江隧道复线，直径11.22m）技术。2002年，北京首台加泥式土压平衡盾构机——"京盾一号"也研制并试运转成功，该机是专门针对北京地区含水砂卵石地层面研制的盾构机，直径3.63m，日掘进速度10m，是传统开槽施工的10倍。异形盾构方面，我国也有所探索。上海隧道工程股份有限公司已研制了国内第一台3.8m×3.8m组合刀盘土压平衡矩形盾构，完成2条62m长的地下人行通道施工。虽然已经掌握了相关技术，但在一些关键技术上，仍需改进。

盾构掘进机的设计制造是国家863计划"机器人技术主题"的重点课题。目的是设计研制适应我国典型土层的6.3m全断面盾构机，完成2~3km的实际施工隧道应用示范工程、形成自主知识产权的盾构设计、制造、安装、调试等系统技术，制定盾构设计、施工的行业标准和规范体系，建立土壤分析、装备设计与制造产业化基地，提高国产盾构机的生产能力。

上海隧道工程股份有限公司研制的直径为6.34m的土压平衡地铁盾构机于2004年11月4日正式在上海地铁2号线西延伸工程的上海古北路车站地段投入使用。该盾构机吸收了当今世界各类盾构制造系统的长处，集德国产品的稳定性和日本产品的经济性为一体，其售价仅为进口盾构掘进机的2/3。它的出现标志着我国地铁盾构掘进机进入了产业化新阶段。

随着我国现代化进程的加快，许多城市将加入修建地铁的行列，可以预见在今后相当长一段时期内，盾构在我国的需求将保持良好的态势。但是至目前为止，国内使用的盾构大多系直接引进或改造国外产品，盾构中的关键设备管片拼装机亦是如此。引进国外成品代价高，而且维修极不方便。所以着手研究属于有自主知识产权的盾构掘进机有重大意义。启动盾构国产化进程，将有利于加强我国制造业在国际市场中的竞争力。

(2) 盾构技术的发展趋势

20世纪60年代末，土压平衡盾构、泥水加压盾构问世，直到今天它们仍然被广泛用于地铁区间隧道和其他管道建设。20世纪70年代开始研制与应用的插刀盾构突破了传统的盾构推进方式，给施工带来了许多优越性。20世纪80年代开始，日本、德国着手研制高精度全自动化盾构机，开发适用于深层地下空间、特殊地质条件的超大型和微型盾构。

液压系统方面，电液比例技术的广泛应用，必将成为未来盾构机主要控制形式。采用电液比例控制技术代替原有的功率控制块控制方式，可以根据地质、土层扰动和地表变形情况调整推进力、推进速度、刀盘转速及螺旋输送机旋转速度，并由此可积累数据，引入专家系统进行智能控制。由此可以为主机厂家提供基础依据，积累试验经验。泵排量的选择也是值得考虑的问题之一，大排量泵价格高、维修难且周期长而小排量泵价格相对低、维修周期短。可以用多个小排量泵替换大排量泵，并不影响工程进度。而且采用小排量泵组合来代替原有的大排量泵，采用刀盘驱动单个液压泵故障情况下的系统重组技术，可将容错控制思想应用于液压器件和子系统，维持系统正常运行。

如何精确控制地表沉降、提高姿态控制精度、激光导向技术以及管片拼装全自动化技术等均是盾构系统亟待解决的难题，未来盾构的发展必然朝这些方面努力改进。出于节能的考虑，动力与传动系统中的变频调速控制技术和负载敏感控制技术也是未来发展趋势之一。

在研究的盾构管片拼装机方面，全自动管片拼装机已成为必然趋势。图1-5所示为日本HITACHI公司的管片全自动定位安装原理图。该管片自动定位安装系统充分利用了激光技术、光学图像处理技术、伺服控制技术及传感检测技术等。管片安装的全自动化将较大地提高施工的安全性及安装精度，并且能极大地改善工作环境和降低工人的工作强度。所以，其必将是未来盾构发展趋势之一。

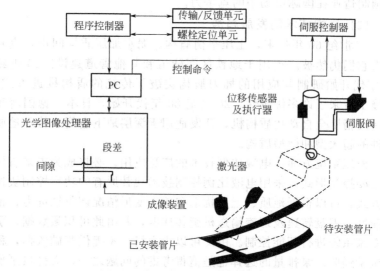

图1-5 管片全自动定位安装原理图

(3) 无线遥控技术及工程应用的现状

① 无线遥控技术概述　无线遥控技术是在近年来随着无线通信技术的发展而兴起的一门新技术，它使用射频、红外线传递信号和指令，对机械设备进行远程操作控制。无线遥控操作消除了线缆控制所带来的故障隐患，特别是运用在移动作业的机械或者临时性的机械设备上，更具有有线控制所不可比拟的优越性。

对于无线遥控技术，当前基本上通过红外线遥控或无线电遥控方式来实现。

红外线技术出现较早，其具有以下优点：控制内容多，抗干扰能力较强，不会发生任何误动作；响应速度快，不会对其他电器产生干扰，从而影响用户使用；体积小、成本低、功耗小，与其他方式相比，可降低消耗功率90%。由于其具有这些优点，红外线遥控在一些领域得到了广泛的应用。例如哈尔滨理工大学研究的磁吸附壁检测机器人采用的就是红外线遥控方式。但红外线遥控的缺点也明显，其在使用中需要保证遥控发射器和遥控接收设备处于一定的角度范围，中间不能有任何障碍物，否则障碍物就会阻挡红外线的传输，因为红外线不能穿越砖瓦水泥砌筑的墙体，这在日常使用中经常会造成不便，毕竟用户不希望只能在一定的角度范围内才能对被控对象进行操作。

无线电作为新一代的无线外设解决方案（目前火热的蓝牙也属于此类），具有绕射和穿透特性，只要在有效工作范围内，无线设备就可不受角度、方向和障碍物的限制而自由使用。并且采用特定的纠错编解码技术可有效地减小无线电波的相互干扰，故其抗干扰能力强。当前市面上大量使用的汽车防盗锁就采用了这种方式。通过上述综合比较，无线电射频遥控方式更适合本系统的设计需要。

② 无线电遥控技术工程应用现状　无线电遥控技术是将操作者或机器的控制指令进行编码数字化处理后，由发射系统经无线电波的方式传递给对应的接收系统，再由接受系统经解码处理转换为控制指令，从而实现对各种机械设备进行控制的一种技术。

20 世纪 60 年代初期，人们就能利用拖缆遥控装置来控制液压机械上的手动/电液多路阀。通过拖缆遥控装置上的双向单轴摇杆输出线性比例信号来控制电液比例多路阀，线控盒上摇杆的信号完全能模拟液压多路阀上手动拉杆的动作。但在实际使用中，拖缆遥控装置的弊病逐渐暴露出来。数米长的电缆线经常是生产事故中的主要根源，而且使用的范围十分有限。而无线电遥控装置是通过无线电波来传递控制指令，完全消除了拖缆式遥控装置所带来的故障隐患。1987 年无线电液比例控制技术经多次实验在德国得以成功。这种比例信号控制技术可靠实用、对发射的指令有很高的分辨率，广泛应用于电磁阀、变频器以及可编程控制器（PLC）等。

无线电液控制技术结合了电液控制技术和无线通信技术的优点，可以广泛应用于工程机械等领域。使用该技术不但大大提高了工程机械的自动化程度和可操作性，而且还改善了操作人员的工作环境、降低了由于视觉受限制所带来的误操作事故的发生频率。无线电液控制技术在盾构施工中也得到了广泛的应用。德国海瑞克公司生产的盾构机中的管片拼装机上也采用了无线电液遥控器。由于我国盾构技术发展较慢，在盾构国产化进程中对管片拼装机采用无线遥控系统具有重要意义。

对于处于恶劣工作环境的无线电液控制器，由于其通信信道受到外界许多信号的干扰，同时又由于无线通信自身的多径衰落等特性，使得经过无线信道传输的信号容易发生畸变，不能保证遥控指令和反馈信息的可靠传输。盾构管片拼装机施工现场干扰较大，故也存在类似难题。但随着纠错编码理论的不断完善和数字电路技术的飞速发展，采用纠错编码理论对无线电液控制器通信信道进行信道编码，提高通信信道的抗干扰能力，便可以有效地保证遥控指令和反馈信息的传输。

由于无线电液控制技术在工程机械领域占有重要地位，它也越来越受到各国的重视，许多国家都投入了很多的技术力量和资金进行研究开发。而且随着工程设计学、机械电子学、无线电技术、自动控制技术、人工智能技术及计算机信息处理技术等学科的发展，现代无线遥控技术已经超出了其传统意义上的概念，同时它还具有远程数据通信的功能。无线遥控技术应用于液压挖掘机、液压盾构机等工程机械行业将是提高其远程控制能力的一项重要举措，也是近年来快速发展的一项热点。美国 Kraft TeleRobtics 公司和约翰·迪尔公司、日本小松制作所及德国 HBC 公司都致力于无线电液控制器的研究，并取得了较大进展。今后的无线遥控器将朝小型化、智能化和添加功能更强大的反馈系统方向发展。

③ 管片衬砌承载受力分析的研究现状　早期地下工程的建设完全依据经验，19世纪逐渐形成自己的计算理论，开始用于指导地下结构的设计与施工。目前地下结构的设计方法大致有四种，即经验类比法、荷载结构法、地层结构法及收敛限制法。其中常用的计算方法是荷载结构法和地层结构法。

荷载结构法认为地层对结构的作用只是产生作用在地下结构上的荷载，以计算衬砌在荷载作用下产生的内力和变形。地层结构法认为衬砌与地层一起构成受力变形的整体，并可按连续介质力学原理来计算衬砌和周边地层的内力和变形。地层结构法的特点是不仅计算衬砌结构的内力，而且计算洞室周围地层的应力。由于地层结构法尚处于发展阶段，目前一般仅用于一些主要的或大型工程的研究与分析。目前，对于具体的盾构隧道管片衬砌设计仍以荷载结构法为主。

在管片衬砌的受力模型方面，比较常见的为没有考虑管片接头影响的自由变形圆环模型以及考虑了管片间接头影响的梁-接头模型。自由变形圆环模型假定圆形衬砌在土体中为自由变形的弹性均质圆环。由于其分析方法较简单实用，故在荷载结构法中得到了广泛应用。但自由变形圆环法没有考虑盾构隧道管片接头的影响，并且土体抗力只考虑作用在拱腰，故其分析结果不可避免地会存在一定偏差。鉴于此，随着梁-接头模型的日趋完善，由于其考虑了管片间接头的影响，在工程实际中也逐渐得到了应用。图1-6是一种荷载模型图，管片受力有竖直水土压力、水平水土压力、地基反力、地基抗力及自重等。

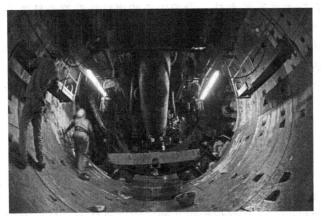

图1-6　管片荷载模型图

除自由变形圆环模型法及梁-接头模型法外，也有学者提出了弹性铰法和弹性地基梁法等方法。至于具体采用什么方法需要依据施工当地的具体地质情况而定。目前国内同济大学地下建筑与工程系和中铁隧道集团都在这方面取得了一些进展。

第 2 章 盾构机安全作业与操作员的基本要求

为了安全、高效、规范地进行盾构施工，贯彻施工生产"安全第一，预防为主"的方针。发挥安全监察机构和群众性安全组织的作用，严格监督贯彻执行。关于安全方面的注意事项旨在认识和避免危险状况的发生，安全的规定适应于人员的安全和设备的保护，任何和盾构操作有关的人员均应认真阅读并严格遵守。对于在盾构不同岗位上的操作人员，在上岗前应熟悉本规程，并经过考核后才能上岗。

2.1 盾构机操作员的素质与职责

2.1.1 对操作员的要求

① 对将在盾构施工区域内工作和操作盾构的施工人员必须经过专业的培训，并具有相关行业的上岗资格证书，且具有较强的责任心。

② 对操作、装配、维修人员的责任必须有明确规定。

③ 根据国家规定，在压力舱内工作的人员必须通过医学适应性体检。对在控制室内操作的人员要求无色盲。

④ 机车操作员的责任必须明确。为安全起见机车操作员可以拒绝除调度外任何人的指令。

⑤ 接受培训的工作人员在盾构上见习时必须在有经验人员监督指导下进行，不得独自上岗。

⑥ 电力设备的维修保养必须由具有资格的电工人员进行，且必须由有资格的负责人监督和指导。

⑦ 有工作资格人员指受过基础教育、有一定工作经验、受过专业培训并得到培训合格证书的人员。这些人员同时必须懂得一般性规定、操作情况和事故预防规定以确保安全，保证工作正常进行，同时认识和预防危险的发生。

⑧ 操作和维护高压设备的人员必须是经过特殊培训，且具有高压操作资格证书的工作人员。

⑨ 操作空气压缩设备的工作人员必须有关于此方面的专业知识和一定的工作经验。

⑩ 操作液压设备的工作人员必须有关于此方面的专业知识和一定的工作经验。

2.1.2 对操作者的安全规定

① 根据国家规定，在压力舱内工作的人员必须通过医学适应性体检，并定期进行体格检查。

② 作为一项规定，在盾构所有区域内有如下着装规定。

a. 必须佩戴安全帽，并防止安全帽脱落。

b. 进入盾构区域内的施工人员必须穿统一配发的工作服，衣服的袖口和裤脚必须扎紧。禁止使用尼龙、化纤或混纺的衣料制作的工作服。工作人员进入生产现场禁止穿拖鞋、凉鞋、高跟鞋、短裤。

c. 长发必须用发卡卡住或扎起，不能佩戴首饰如戒指、项链等。女工作人员禁止穿裙子。

d. 在特殊环境工作的人员必须配备防护装备（如防护镜、呼吸器具等）。

e. 应严格遵守盾构上或零配件上所提出的所有注意事项或警告。

f. 必须遵守操作规程中或机器零部件供应商说明书中关于对操作人员着装的专门要求。

③ 在下列设备上工作的人员应遵守以下专门规定。

a. 压力舱内：使用劳保手套，穿好工作服，使用劳保鞋。

b. 后配套单元：穿好工作服，保证工作服上有反光条并且保持其清洁。使用劳保鞋。

2.1.3 组织管理措施

① 成立专门的安全管理组织机构。

② 必须制定专门的管理措施和条例,特别是对盾构具有针对性的组织管理措施。

③ 对设备操作人员的培训必须系统化,严格遵守上岗资格证制度。

④ 在进行设备操作之前,操作人员必须阅读操作规程,尤其是"安全总则"章节。

⑤ 每隔一段时间要重新培训操作人员关于机器方面的安全操作和危险操作的知识。

⑥ 必须建立工作日志以及配件使用日志。

⑦ 必须建立备件清单,包括备件库存清单和备件消耗清单。

2.1.4 安全保障设备和危险区域

(1) 安全保障设备

① 在盾构区域内工作的相关人员应十分熟悉盾构机上的所有安全保障设备,以便在可能发生危险时能利用这些设备来避免和消除。

② 在发生紧急故障或事故的状态下可以立即按下紧急停止按钮,以防止事故的继续发生。任何时候只要按动主控室控制面板上的紧急停止按钮就可停止所有正在运转的设备,并切断主电源供应(除紧急照明电源外)。另外,部分锁定开关如维修保养开关也在控制室的控制面板上。其余控制盒上的紧急停止按钮只能切断本系统的所有能源供应。

③ 在工作区域的所有人员应十分熟悉盾构机上的所有的警示灯、警报器所表示的盾构设备状态及可能发生的危险情况,警示灯和警报器的作用不单表示系统故障也能警示工作人员注意机器的运转情况,从而可以防止事故的发生。盾构有以下几种警示灯、警报器:传送带启动时会伴随警示灯的闪烁和警报器的鸣响;管片安装机运行时有一声警示信号,信号是自动发出的;当安装机旋转时,警示灯也会闪烁。

④ 工作人员应熟悉盾构区域内的联络系统，并经常检查以保证下述通信设备能正常使用：主控室内的通话设备；人舱外/内的通话设备；拖车/注浆泵站的通话设备；通过电话线利用调制解调器向地面传输数据信息。

⑤ 盾构设备上应经常检查防火系统配备的完整性及功能的可靠性。在工作过程中必须防止火灾的发生，避免产生火灾隐患。

⑥ 选择、安装灭火器时，应根据不同火源（电气引起的失火/液体引起的失火）选择不同类型的灭火器。根据盾构的工作环境可用 CO_2 灭火器和干粉灭火器两种手动灭火器。

变压器、配电柜、电动机附近应配备有一定数量的干粉灭火器。

其余易发生火灾的液压系统附近应安装 CO_2 灭火器。

为防止盾构紧急出口失火，应在主控室、人员舱以及每节后配套拖车的前端和尾部安装 ABC 干粉灭火器。

⑦ 应定期检查火灾报警系统。在盾壳区和后配套系统安装有自动火灾报警系统以便能在火源较小时及时发现和报警。为防止火灾，盾构机已安装有一间歇性声音报警器，工作人员要根据报警声音采取相关措施。

⑧ 应经常检查在盾构掘进机上安装的气体测量装置以测定以下气体浓度：螺旋输送机底部的二氧化碳；螺旋输送机底部的一氧化碳；管片安装机顶部操作区域的氧气。

主控室内安装有一中心测定单元，当所测气体浓度超出规定范围时，将会出现报警信号。此时必须根据不同的气体浓度范围采取相应的措施。

⑨ 其他说明：液压系统安装有限压阀，在经过严格的论证前不能轻易改变其设定值。

所有电缆和电动机不能超载使用，不能短路，不能改变预设参数。

盾构工作过程中必须确保通风设备的正常运转，且不能有任何中断。空气流速必须保持在 0.3~0.5m/s 以上。

必须保证电力的正常供应；保证不高于 25℃ 的工业用水和冷

却水供应。

应备有安全、急救等装备，如安全帽、担架（最长1.8m）及必要的简单急救医疗设备等。

⑩ 所有关于安全急救方面的设备必须每周检查一次，以确保其完备和良好的性能。

(2) 危险区域

在以下危险区域内停留和工作必须提高警惕。

① 盾构正常运转时人员舱不允许有人进入。只有在保养期间才允许受过专业培训的人员进入人员舱进行工作。

② 正常工作时，刀盘区不允许有人停留。只有当盾构停止运行时才允许进行维修及保养工作。

③ 安装管片时，操作人员必须能看到管片安装机周围区域，且在确认安装机旋转区域内没有其他人时才可操作安装机。如其他人员需停留在此区域内，必须预先告知安装操作人员。

④ 安装管片时，只有操作控制人员和其他有关人员可以停留在安装机与后配套1号托车间的管片安装区域。如其他人员需停留在此区域，必须告知安装操作人员。

⑤ 必须遵守所有吊机和升降装置的安全操作说明。吊机和升降装置的操作仅能由经过专业培训的人员进行。

⑥ 进行保养工作时，液压系统必须关闭，且必须预先进行降压处理释放所有压力。另外，对电气系统进行保养时必须断开有关的各种电气开关以切断对设备的能源供应。

⑦ 激光对管片安装机区域的辐射：参看关于辐射保护的规则。禁止任何人员停留在激光照射区域内。在保养期间要防止人员直视激光射线。

⑧ 禁止穿越任何种类的隔离保护屏障。如果必须通过，则需要有合适的安全措施（如配备安全带、停止运行盾构等）。

⑨ 任何人不得站在起吊物和支承物附近。

⑩ 禁止任何人站在管片输送机附近的危险区域（包括盾壳底部）。

⑪ 在碴车启动前，洞内机车调度要预先巡视线路，在保证没有人员停留在线路上时才可下达调度命令。

⑫ 任何人员在碴车行走期间不得停留在轨道附近的危险区域，更不允许在此期间将身体的任何部位接触碴车。如必须停留在此区域内时，则要预先向调度说明且保证自身的安全。

⑬ 任何人员在未经机车调度人员允许的情况下不得穿越两节碴车的连接处。

⑭ 禁止除机车调度人员以外的任何人员以任何理由搭乘碴车进出隧道。

2.1.5 操作

① 任何对盾构的改变、改进和添加都可能对安全带来影响，未获得生产商同意前不得有任何修改。此项规定适用于装配安全设施和安全电压，也适用于负载部件的焊接处或测试过的压力设备。

② 机器运转期间，由于设备存在大量旋转部件和高压部分。未经许可移动某些盖板、不恰当使用、不正确调试或不正确的维修保养都可能引起致命或伤残事故，或对设备造成不可估量的损坏。

③ 禁止移动、缠绕、损坏安全保障设备。

④ 禁止改变程序控制系统的程序。

⑤ 盾构上所有表示安全和危险的标识必须完整，并可被识别。

⑥ 所有扶梯、栏杆、平台板和梯子等都必须保证清洁（特别是防止油污的附着）。

⑦ 出口通道必须随时保持清洁畅通（包括输送伤病员的通道）。

⑧ 只有当所有安全保障设备全部正常运作时才可操作盾构。

⑨ 严格按照操作规程操作盾构，避免一切不安全的操作。

⑩ 参阅操作规程中启动、停止程序和控制显示部分。

⑪ 开动盾构前，应确定启动警报已发出（警示灯闪烁、警报器鸣响）并且确认不会有人因此受到伤害。

⑫ 如出现故障，应立即停止操作盾构并处理故障。

⑬ 如盾构上有使用柴油机驱动的组件如内燃空压机，仅可使用耐火点超过 55℃ 的柴油燃料。

2.1.6 保养和维修的要求

关于保养和维修的一般安全要求如下。

① 只能由经过专业培训且取得合格证的具有一定技能和知识的人员进行保养、维修工作。

② 检查、保养和更换操作规程中指出的零配件时必须经过审核。

③ 进行临时工作、保养工作前必须通知机器操作人员和值班工程师。

④ 仅能使用生产商同意的或可替代的备用件和原始配件。

⑤ 仅能使用产品供应商建议和许可的液体以及其他材料（如油、油脂、清洁材料等）。

⑥ 为保证保养区安全，如有必要可禁止其他无关人员进入。

⑦ 在保养维修期间需完全停止盾构机的运行，并通知洞内所有工作人员。必须防止任何人员无意将开关打开。

⑧ 如保养维修期间需完全停止运行电动机，必须切断电动机的主电源开关，并设置警告标志牌，防止其他人员无意将开关打开。

⑨ 维修保养期间必须使用保养锁定开关（如存在）。根据设计可将维修保养锁定开关的钥匙单独保存，以防止开关被打开。

⑩ 维修保养期间，在高于人身高的位置作业时需配备安全救助设施和工作平台。如无此安全设施也可选择其他适当的安全措施。

⑪ 保养期间，在刀盘区域的工作人员需按规定使用安全带。

⑫ 高空作业人员需使用安全带。

⑬ 保养维修时，应注意清洁设备部件的连接处（如后配套的拖拉缸等）。严禁使用有腐蚀性清洁剂，严禁使用易起毛的物品清洁液压管路或管接头。

⑭ 用水、其他清洁剂或高压清洁器清洗机器前，要对一些特定的设备进行必要的防护处理，防止液体对这些设备产生不良影响（电动机和主控室的防护尤为重要）。

⑮ 清洁完毕后，移开所有覆盖物或密封带。

⑯ 维修保养工作完成后，用规定的紧固扳手拧紧所有松动的

螺栓。

⑰ 维修保养工作结束后，所有阶梯、栏杆、平台板和梯子都需清理干净。

⑱ 如因安装、维护或修理等原因需拆卸或移动的安全保障设备，工作结束后，必须立即重新安装、检查和调整。

⑲ 对管道（可能是压力管道）进行维修保养时（如输送管、风管、液压管等），必须确保管道此时已卸压，且相关的开关、阀门已关闭。开始工作前，为防止意外情况的发生，必须关闭压力供应设备如泵、压缩机等的开关，并设定明显的警示标志。

⑳ 管道内的压力也可由承受负载的液压缸、蓄能器或任何其他负载部件引起。因此，开始进行管路维修保养工作前，不能移动液压缸和其他任何负载零部件，而且必须释放蓄能器中的压力。

㉑ 在螺钉、螺栓松动或取下前，要确保不会有重物倾卸或坠落。

㉒ 控制室的电气元件舱门应随时关闭。维修保养时仅需打开必要的门，电气工程师离开工作地点时，即便是临时性的，只要工作停止，就必须关闭舱门。

㉓ 用过的液体、材料和废弃物必须经过安全处理且确保不会对环境造成污染。

2.1.7 其他安全规程

（1）电力

① 只能由合格的电气工程师或电气维护人员在电力设备上工作。

② 只能使用绝缘工具。

③ 当有人在较危险的机器运行区域内工作时，必须有另一人从旁协助，当有紧急情况发生时，以便迅速按下紧急停止开关或主要开关按钮。此人还必须有一定的急救知识。

④ 定期检查电气设备是否出现故障，如发现接触松动、过热或破损的电缆线等，需立即维修。

⑤ 不超载使用设备，不能改变设备的绝缘能力。
⑥ 避免接触带电的零部件。
⑦ 测定电压信号时，使用合适的测量工具。
⑧ 按照说明，需要检查、维修的零部件首先应断开电源后再进行工作。工作前，用工具检查这些部件是否带电。
⑨ 操作高压设备前，关闭电源并使特定部件短路放电（如电容器）并装好接地线后再进行工作。
⑩ 任何对电力设备的较大改动均需经研讨且得到相关技术部门的同意，甚至是海瑞克公司的书面同意。

（2）气、粉尘、蒸汽、烟
① 盾构区域内严禁吸烟。
② 进行焊接、切割和打磨工作时，有起火或爆炸的可能。因此在进行此工作时有必要配备灭火器，且必须有另一人在旁边巡查，一旦出现紧急情况，可采取必要救助措施。
③ 机器上进行焊接、切割或打磨工作时，在进行工作前必须清理附近的可燃性物体防止意外发生，并确保有足够的通风。
④ 应将焊接接地点焊在工作的零部件上，且离焊接处越近越好。
⑤ 在有限制的空间作业时，请参阅有关的国家规定。

（3）液压系统，气动装置
① 操作液压设备的工作人员需有液压方面的专业知识和一定的工作经验。
② 为预防破损、泄漏和标识的损坏，应定期检查所有管道、软管、管接头，如发现破损应立即维修。
③ 进行液压系统的维修工作前，必须释放系统压力，并且将此系统的能源供应切断。

（4）油、脂和其他化学物质
① 使用油、脂和其他化学物质前应参阅这些产品的安全使用说明。
② 使用加热的液体和其他材料时（易燃或易烫伤品）务必小心。
③ 由于油脂易燃且易引起滑倒，因此溢出的油脂必须立即清

理干净。

(5) 运输

① 操作升降机或吊机时，必须遵守生产商提供的安全操作指南。

② 更换重型零部件时，必须用专用设备将它们固定好，并在严格的安全保证措施下进行搬运。

③ 只能使用技术状态良好，且有足够负载能力的举升装置。

④ 必须由指定的有资格且有工作经验的人员操作起吊重物。

⑤ 选择最佳起吊点，或按照起吊物标识的起吊点起吊物件。

⑥ 使用可靠的保障方式以保护起吊物。

⑦ 严禁在升降机或吊机起吊重物过程中，在其下方工作或停留。

2.2 盾构机主机操作安全操作规程

2.2.1 人员要求及安全操作总则

① 盾构机操作人员必须身体健康，能够适应较长时间的洞内工作，无色盲，具有较强的责任心。

② 盾构机操作人员必须经过专门的专业培训，具有一定的机械、电气及土木工程知识，对盾构机机械结构、电气配置及盾构施工过程有一定的了解。

③ 盾构机操作人员必须经过专门的安全知识培训，并且熟悉盾构及地下工程施工的相关安全知识。

④ 对于在盾构机内工作的不同专业工种人员如电气、液压、机械等工作人员，需遵守其专业内的专门安全规定，并取得了合格的工作资质。

⑤ 非操作人员严禁操作盾构。

⑥ 盾构操作必须一切从保证工程质量的要求为出发点，充分保证隧道的衬砌质量，保证线路方向的正确性，并且尽量减小因盾构施工而引起的地面下沉。所以在掘进时必须做到以下几条。

a. 没有注浆或注浆量不能保证时不能掘进。

b. 没有方向量测时不能掘进。

c. 严格执行土木工程师提出的土压指令，发现问题及时提出。当盾构处于土压平衡或半敞开式掘进时要严格控制盾构的出土量。

d. 盾构操作要充分合理地应用盾构的各种功能，要严格执行盾构说明书上的各种安全操作要求。

e. 操作人员操作期间必须集中精力，不得与他人嬉戏、聊天。

f. 操作室内的电气柜上禁止放置茶杯、饮料等物品，以防止漏水时可能渗入电气柜内而损坏电气元件。

g. 在盾构机的掘进过程中，应有一名操作人员随时注意巡检盾构机的各种设备状态，如泵站噪声情况、液压系统管路连接有否松动及是否有渗漏油、油脂及泡沫系统原料是否充足、轨道是否畅通、注浆是否正常等。操作室内主操作人员应时刻监视螺旋输送机出口的出渣情况，根据VMT调整盾构的姿态，发现问题立即采取相应的措施。

h. 掘进过程中主操作人员必须严格按照要求记录相关部门规定的各种数据表格，以及详细的故障及故障处理办法。

2.2.2 操作系统参数设定

① 如果是第一次启动盾构机，就必须根据土木工程师及机械工程师的要求设定盾构的各种参数。在盾构机调试至正常掘进的过程中，盾构机的绝大部分参数已经基本确定，操作人员应根据上级技术部门制定的盾构参数来进行设定。如果不经有关上级技术部门人员的同意，严禁任何人根据个人的理解修改盾构机的任何参数，否则有可能造成盾构或辅助设备的损坏。

② 泡沫参数的设定：应在土木工程师的要求下根据工程地质的具体情况设定泡沫的压力及流量。泡沫剂的发生率等参数应根据泡沫剂供货商的要求设定。泡沫参数在开始调试时设定完成后不经同意不能随意更改。

③ 当设定各液压系统的报警温度时，一般最大报警温度不得超过60℃。严禁随意更改报警温度。

④ 注浆操作员应在土木工程师的要求下设定注浆系统的起始

压力及终止压力。

⑤ 在开机前应进行以下检查或准备工作。

a. 检查延伸水管、电缆连接是否正常。

b. 检查供电是否正常。

c. 检查循环水压力是否正常。

d. 检查滤清器是否正常。

e. 检查带式输送机、输送带是否正常。

f. 检查空压机运行是否正常。

g. 检查油箱油位是否正常。

h. 检查注脂系统油位是否正常。

i. 检查泡沫剂液位是否正常。

j. 检查注浆系统是否已准备好并运行正常。

k. 检查后配套轨道是否正常。

l. 检查出碴系统是否已准备就绪。

m. 检查盾构操作面板状态，开机前应使螺旋输送机前门处于开启位，螺旋输送机的螺杆应伸出，管片安装按钮应无效，无其他报警指示。

n. 检查 VMT 导向系统是否工作正常。

注：若以上检查存在问题，首先处理或解决问题，然后再准备开机。

o. 请示土木工程师并记录有关盾构掘进所需要的相关参数，如掘进模式（敞开式、半敞开式或土压平衡式等）、土仓保持压力、线路数据、注浆压力等。

p. 请示机械工程师并记录有关盾构掘进的设备参数。

q. 若需要则根据土木工程师和机械工程师的指令修改盾构机参数。

r. 确认注浆系统已经开始工作。

s. 根据工程要求选择盾尾油脂密封的控制模式，即选择采用行程控制还是采用压力控制模式。

t. 按工业电脑"F9"键，检查是否存在当前错误报警，若有，首先处理之。

2.2.3 开机

一般情况下应按照以下顺序启动盾构机。

① 控制将面板上的螺旋输送机转速调节旋钮、刀盘转速调节旋钮、推进液压缸压力调节旋钮、盾构机推进速度旋钮等调至最小位。

② 启动前后液压泵站冷却循环泵,并注意泵启动是否正常,包括其启动声音及振动情况等。以下每一个泵启动情况均需注意其启动情况。

③ 依次启动润滑脂泵、齿轮油泵。

④ 依次启动补油泵、控制油泵。

⑤ 依次启动三个主驱动泵及螺旋输送机驱动泵。

⑥ 依次启动推进泵及辅助泵。

⑦ 启动刀盘密封油脂泵,调整油脂泵使其保持在每分钟泵送油4~7次,此时气动压力为1~1.5bar。

⑧ 选择手动或半自动方式启动泡沫系统。

⑨ 启动盾尾油脂密封泵,并选择自动位。

2.2.4 掘进

① 开始掘进时应按照以下顺序进行:启动带式输送机→启动刀盘→启动螺旋输送机。

② 对刀盘转速挡位的选择应根据以下原则,一般在软岩地段选择挡位1(STEP 1);在转矩比较小的地层中可以选择挡位2(STEP 2),具体要根据实际情况来决定。

③ 启动刀盘及螺旋输送机前应先把其对应的转速调至零,刀盘及螺旋输送机启动后再把转速从零缓慢增加到合适的值,禁止过快地增加刀盘和螺旋输送机的转速。

④ 螺旋输送机的后闸门应慢慢开启,并应随时注意出渣口是否有喷涌发生。

⑤ 盾构机的推进速度也应慢慢由小变大,并且注意通过总体推进速度调节和液压缸分组。

⑥ 掘进应根据现场地质及工程情况随时调整土仓压力,调整时应遵循以下规则。

a. 如果开挖地层自稳定性较好采用敞开式掘进,则不用调整压力,以较大开挖速度为原则。

b. 如果开挖地层有一定的自稳性而采用半敞开式掘进,则注意调节螺旋输送机的转速,使土仓内保持一定的渣土量,一般保持 2/3 左右的渣土。可以通过观察面板上土压传感器值,1 号压力可以为 0,2、3 号压力值稍大于 0,4、5 号压力值为 1bar 左右即可。

c. 如果开挖地层稳定性不好或有较多的地下水时,需采用土压平衡模式(即 EPB 模式)。此时需根据前面地层的不同来保持不同的渣仓压力,具体压力值应由土木工程师决定。但最大土仓压力值一定不能大于 3bar,否则有可能损坏主轴承密封。

d. 若压力大时可以采取以下几个措施来降低压力:加快螺旋输送机的转速,增加出渣速度,降低渣仓内渣土的高度;适当降低推进液压缸的推力;降低泡沫和空气的注入量;适当排出一定量的空气或水。

e. 若压力小时可以采取以下几个措施来增大压力:降低螺旋输送机的转速,降低出渣速度,增加渣仓内渣土的高度;适当增大推进液压缸的推力;增大泡沫和空气的注入量。

f. 增大或降低土仓内的压力是通过几种办法的综合运用来调整的,调节时要综合考虑几种方法对盾构施工的影响,如考虑到掘进的速度、对管片的保护以及是否可能发生喷涌等是必须考虑的。一般情况下有以下几种影响。

- 长时间降低螺旋输送机的转速可能会使开挖速度下降。
- 通过过量注入泡沫及空气来保压不仅不够经济,而且有可能发生喷涌;过少则可能造成刀盘转矩增加。
- 推进系统推力过大有可能破坏管片,造成裂纹或变形;推进系统推力太小则无法掘进。

2.2.5　盾构的姿态调整

① 盾构掘进时操作人员应该随时根据激光导向系统的指示调整盾构的姿态,包括推进方向及自转的调整。

② 盾构推进方向是通过推进系统几组液压缸的不同压力来进行调节的。方向调节时的一般原则是:使盾构的掘进方向趋向隧道

的理论中心线方向。

③ 为了保证盾构的铰接密封、盾尾密封工作良好，同时也为了保证隧道管片不受破坏，盾构在调向的过程中不能有太大的调整趋势，一般在 VMT 上显示的任一趋势值（trend）不应大于 10。

④ 当盾构处于水平线路掘进时，应使盾构保持稍向上的掘进姿态，以纠正盾构因自重而产生的低头现象。

⑤ 通常盾尾位置每循环调节量不大于 10mm。

⑥ 为了保证盾构在推进过程中正确的受力状态，盾构不能有太大的自转，一般不能大于 VMT 上显示的转动值（rotate）10。

⑦ 当盾构在转弯半径较小的曲线上掘进时，如果需要可以使用仿形刀进行辅助掘进。仿形刀伸出及缩回的环向角度位置应由土木工程师根据现场的地质情况来确定。

⑧ 当盾构在较硬的地层中掘进，盾构易自转或盾构本身振动比较严重时，应使用稳定器辅助掘进。

2.2.6 掘进结束

当掘进结束时，应按以下顺序停止掘进。

① 停止推进系统。

② 逐步降低螺旋输送机的转速至零，停止螺旋输送机。

③ 关闭螺旋输送机后渣门。

④ 停止带式输送机。

⑤ 若刀盘驱动压力较大，则可持续转动刀盘适当地搅拌土仓内渣土，当驱动压力降低至一定程度时减小刀盘转速至零，并停止刀盘转动。这样利于下次刀盘启动时转矩不至于太大。

⑥ 若马上准备安装管片，则按下管片安装按钮（segment placing）。

⑦ 依次停止主驱动泵、补油泵、螺旋输送机泵、控制泵、仿形刀油泵、油脂密封系统、齿轮油泵、泡沫系统。

⑧ 若马上安装管片，可以暂不关闭推进系统液压泵和辅助液压泵，否则关闭之。

⑨ 通知有关人员进行下一工序的工作。

2.2.7 掘进报告的填写

① 为了积累盾构施工经验，更好地进行盾构施工的总结，以及留下必要的施工考证依据，在盾构施工的过程中必须严格按照要求填写掘进报告。

② 对于简单的停机可以在掘进报告的给定位置简单说明，对于长时间影响掘进的故障或事故，必须另外记录清楚。

③ 对于在掘进过程中发生的任何设备故障都应该有详细的记录。

第 2 篇
盾构机构造原理

第3章
盾构机的结构原理与组成

盾构施工是在一个能支承地层压力而又能在地层中推进的圆形（或矩形、马蹄形等特殊形状）钢筒结构下，完成挖掘、出土、隧道支护等工作的。它的最大特点就是整个隧道掘进过程都是在这个称为护盾的钢结构下完成的，可以最大限度地避免隧道坍塌和地面塌陷。与传统的隧道掘进技术相比，盾构法施工具有安全可靠、机械化程度高、工作环境好、土方量少、进度快、施工成本低等优点，尤其在地质条件复杂、地下水位高而隧道埋下较深的条件下，只能依赖盾构施工。盾构法施工概貌图如图3-1所示。

盾构掘进技术是液压技术、机电控制技术、测控技术、计算机技术、材料技术等各类技术发展水平的综合体现，并随着这些相关技术的发展而不断发展完善。

盾构掘进机传递功率大（一般超过1000kW），运动复杂，要求控制精度高、安装空间小，并且工作环境恶劣。近几年迅速发展

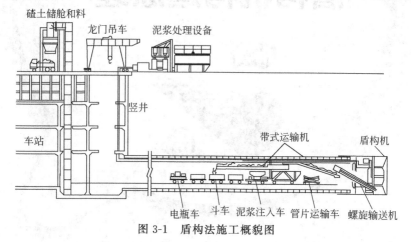

图3-1　盾构法施工概貌图

的电液控制（系统）技术，综合利用了电子技术在信号检测、放大、处理和传输方面的优势与液压在功率转换放大与执行上的优势，已经成了盾构动力传递和控制的首选。

总之，在盾构的施工技术和盾构机械设计技术上，充分运用了机械原理、液压原理和电子控制原理的理论，下面将围绕这三大理论展开论述。

3.1 盾构机的结构概述

3.1.1 盾构的类型和机型

(1) 盾构的类型

盾构的"类型"是指与特定的盾构施工环境，特别是与特定的基础地质、工程地质和水文地质特征相匹配的盾构的种类。根据施工环境，隧道掘进机的"类型"分为软土盾构、硬岩掘进机（TBM）、复合盾构三类。因此，盾构的"类型"分为软土盾构和复合盾构两类。

软土盾构是指适用于未固结成岩的软土、某些半固结成岩及全风化和强风化围岩条件下的一类盾构。软土盾构的主要特点是刀盘仅安装切刀和刮刀，不需滚刀。

复合盾构是指既适用于软土又适用于硬岩的一类盾构，主要用于既有软土又有硬岩的复杂地层施工。复合盾构的主要特点是刀盘既安装有切刀和刮刀，又安装有滚刀。

(2) 盾构的"机型"

盾构的"机型"是指在根据工程地质和水文地质条件，盾构所采用的最有效的开挖面支护形式。

盾构按支护地层的形式主要分为自然支护式、机械支护式、压缩空气支护式、泥浆支护式、土压平衡支护式五种机型。

目前应用最广的是土压平衡盾构（土压平衡支护式）和泥水盾构（泥浆支护式）两种机型。

3.1.2 土压盾构的结构原理

(1) 土压平衡盾构功能

土压平衡盾构是在机械式盾构的前部设置隔板，在刀盘的旋转作用下,刀具切削开挖面的泥土,破碎的泥土通过刀盘开口进入土仓,使土仓和排土用的螺旋输送机内充满切削下来的泥土,依靠盾构千斤顶的推力通过隔板给土仓内的土碴加压,使土压作用于开挖面以平衡开挖面的水土压力。

(2) 土压盾构的工作原理

盾构机的工作原理就是一个圆柱体的钢组件沿隧道轴线边向前推进边对土壤进行挖掘,如图3-2所示。该圆柱体组件的壳体即护盾,其对挖掘完全的隧道起着临时支承的作用,承受周围土层的压力,有时还承受地下水压以及将地下水挡在外面,挖掘、排土、衬砌等作业在护盾的掩护下进行。

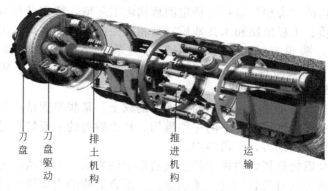

图3-2 盾构机工作原理图

刀盘旋转切削开挖面的泥土,破碎的泥土通过刀盘开口进入土仓,泥土落到土仓底部后,通过螺旋输送机运到带式输送机上,然后输送到停在轨道上的碴车上。盾构在推进液压缸的推力作用下向前推进。盾壳对挖掘出的还未衬砌的隧道起着临时支护作用,承受周围土层的土压、承受地下水的水压以及将地下水挡在盾壳外面。掘进、排土、衬砌等作业在盾壳的掩护下进行。

(3) 土压平衡盾构组成

土压平衡盾构主要由刀盘及刀盘驱动、盾壳、螺旋输送机、带式输送机、管片安装机、推进液压缸、同步注浆系统等组成,如图3-3、图3-4、表3-1所示。

图 3-3 土压平衡盾构机

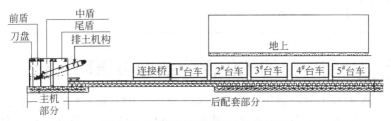

图 3-4 土压平衡盾构机结构示意图

表 3-1 盾构机结构组成

主机部分		后配套部分	
盾体	前体：支承刀盘驱动 中体：30个推进液压缸 后体：14个从动跟随铰接液压缸	管片运输设备	管片运送小车 管片运送电动葫芦 连接桥轨道
刀盘	切削盘体 硬岩刀具 软土刀具	1#台车	操作室 注浆设备
刀盘驱动	8组传动副主齿轮箱 斜轴式变量轴向柱塞马达 水冷式变速齿轮箱	2#台车	液压泵站、膨润土箱、膨润土泵、盾尾密封油脂泵及润滑油脂泵

第3章 盾构机的结构原理与组成

续表

主机部分		后配套部分	
双室气闸	前室和主室两部分	3#台车	两台打气泵、一个 1m³ 储气罐、一组配电柜 一台二次风机
管片拼装机构	拼装机大梁 支承架 旋转架 拼装头	4#台车	变压器 电缆卷筒 水管卷筒 风管盒
排土机构	螺旋输送机 带式输送机		

3.2 盾构机的主体部分结构与原理

盾构机主要由盾体、刀盘驱动、双室气闸、管片拼装机、排土机构的组成，如图 3-5 所示。盾体主要包括前盾、中盾和尾盾三部分，如图 3-6 所示。

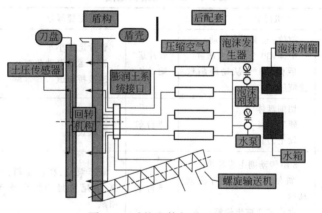

图 3-5 盾构主体部分示意图

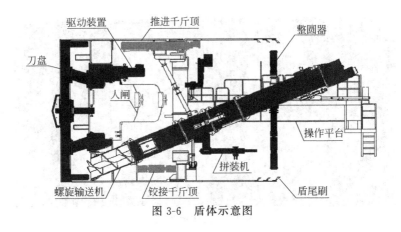

图 3-6 盾体示意图

3.2.1 盾体结构功能与工作原理

(1) 盾体的功用

盾体主要包括前盾、中盾和尾盾三部分，这三部分都是管状筒体，其外径是 6.25m。

前盾和与之焊在一起的承压隔板用来支承刀盘，同时使泥土仓与后面的工作空间相隔离，推力液压缸的压力可通过承压隔板作用到开挖面上，以起到支承和稳定开挖面的作用。

(2) 盾体的结构组成

① 前体的功能与组成 前体又叫切口环，用于开挖土仓和挡土，位于盾构的最前端，结构为圆筒形，前端设有刃口，以减少对底层的扰动。在圆筒约中段处垂直于轴线焊有压力隔板，隔板上焊有安装主驱动、螺旋输送机及人员舱的法兰支座和四个搅拌棒，还设有螺旋机闸门机构及气压舱（根据需要），此外，隔板上还开有用于安装 5 个土压传感器以及通气、通水等的孔口，如图 3-7 所示。不同开挖形式的盾构机前体结构也不相同。

② 中体的结构组成 中体又叫支承环，是盾构的主体结构，如图 3-8 所示，承受作用于盾构上的全部载荷。中体是一个强度和刚性都很好的圆形结构，地层力、所有千斤顶的反作用力、刀盘正面阻力、盾尾铰接拉力及管片拼装时的施工载荷均由中体来承受。

图 3-7 前体示意图

图 3-8 盾构中体

中体内圈周边布置有盾构千斤顶和铰接液压缸，中间有管片拼装机和部分液压设备、动力设备、螺旋输送机支承及操作控制台。有的还有行人加、减压舱。中体盾壳上焊有带球阀的超前钻预留孔，也可用于注膨润土等材料。

③ 盾尾及盾尾密封的结构组成　盾尾（图 3-9）主要用于掩护隧道管片拼装工作及盾体尾部的密封，通过铰接液压缸与中体相

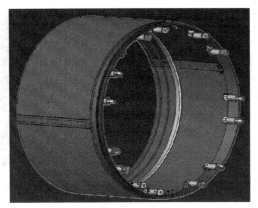

图 3-9 盾尾

连，并装有预紧式铰接密封。铰接密封和盾尾密封装置都是为防止水、土及压注材料从盾尾进入盾构内。为减小土层与管片之间的空隙，从而减少注浆量及对地层的扰动，盾尾制成圆筒形薄壳体，但又要能同时承受土压和纠偏、转弯时所产生的外力。盾尾的长度必须根据管片的宽度和形状及盾尾密封的结构和道数来决定。另外在盾尾壳体上合理地布置了 8 根盾尾油脂注入管和 4 根同步注浆管。

由于施工中纠偏的频率较高，盾尾密封要求弹性好，耐磨、防撕裂，能充分适应盾尾与管片间的空隙，盾尾一般采用效果较好的钢丝刷加钢片压板结构。钢丝刷中充满油脂，既有弹性又有塑性。盾尾密封的道数要根据隧道埋深、水位高低来定，一般为 2～3 道。

④ 铰接密封　铰接式盾构的盾尾密封系统包括铰接密封和盾尾密封。

a. 铰接密封。铰接密封一般有三种形式：一种是采用一道或多道橡胶唇口式密封；另一种是采用石墨石棉或橡胶材料的盘根加气囊式密封，如图 3-10 所示；还有一种是双排气囊式密封，如图 3-11 所示。

b. 盾尾密封（图 3-12）。盾尾止水采用钢丝刷密封装置，是集弹簧钢、钢丝刷及不锈钢金属网于一体的结构。盾尾油脂泵向每道钢丝刷密封之间供应油脂，以提高止水性能。

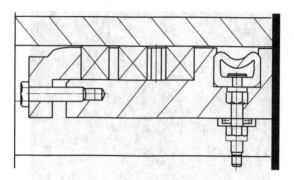

图 3-10　石墨石棉或橡胶材料的盘根加气囊式密封

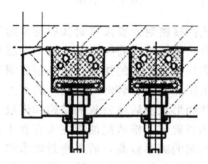

图 3-11　双排气囊式密封

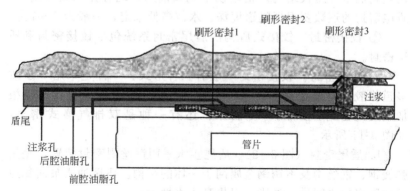

图 3-12　盾尾密封

3.2.2 刀盘

(1) 刀盘的功能

刀盘是盾构机的核心部件，刀盘是一个带有多个进料槽的切削盘体，位于盾构机的最前部，如图 3-13 所示，其结构形式、强度和整体刚度都直接影响到施工掘进的速度和成本，出现故障维修处理也困难。不同的地质情况和不同的制造厂家，刀盘的结构也不相同，其常见的结构有：平面圆角刀盘、平面斜角刀盘、平面直角刀盘。

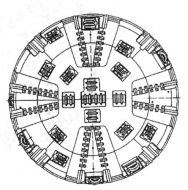

图 3-13　刀盘

刀盘支承方式有 3 种：中心支承式（适用于中小型直径盾构）；中间支承式（适用于中大型直径盾构）；周边支承式（适用于小型直径盾构）。

刀盘应满足以下要求。

① 刀盘应有足够的强度和刚度。
② 刀盘应有较大的开口率。
③ 针对地层的变化，能够方便地更换硬岩滚刀和软岩齿刀。
④ 刀盘结构应有足够的耐磨强度。
⑤ 刀盘上应配置足够的渣土搅拌装置。
⑥ 刀盘上应配置足够的注入口，各口均装有单向阀，以满足刀具的冷却、润滑和渣土改良等功能。

(2) 刀盘的几种类型

面板式刀盘，如图 3-14 所示，在中途换刀时安全可靠，但开挖土体进入土仓时易黏结、堵塞，在刀盘上易形成泥饼。

辐条式刀盘（图 3-15）仅有几根辐条，辐条后设有搅拌叶片，土砂流动顺畅，不易堵塞。但不能安装滚刀，且中途换刀安全性差，需加固土体，费用高。

辐条式刀盘对砂、土等单一软土地层的适应性比面板式刀盘更

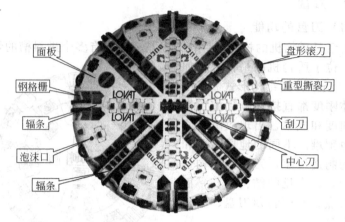

图 3-14 面板式刀盘

图 3-15 辐条式刀盘

强;但由于不能安装滚刀,在风化岩及软硬不均地层或硬岩地层不适用,宜采用面板式刀盘。

(3) 刀具的配置

刀盘设计成盘形结构且带有很阔的进料口。4 根辐条支承的厚壁法兰连接主驱动装置,并且作为刀盘面板的基座。刀盘在刀盘中心的径向开口边缘、刀盘外圆周的开口边缘备有所需的刀具以便将挖掘的物料运输到开挖舱。

中心回转体上配有注射调节土壤介质的通道。刀盘有 4 个泡沫/膨润土/水通道和 2 个液压油通道。

刀具（图 3-16）的结构、材料及其在刀盘上的数量和位置关系直接影响掘进速度和使用寿命。不同的地层条件对刀具的结构和配置是不相同的。

图 3-16　刀具

刀具种类：单刃滚刀、双刃滚刀、三刃滚刀（双刃以上的一般都是中心滚刀）、齿刀、切刀、刮刀和方形刀（超挖刀）。为适应不同的地层，滚刀和齿刀可以互换，所以它们的刀座相同。

① 刮刀　如图 3-17 所示。

② 铲刀（图 3-18）　铲刀的设计保证了快速、清洁开挖；它们可以双向进行开挖，同时保证了开挖直径的稳定不变。铲刀用可更

图 3-17　刮刀

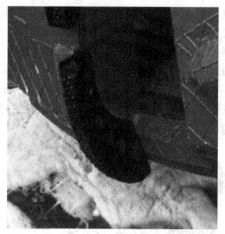

图 3-18 铲刀

换的螺纹固定到钢结构上,因此,可以单独更换。

③ 仿形刀(图 3-19) 刀盘上安装了仿形刀。安装的仿形刀通过一个行程(50mm 海瑞克,120mm 三菱)的液压缸进行操作。仿形刀的伸缩在主控室内按每 10°事先加以设置控制。

盾构具有仿形超挖功能是目前盾构中较为先进的一种,其仿形超挖方位、超挖量可根据不同的施工要求而调整。

图 3-19 仿形刀

3.2.3 刀盘驱动

刀盘驱动装置由主轴承、八个液压马达、八个减速器及主轴承密封组成,轴承外圈通过连接法兰用螺栓与前体固定,内(齿)圈用螺栓和刀盘连接，借助液压动力带动液压马达、减速器、轴承内齿圈直接驱动刀盘旋转，如图 3-20、图 3-21 所示。

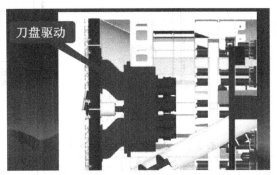

图 3-20　刀盘驱动装置（一）

图 3-21　刀盘驱动装置（二）

主轴承设置有三道唇形外密封和两道唇形内密封，外密封前两道采用永久性失脂润滑来阻止土仓内的渣土和泥浆渗入，后一道密封是防止主轴承内的润滑油渗漏。内密封前一道阻止盾体内大气尘土的侵入，后一道防止主轴承内润滑油的外渗。

刀盘支承方式如图 3-22 所示，刀盘的驱动形式见表 3-2。

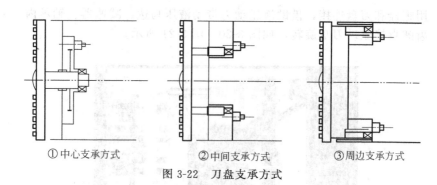

① 中心支承方式　　② 中间支承方式　　③ 周边支承方式

图 3-22　刀盘支承方式

表 3-2　刀盘驱动的三种形式

项目	变频电动机驱动	定速电动机驱动	液压驱动
驱动部外形尺寸	中	大	小
后续设备	少	少	较多
效率	0.95	0.9	0.65
启动力矩	大	较小	较大
启动冲击	小	大	较小
转速微调控制	好	不能无级调速	好
噪声	小	小	大
盾构温度	低	较低	较高
维护保养	易	易	较复杂

3.2.4　双室气闸

双室气闸装在前盾上，包括前室和主室两部分，当掘进过程中刀具磨损工作人员进入泥土仓检察及更换刀具时，要使用双室气闸，如图 3-23 所示。

刀盘在工作状态下，扩挖刀液压缸相对于盾构主体是旋转的，扩挖刀液压缸的通油管路相对于盾构主体是固定的。因此在盾构主体上和刀盘中间设计了回转接头。通过回转接头除了向扩挖刀的液压缸供油外，还为刀盘切削面输入水、气、泡沫和膨润土。回转接头安装在土仓密封挡板上。

人闸（转换人闸）是工作人员和设备进出土仓的通道，通过常气压进入高气压，返回来时正好相反。人闸的作用主要是更换磨损或损坏的刀具。人闸的组成：2个工作人员人闸位于盾体的上部（一个是主闸，一个是紧急闸），1个操作控制面板位于人闸防护罩的外部。在整个人闸使用期间，应由一个人闸监督员站在外面和人闸的前面来监视人闸的使用情况。

人闸包括所有必需品、必需的补给设备和压缩空气、照明及通信（1个电话、1个对讲机和声

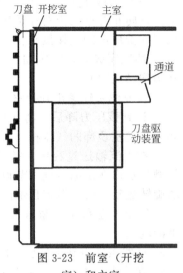

图 3-23 前室（开挖室）和主室

力电话）的控制，还可安装氧基减压设备（外围的）。主闸室可容纳 3 个人，紧急闸室可容纳 2 个人。在 3bar 压力下土仓内最大空气流量 $400m^3/h$。

(1) 前室（开挖室）的功能与组成

① 开挖室的功能　工作人员必须定期进入开挖/工作室，以便检查刀盘及其切削刀具、更换刀具、检查各水平面上的传感器并检查隧道开挖面。

② 对开挖室的要求　保护开挖室内的工作人员，防止其受到坍塌土料和突然水侵入的伤害是非常重要的。因此，有必要根据具体的地质情况（碎石或砂底、低地层侵水），在推进停止后，向泥浆中添加斑脱土并用刀盘予以充分搅拌，以便稳定和密封隧道开挖面。

在这种情况下，所采用的斑脱土浆充当液体支护，并加压渗入土体，起到密封作用，形成泥饼。这种泥饼在压缩空气调节系统的作用下保持平衡，构成一层隔膜，保证了隧道开挖面得到密封。然后，按以下步骤进行。

a. 在压力隔板内，用水清洗压缩空气调节器设备的所有连接接头，以防止开挖的土料穿透压缩空气回路。在压力隔板后面，可以找到冲洗所需的连接接头。

b. 冲洗完成后，将压缩空气调节设备加压（压力隔板上的所有闸阀均已关闭）。

c. 只要泥浆输送出开挖室，即可将土压降低 0.1～0.2bar。

d. 达到该压力降后，将压缩空气送入开挖室。对调节设备进行调整，使室顶部的气压相对原来的土压高出大约 0.1bar。

e. 在泥浆输送过程中，持续送入压缩空气，直到顶部的土压测量槽指示出在压缩空气调节设备上所调整的气压。同时，通过刀盘的旋转运动，可以散解顶部区域的开挖土料。

f. 停止刀盘和螺旋输送机的旋转，关闭螺旋输送机和排料输送带的闸阀。

g. 这些条件得到满足后，即可开始气闸步骤。

h. 在将人员锁入后，并且在开挖室和压力室（工作室）之间进行了压力补偿后，即可小心打开压力室的门。此时要注意土料坍塌。

③ 注意事项 如果顶部的螺旋输送机闸阀没有关闭，则存在着这样一种危险：送入的压缩空气可能突然从螺旋输送机排走。由此，将造成隧道开挖面失去稳定性（土料坍塌、水侵入）。隧道开挖面的压力降低和失去稳定性，将会导致严重的人员伤害。

隧道开挖面的某些部分有可能会坍塌下来，造成伤害危险。对隧道开挖面和水位，必须始终予以严密监视。

只有遵守所有的防范措施，并且将工作材料固定好，以防止其坠落或滚动，才可以确保工具运送以安全方式进行。

所有必需的起重装置均采用专用的承载器具，并经过测试，以确保安全操作。

所有必需的平台和支承均必须固定到隔板和墙上。

所有人员均必须佩戴安全用具，并且必须将其固定到专用的固定点上，特别是在对刀盘作业过程中。

尤其是在从事有关刀盘工作的期间，门锁不得被管路、缆线或其他材料堵塞，门不得被管线、绳索或其他材料所阻挡；当主室内在压缩空气下开展工作的过程中,门是关闭的,前室从两边都可以操作。

(2) 主室的功能与组成

① 主室的功能　当进入开挖室,以便在压缩空气下进行维护和检查工作时,必须通过一个气闸来进行;在加压之前,气闸门必须关闭,并保持压力密封。

进入主室是通过一个压力门实现的。可通过另外一个气闸进入主室,该气闸称为通道室;当压缩空气下的工作正在进行时或出现紧急情况时,可以通过它进出气闸。

② 主室的要求　两个气闸均可独立工作,其内部装备有如下仪器:通信系统、排气及通风阀、计时器、压力计、温度计、采暖装置。

所安装的以下仪器由气闸守护员来操作。

a. 两个气闸的排气阀和通风阀。

b. 通信系统。

c. 用于记录气闸和开挖室内部压力的带式记录仪系统。

d. 用于控制气闸和开挖室内部压力的压力计。

e. 气闸通风用流量计。

气闸的压缩空气供给通过安装在龙门架的压缩机设备,以及现场架设的连接管路来实现。供给空气要与吸入空气的相应数量一致。管路上安装有相应的过滤器和安全阀。

③ 注意事项　在使用气闸时,必须严格遵守以下规定:双带式记录仪均旋紧,处于工作状态,装备了足够的记录纸和功能支承。

向内转移并在压缩空气下工作会对健康造成伤害。如果以不专业的方式操作气闸,则在向外转移时,可能造成压缩空气病症,而受到严重伤害,甚至死亡。

必须确保每次气闸操作均由合格并经授权的人员来进行,并且向外转移的时间必须严格遵守相应的法规要求。

3.2.5　管片拼装机

管片拼装机(图 3-24)由拼装机大梁、支承架、旋转架和拼

图 3-24 管片拼装机

装头组成。

管片安装机的主要功能是通过拼装机进行管片的拼装。由于管片安装机必须具有独立旋转的功能,所以一般设有独立的密封液压油箱,并配备电缆卷筒进行电气控制。管片拼装机的回转驱动方式采用液压驱动,并配备失压刹车,其他动作采用液压缸驱动。

3.2.6 盾构机的排土机构

主要包括螺旋输送机和带式输送机。

(1) 螺旋输送机 (图 3-25、图 3-26)

① 由伸缩筒、出碴筒、液压马达、螺旋轴、出碴闸门组成,是土压平衡盾构的排土装置,主要有以下三个功能。

a. 将盾构土仓内的土体向外连续排出。

b. 土体在螺旋输送机内向外排出的过程中形成密封土塞,阻止土体中的水分散失,保持土仓内土压的稳定。

c. 将盾构土仓内的土压值自动与设定土压值进行比较,随时调整向外排土的速度,控制盾构土仓内实现连续的动态土压平衡过程,确保盾构连续正常向前掘进。

② 螺旋输送机由液压马达减速装置驱动,驱动装置与螺旋输送机采用球形铰接,以适应螺旋轴的自由摆动。为防止渣土的侵入,其输出端采用了与主轴承外密封相同的结构,并自动注脂。螺旋机转速范围可以在 0~22r/min 内无级调速,控制出土量很方便。调节螺旋输送机的出土速度是控制土仓压力的重要方法之一。

(2) 带式输送机

带式输送机(图 3-27)用于将螺旋输送机输出的碴土传送到盾构后配套的碴车里。带式输送机的驱动方式采用电动驱动或液压驱动,带式输送机由带式机支架、前随动轮、后主动轮、上下托

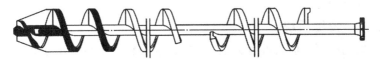

图 3-25 螺旋输送机

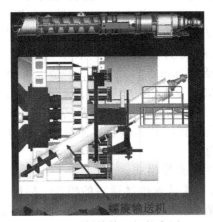

图 3-26 螺旋输送机的应用

图 3-27 带式输送机

轮、输送带、带张紧装置、带刮泥装置和带减速器的驱动电动机等组成。安装布置在后配套连接桥和拖车的上面。为安全起见，其上设有3处急停开关。

3.2.7 铰接系统

盾构机可适应的坡度为最大3%，水平转弯半径最小250m，垂直转弯半径1000m。为方便盾构转弯，整个盾体制成前后盾结构，之间用铰接液压缸连接。铰接由铰接液压缸、行程传感器、2排密封、密封片等组成。这个设备通过液压旋转装置把后盾铰接到前盾，盾构机通过它可以实现隧道的转弯。允许后盾相对前盾做铰接运动。铰接也包括密封和油脂注射。铰接液压缸数量8、液压缸行程170mm、活塞直径230mm、杆径75mm、最大推力10400kN、每个液压缸推力1300kN、运行压力350bar、流量50L/min、后盾回收速度170mm/min、最大角1.5°、由液压泵驱动功率75kW、速度1475r/min。4个行进传感器提供后盾相对于前盾的位置。这个信息被显示在控制室内。

铰接系统有3个操作模式。

① 自由模式　这是铰接最通用的模式。后盾只是作为一个旋转轴承铰接在前盾后部，随前盾移动。通过在液压缸腔室之间传递液压油来保持后盾的平均位置。液压缸腔室内的压力由后盾的拖拽产生。

② 放松模式　这种模式允许打开铰接，通过前盾向前运动来实现。铰接液压缸被动伸展；由于推力液压缸的动作，前盾向前移动，后盾仍停留在原位。

③ 盾体回缩模式　这种模式能够在放松模式之后使用，是为了关闭铰接或为了更换刀具（利用前部压力）而回缩前盾。

各种模式的选择在主控制面板上：位置选择器"主推力"必须是在"挖掘"模式并且挖掘已运转。让自我复位选择器保持在1位置（铰接放松）。在相应的监督画面上检查行程传感器的进展，在监视屏上可以显示铰接的问题和故障，并可直接查看位置。

3.3　盾构机后配套部分结构部分

后配套装置、电气系统和辅助设备的组成。后配套设备主要由以下几部分组成：管片运输设备、四节后配套台车及其上面安装的盾构机操作所需的操作室、电气部件、液压部件、注浆设备、泡沫设备、膨润土设备、循环水设备及通风设备等，如图 3-28 所示。

图 3-28 土压平衡盾构机后备台

(1) 管片运输设备

管片运输设备包括管片运送小车、运送管片的电动葫芦及其连接桥轨道，如图 3-29 所示。

管片由龙门吊从地面下至竖井的管片车上，由电瓶车牵引管片车至第一节台车前的电动葫芦一方，由电动葫芦吊起管片向前运送

图 3-29 管片运输设备

到管片小车上，由管制、车再向前运送，供给管片拼装机使用。

（2）一号台车及其上的设备

一号台车上装有盾构机的操作室及注浆设备。

盾构机操作室（图 3-30）中有盾构机操作控制台、控制电脑、盾构机 PLC 自动控制系统、VMT 隧道掘进激光导向系统电脑及螺旋输送机后部出土口监视器。

图 3-30　盾构机操作室

（3）二号台车及其上的设备

二号台车上有包含液压油箱在内的液压泵站、膨润土箱、膨润土泵、盾尾密封油脂泵及润滑油脂泵，如图 3-31 所示。液压油箱及液压泵站为刀盘驱动、推进液压缸、铰接液压缸、管片拼装机、管片运输小车、螺旋输送机、注浆泵等液压设备提供压力油。泵站上装有液压油过滤及冷却回路，液压油冷却器是水冷式。

盾尾密封油脂泵在盾构机掘进时将盾尾密封油脂由 12 条管路压送到三排盾尾密封刷与管片之间形成的两个腔室中，以防止注射到管片背后的浆液进入盾体内。

润滑油脂泵将油脂泵送到盾体中

图 3-31　二号台车上的设备

的小油脂桶中，盾构机掘进时，4kW 电动机驱动的小油脂泵将油脂泵送到主驱动齿轮箱、螺旋输送机齿轮箱及刀盘回转接头中。这些油脂起到两个作用：被注入上述三个组件中唇形密封件之间的空间，起润滑唇形密封件工作区域及帮助阻止脏物进入被密封区域内部的作用；对于螺旋输送机齿轮箱，还可润滑齿轮箱的球面轴承。

(4) 三号台车及其上的设备

三号台车上装有两台打气泵、一个 $1m^3$ 储气罐、一组配电柜及一台二次风机。打气泵（图 3-32）可提供 8bar 的压缩空气并将压缩空气储存在储气罐中，压缩空气的作用：驱动盾尾油脂泵、密封油脂泵和气动污水泵；给人闸、开挖室加压；操作膨润土、盾尾油脂的气动开关；与泡沫剂、水混合形成改良土壤的泡沫；用来操作气动工具等。

图 3-32 打气泵、储气罐

二次风机由 11kW 的电动机驱动，将由中间井输送至四号台车位置处的新鲜空气，继续向前泵送至盾体附近，以给盾构机提供良好的通风。

(5) 四号台车及其上的设备

四号台车上装有变压器、电缆卷筒、水管卷筒、风管盒。

铺设在隧道中的两条内径为 100mm 的水管作为盾构机的进、

回水管，将竖井地面的蓄水池与水管卷筒上的水管连接起来，与蓄水池连接的一台高压水泵驱动盾构机用水在蓄水池和盾构机之间循环。通常情况下，进入盾构机水管卷筒水管的水压控制在 5bar 左右。正常掘进时，进入盾构机水循环系统的水有以下用途：对液压油、主驱动齿轮油、空压机、配电柜中的电器部件及刀盘驱动副变速箱具有冷却功能，为泡沫剂的合成提供用水，提供给盾构机及隧道清洁用水。蓄水池中的水用冷却塔进行循环冷却。

风管盒中装有折叠式的风管，风管与竖井地面上的风机连接，向隧道中的盾构机里提供新鲜空气。新鲜空气通过风管被送至四号台车的位置。通风系统如图 3-33 所示。

图 3-33 通风系统

（6）电气设备

盾构机电气设备（图 3-34）包括电缆卷筒、主供电电缆、变压器、配电柜、动力电缆、控制电缆、控制系统、操作控制台、现场控制台、螺旋输送机后部出土口监视器、电动机、插座、照明、接地等。电器系统最小保护等级为 IP5.5。

主供电电缆安装在电缆卷筒上，10kV 的高压电由地面通过高压电缆沿隧道输送到与之连接的主供电电缆上，接着通过变压器转变成 400V、50Hz 的低压电进入配电柜，再通过供电电缆和控制电缆供盾构机使用。

西门子 S7-PLC 是控制系统的关键部件，控制系统用于控制盾构

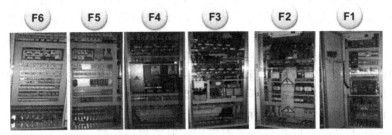

图 3-34　盾构机电气设备

机掘进、拼装时的各主要功能。例如盾构机要掘进时，盾构机操纵人员按下操作控制台上的掘进按钮，一个电信号就被传到 PLC 控制系统，控制系统首先分析推进的条件是否具备（如推进液压缸液压泵是否打开，润滑脂系统是否工作正常等），如果推进的条件不具备，就不能推进，如果条件具备，控制系统就会使推进按钮指示灯变亮，同时控制系统也会给推进液压缸控制阀的电磁阀供电，电磁阀通电打开推进液压缸控制阀，盾构机开始向前推进。PLC 安装于控制室，在配电柜里装有远程接口，PLC 系统也与操作控制台的控制电脑及 VMT 公司的 SLS-T 隧道激光导向系统电脑相连。

盾构机操作室内的操作控制台和盾构机某些可移动装置旁边的现场控制台（如管片拼装机、管片吊车、管片运送小车等）用来操作盾构机，实现各种功能。操作控制台上有控制系统电脑显示器、实现各种功能的按钮、调整压力和速度的旋钮、显示压力或液压缸伸长长度的显示模块及各种钥匙开关等。螺旋输送机后部出口监视器用来监视螺旋输送机的出土情况。

电动机为所有液压泵、带式输送机、泡沫剂泵、合成泡沫用水水泵、膨润土泵等提供动力。当电动机的功率在 30kW 以下时，采用直接启动的方式；当电动机的功率大于 30kW 时，为了降低启动电流，采用星形-三角形启动的方式。

（7）辅助设备

辅助设备包括数据采集系统、SLS-T 隧道掘进激光导向系统、注浆装置、泡沫装置、膨润土装置。

① 数据采集系统　数据采集系统的硬件是一台有一定配置要

求的计算机和能使该计算机与隧道中掘进的盾构机保持联络的调制解调器、转换器及电话线等原件。该计算机可以放置在地面的监控室中，并始终与隧道中掘进的盾构机自动控制系统的 PLC 保持联络，这样数据采集系统就可以和盾构机自动控制系统的 PLC 具有相同的各种关于盾构机当前状态的信息。数据采集系统按掘进、管片拼装、停止掘进三个不同运行状态段来记录、处理、存储、显示和评判盾构机运行中的所有关键监控参数。通过数据采集系统，地面工作人员就可以在地面监控室中实时监控盾构机各系统的运行状况。数据采集系统还可以完成以下任务：用来查找盾构机以前掘进的档案信息，通过与打印机相连打印各环的掘进报告，修改隧道中盾构机的 PLC 的程序等。

② 隧道掘进激光导向系统　德国 VMT 公司的 SLS-T 隧道掘进激光导向系统主要作用如下。

a. 可以在隧道激光导向系统中的电脑显示屏上随时以图形的形式显示盾构机轴线相对于隧道设计轴线的准确位置，这样在盾构机掘进时，操作者就可以依此来调整盾构机掘进的姿态，使盾构机的轴线接近隧道的设计轴线，这样盾构机轴线和隧道设计轴线之间的偏差就可以始终保持在一个很小的数值范围内。

b. 推进一环结束后，隧道掘进激光导向系统从盾构机 PLC 自动控制系统获得推进液压缸和铰接液压缸的液压缸杆伸长量的数值，并依此计算出上一环管片的管环平面，再综合考虑被手工输入隧道掘进激光导向系统电脑的盾尾间隙等因素，计算并选择这一环适合拼装的管片类型。

c. 可以提供完整的各环掘进姿态及其他相关资料的档案资料。

d. 可以通过标准的隧道设计几何元素计算出隧道的理论轴线。

e. 可以通过调制解调器和电话线和地面的一台电脑相连，这样在地面就可以实时监控盾构机的掘进姿态。

隧道掘进激光导向系统主要部件有激光经纬仪、带有棱镜的激光靶、黄盒子、控制盒和隧道掘进激光导向系统用电脑。

激光经纬仪临时固定在安装好的管片上，随着盾构机的不断向前掘进，激光经纬仪也要不断向前移动，称为移站。激光靶则被固定在中盾的双室气闸上。激光经纬仪发射出激光束照射在激光靶上,激光靶可以判定激光的入射角及折射角,另外激光靶内还有测倾仪,用来测量盾构机的滚动和倾斜角度,再根据激光经纬仪与激光靶之间的距离及各相关点的坐标等数据,隧道掘进激光导向系统就可以计算出当前盾构机轴线的准确位置。

控制盒用来组织隧道掘进激光导向系统电脑与激光经纬仪和激光靶之间的联络,并向黄盒子和激光靶供电。黄盒子用来向激光经纬仪供电并传输数据。隧道掘进激光导向系统电脑则是将该系统获得的所有数据进行综合、计算和评估。所得结果以图形或数字的形式显示在显示屏上。

③ 注浆装置 注浆装置主要包括两个注浆泵(图3-35)、浆液箱及管线。

图3-35 注浆泵

在竖井,浆液被放入浆液车中,电瓶车牵引浆液车至盾构机浆液箱旁,浆液车将浆液泵入浆液箱中。两个注浆泵各有两个出口,这样总共有四个出口,四个出口直接连至盾尾上圆周方向分布的四个注浆管上,盾构机掘进时,由注浆泵泵出的浆液被同步注入隧道管片与土层之间的环隙中,浆液凝固后就可以起到稳定管片和地层的作用。

为了适应开挖速度的快慢,注浆装置可根据压力来控制注浆量的大小,可预先选择最小至最大的注浆压力,这样可以达到两个目的:一是盾尾密封不会被损坏,管片不会受过大的压力;二是对周围土层的扰动最小。注浆方式有两种:人工方式和自动方式。人工方式可以任选四根注浆管中的一根,由操作人员在现场操作台上操作按钮启动注浆系统;自动方式则是在注浆现场操作台上预先设定好的,盾构机掘进即启动注浆系统。

④ 泡沫装置 泡沫系统主要包括泡沫剂罐、泡沫剂泵、水泵、四个溶液计量调节阀、四个空气剂量调节阀、四个液体流量计、四个气体流量计、泡沫发生器及连接管路。

泡沫装置产生泡沫,并向盾构机开挖室中注入泡沫,用于开挖土层的改良,作为支承介质的土在加入泡沫后,其塑性、流动性、防渗性和弹性都得到改进,盾构机掘进驱动功率就可减小,同时也可减少刀具的磨损。

泡沫剂泵将泡沫剂从泡沫剂罐中泵出,并与水泵泵出的水按操作指令给的比例混合形成溶液,控制系统是通过安装在水泵出水口处的液体流量计测量水泵泵出水的流量,并根据这一流量控制泡沫剂泵的输出量来完成这一混合比例指令的。混合溶液向前输送至盾体中,被分配输送到四条管路中,经过溶液剂量调节阀和液体流量计后,又被分别输送到四个泡沫发生器中,在泡沫发生器中与同时被输入的压缩空气混合产生泡沫,压缩空气进入泡沫发生器前也要先经过气体流量计和空气剂量调节阀。泡沫剂溶液和压缩空气也是按盾构机操作指令的比例混合的,这一指令需通过盾构机控制系统接收液体流量计和气体流量计的信息并控制空气剂量调节阀和溶液剂量调节阀来完成。最后,泡沫沿四条管路通过刀盘旋转接头,再通过刀盘上的开口,注入开挖室中。在控制室,操作人员也可以根据需要从四条管路中任意选择,向开挖室加入泡沫。

⑤ 膨润土装置 膨润土装置也是用来改良土质,以利于盾构机的掘进。膨润土装置主要包括膨润土箱、膨润土泵、九个气动膨润土管路控制阀及连接管路。

和浆液一样,在竖井,膨润土被放入膨润土车中,电瓶车牵引膨润土车至膨润土箱旁,膨润土车将膨润土泵入膨润土箱中。

需要注入膨润土时,膨润土被膨润土泵沿管路向前泵至盾体内,操作人员可根据需要,在控制室的操作控制台上,通过控制气动膨润土管路控制阀的开关,将膨润土加到开挖室、泥土仓或螺旋输送机中。

(8) 后援系统

后援系统由依次排列的独立龙门架组成。盾构推进中，用于物料供应的装备就安装在这些龙门架上。冷却水、新鲜空气和高压电均通过龙门架上的线路予以提供，以运行隧道掘进设备；与此同时，受热的冷却水、污水以及开挖下的土料均被输送出隧道掘进机。

龙门架的左侧设置有走道，以允许工作人员接近所有设备和盾构区域，如图 3-36 所示。

图 3-36 走道　　　　　　图 3-37 带式输送机

隧道掘进机与供给系统相连，它们固定设置于竖井中或地面上。

随着设备的推进，设备不断向前位移，供给线也必须定期加长。

特别需要加长的有：工业水/供给和回流线路；高压电缆；风道管线/通风。

① 输送带的安装　隧道掘进机中安装了一套带式输送机装置，用于输送开挖下的土料，如图 3-37 所示。

首先，土料从螺旋输送机上卸到位于中央的输送带上，输送带在螺旋输送机闸阀的下面运转，进入龙门架上部区域，然后进入设备的上部区域，直到龙门架；土料在驱动带轮的后面，落入小车中，然后被输送到隧道外面。

a. 桥。桥只有位于隧道上部的一个托架结构，它用于延伸一号龙门架上的管片起重机，一个由双液压缸组成的液压连接装置，将拼装机的移动机架与桥连接起来，并将后面各龙门架的拖挂载荷传递到桥上。

b. 管片给料机。管片给料机是一个存放和运输管片的中间环节，借助链条连接装置，它受到推进方向上的牵引，盾构移动被传递给隧道内衬上的重型辊子和硬木。一号龙门架的右侧安装有一个操作盘。

② 一号龙门架的功用

a. 混凝土管片起重机的安装。管片起重机设备专门用于输送混凝土管片和楔石。起重机导轨送一号龙门架延伸到管片给料机；电动齿轮制动马达驱动装置驱动管片起重机，使其沿纵向移动。

牵引加载能力的设计方式是，人工转动管片90°可以毫无阻力地完成，以便将其放置到给料机上；混凝土管片将由抓取系统提起；对于管片提起，应遵守与拼装机相同的安全规则。

注意事项：在桥跨部位，应及时降低管片石的高度，以避免碰撞到输送带。

在接收新管片之前，必须将行走机构移动到限位处，并予以对正。

b. 控制室。控制室位于后援列车的左侧，它是一个容器单元，其中包括了所有与制导、调节和监视相关的部分。此外，制导系统SLS也位于控制室内。

c. 泥浆罐、灌浆泵。在龙门架右侧的顶部位置，安装了配备有搅拌器的砂浆罐，必要时，该砂浆罐将由砂浆运输车来填加；两台稠料泵安装在下面，用于通过尾部机壳向管片环背后的环形间隙加注砂浆。

③ 二号龙门架的功用

a. 刀盘驱动装置/液压油箱用电动机和泵在右侧，有两台 $3\times315kW$ 电动机和用于刀盘驱动的液压泵。另外，该部位还安装有用于驱动螺旋输送机的电动机和泵组，在它们的前面，设置有供给过滤器。

电动机和泵组由液压油箱、热交换器、过滤器和液压泵组成，用于为下列功能提供液压能：推力缸；盾构关节液压缸；刀盘与螺旋输送机驱动装置进给泵；刀盘驱动装置转向机油；拼装机；辅助液压装置泵和闸门式螺旋输送机；过滤泵。

b. 发泡设备龙门架左侧安装有液体罐、带配料装置的供给线、液体泵以及工业水泵，用于发泡设备；泡沫发生器安装在桥跨的右侧，其中产生空气与液体的旋涡；有四只泡沫枪从此处按选定的数量向螺旋输送机、开挖室或刀盘提供泡沫。

c. 液箱起吊装置泡沫添加剂使用二号龙门架中的运输车和移动罐进行输送，用于生产泡沫；使用一台起重机将罐卸下；起重机必须始终处于停驻位置，不得妨碍列车的移动；起重机只能用于其设计用途。

d. 油脂泵装置左侧安装有三个油脂泵，用于供给下列物料。
- 润滑脂/刀盘驱动装置轴承。
- 密封胶/尾部机壳密封。

④ 三号龙门架的功用

a. 主配电。在三号龙门架的右侧，装有该主配电箱。

b. 辅助通风。上层台板上安装有隧道掘进设备通风用的二次通风系统；辅助通风系统有一个轴向通风装置和噪声抑制装置，它们通过 $DN600$ 风管从拼装机区域向外吹风。

⑤ 四号龙门架的功用

a. 电缆盘中有一个装置，用来卷开和卷起高压柔性电缆，它位于右侧纵向。

b. 高压柔性电缆完全展开后，必须停止推进，并断开电缆连接，以便将电缆回收到该装置上。然后在电缆盘与隧道内安装的电缆之间安装加长电缆。之后，可以重新开始推进。

注意事项：在推进过程中，为避免损坏高压电缆，展开量应尽可能充足。

柔性电缆完全展开后，必须停止推进，并断开电缆连接，以便将电缆回收到该装置上。然后可以在电缆盘与隧道内安装的电缆之间安装加长电缆。之后，可以重新开始推进。

注意事项：在加长高压电缆的过程中，TBM 的电源将被中断。此时，除了应急照明外，没有其他设备处于运行状态。

运行人员负责使隧道照明充分。

c. 2.000kV·A 变压器提供中压到主配电的转换。

d. ABB 公司生产工业用气的空压机房内，安装的空压机用来生产以下组件所需数量的压缩空气：泡沫生产；斑脱土搅动；尾部机壳密封剂；油脂泵和电缆盘的运行；分配控制阀；盾构中以及龙门架上维护用的压缩空气。

至于压缩空气的储存，另有一台容器，安装在龙门架上。

⑥ 五号龙门架的功用

a. 软管绞盘。龙门架右侧安装有一个软管盘，用于加长水管管路；在推进过程中，这些管路循环展开，以保证供给；在停机状态下，软管被重新卷收，并使用硬管予以取代。

驱动装置的冷却水、液压油以及主分配和辅助分配所需的冷却水均通过供水管路来供给；填加的工业水用于压缩空气系统的冲洗、泡沫生产，并供每一龙门架上的各接头用于清洗。

b. 进水闸。在进水管路上装有一个滤水器。它位于右侧。

c. 冷却回路系统。用于盾构区域的各连接以及个龙门架的工业水，将根据要求从主冷却系统中取用；冷却水的循环是通过另外的管线实现的；污水通过独立的管线输送到外部；辅助冷却回路利用一个板式热交换器，对电动机和驱动装置进行冷却；建议在该回路内填充冷却液，必须坚持进行水位检查；各回路中不得出现污物颗粒；冷却水必须遵守规定，以防止造成部件的损坏。

d. 压缩空气和水管路的延长。为保证隧道掘进机的正常工作，在推进过程中，必须始终供给清水。

操作人员循环地在隧道壁上铺设供水管线，直到五号龙门架。

在隧道掘进过程中，为进行纵向补偿，五号龙门架上安装了缠绕有 DN80 软管的软管盘，该软管盘必须循环展开和卷收；在推进模式下，软管应根据推进移动量来展开；到设备停机时，如果已完成延长，则必须通过一个马达将软管回收到其起始位置。

注意事项：只要管道处于加压状态，就不得开启。在拆卸之前，班组长应检查并确认管道已卸压。

为延长管线，设备管线导管以及隧道中的滑动门必须予以关闭；一旦管线已卸除压力，即可开启管线导管，并安装另一管路。然后，重新开启所有滑动门；没有必要清除水管中的空气。

e. 风管箱。风管箱用于延长风源管路；可以利用提升装置来更换风管箱。

f. 更换风管箱。掘进机推进100m后，风道长度已完全展开，此时，必须更换风道箱。

ⓐ 让装载新风道箱的运输车进入后援系统，并将其定位，以便能将旧箱装载到运输车的前部。

ⓑ 松开旧箱的固定，并用提升装置将其提升。

ⓒ 用缆绳绞盘将风道箱放置在运输车上。

ⓓ 将旧风道箱运出隧道，并重新将新箱定位在提升装置下面的龙门架区域。

ⓔ 连接新风道箱，并按相反的顺序进行安装。

ⓕ 将风道拉出新箱，直至隧道连接处，完成连接。

第4章 盾构机的液压系统

4.1 液压系统概述

盾构是一种现代化的大型隧道施工装备，其中的液压传动系统在盾构的工作起主要作用。目前国内使用的盾构主要从国外引进，也有一小部分是我国生产的。盾构在结构和原理上差别较少，设计目的和功能一样。

盾构是机、电、液、光、气等技术高度集成的工程机械。盾构的运行主要靠流体传动系统来执行。盾构涉及的流体介质复杂多样，在盾构中用到的流体介质有液压油、润滑油、润滑脂、盾尾密封专用脂、水泥浆、泥浆（膨润土）、工业水、压缩空气、化学物质泡沫。这些介质的传动系统通过各种控制有机地组合在一起，保证了盾构的正常工作。

液压系统的主要作用是实现机械机构的运动和控制，其他介质系统起辅助作用。液压系统以其机械结构按从头部到尾部的顺序看有扩挖刀控制液压系统、刀盘驱动液压系统、推进液压系统、螺旋输送机液压系统、拼装机液压系统、液压辅助系统、过滤器系统。其中用于刀盘驱动、推进、螺旋输送和管片拼装的为主要液压系统。由于盾构设备复杂，因而从功用上讲辅助系统较多，有人闸系统、水冷却系统、齿轮油润滑系统、脂润滑系统、盾尾密封系统、同步注浆系统、压缩空气系统、隧道通风系统、排水系统、膨润土系统、泡沫系统等。

4.1.1 盾构系统的功能

盾构的正常工作要求可以分解如下。

① 掘进和姿态调整　掘进由切削和推进两个主要功能组成，

推进与切削同步进行。切削土层的动作由刀盘的旋转运动来完成，刀盘的进刀由推进来实现。推进完成刀盘进刀的同时还完成了整个盾构的向前运动，推进是由推进液压缸执行的。姿态调整就是盾构的转弯和纠偏，有的盾构通过推进液压缸进行控制的，有的通过铰接液压缸实现。

② 搅拌和土质改良　刀盘在切削的同时对进入土仓的废土进行搅拌，一方面打碎大块泥土，另一方面是与土质改良添加物质充分混合，有利于废土排出的控制。土质改良添加物质由多种配套的设备提供。土壤改良物质的添加需根据土质决定。

③ 废土排出和土压平衡　改良的废土经螺旋输送机排出，再通过带式输送机运走。为了保持土仓和螺旋输送机内的废土压力与地压一致，需要对废土排出前的压力进行调节和控制。

④ 管片拼装和推进液压缸回缩　盾构掘进一个管片宽度距离1.2~1.5m后，就需要停下来安装管片，管片的作用有两个：隧道的快速成形；将隧道封闭防止渗水。安装管片的过程中需要根据安装管片的部位将与其对应的推进液压缸回缩，当该部位的管片安装好后，推进液压缸伸出再抵住管片。当一圈管片安装完毕后，进行下一个工作过程。

⑤ 盾尾密封与壁后注浆　盾壳与管片一同起到隔离土层和支承的作用，管片是固定的，盾壳的盾尾是在管片上滑行的，因此盾尾与管片存在密封要求。盾壳有一定的厚度，因此在盾构前行的过程中由于盾壳的抽出，会造成环形管片外壁与隧道壁之间的空隙。这个空隙需要用混凝土等注浆材料填充。

⑥ 给排水与通风　盾构在地下施工，是一个相对封闭空间，空气不流动，有时遇到含水地层会有水通过土仓流出，需要给排水和通风配套设施。

⑦ 操作、控制与检测　盾构系统的运行要安全可靠，必须依靠操作、控制与检测系统。分为集中系统与现场手动遥控两种系统。

以上几点是盾构主要功能，更为详细的功能在下文结合具体液压系统叙述。

盾构运转复杂，各机构动作执行都采用液压传动系统。

液压传动系统具有以下优点。

① 调节方便　可以在运行过程中实现大范围的无级调速。

② 设计灵活　在同等输出功率下，液压传动装置的体积小、重量轻、运动惯量小、动态性能好。

③ 运动平稳　采用液压传动可实现无间隙传动，避免机械零件之间的撞击。

④ 控制方便　便于实现自动工作循环和自动过载保护。

4.1.2　液压传动系统的组成

基于液压传动系统的优点，采用液压传动可以节省有限的盾构工作空间，使工作机构的布局灵活。液压传动系统由以下几个部分组成。

（1）动力元件（动力源）

即液压泵，它可将机械能转化成液压能，是一个能量转化装置。液压泵的类型有多种。

① 从基本结构上分为柱塞泵、齿轮泵、叶片泵、摆线转子泵、螺杆泵等；柱塞泵又分为轴向柱塞泵和径向柱塞泵，柱塞泵的配流方式分为端面配流（即配流盘配流）、阀配流和轴配流；齿轮泵分为内啮合齿轮泵和外啮合齿轮泵；叶片泵分为单作用叶片泵和双作用叶片泵。

② 从控制形式上分为定量泵和变量泵，从具体变量方式上分为恒压力控制变量泵、恒流量控制变量泵、恒功率控制变量泵、负载传感变量泵即压力-流量复合调节变量泵。

③ 从用途来看分为主泵、辅助泵（补油泵、控制泵）。

④ 从泵的进出油口是否可逆分为双向泵和单向泵，双向泵用于闭式传动回路，单向泵用于开式传动回路。

（2）执行元件

其作用是将液压能重新转化成机械能，克服负载，带动机器完成所需的运动。执行元件分为液压马达和液压缸两大类，液压马达的输出是角位移即旋转运动，液压缸的输出是线位移即直线运动。液压缸的位移大小由液压缸行程决定，角位移受限制的液压马达是摆动马达也称为摆动液压缸。

液压马达分为高速和低速两大类。一般认为，额定转速高于500r/min 的属于高速液压马达；额定转速低于 500r/min 的属于低速液压马达。

高速液压马达的基本结构形式和液压泵相似，有齿轮式、螺杆式、叶片式和轴向柱塞式等。主要特点是：转速较高，转动惯量小，便于启动和制动，调节灵敏度高。通常高速液压马达要和减速箱一起使用。

低速液压马达的基本形式是径向柱塞式，如多作用内曲线式、单作用曲轴连杆式和静压平衡式等。低速液压马达的主要特点是：排量大，体积大，转速低，有的可以直接与工作机构连接，不需要减速装置，使传动机构简化。

液压缸的行程有限，用来实现直线往复运动。其结构简单、制造容易，工作可靠，应用广泛。液压缸的种类繁多，分类方法不同。按结构形式分为柱塞式、活塞式、伸缩式和组合式液压缸，其中活塞式又分为单活塞杆液压缸和双活塞杆液压缸；按工作方式即进出油路连接方式分为单作用液压缸、双作用液压缸和差动液压缸。

(3) 控制元件

由于液压系统的工作状况如外负载力的大小和作用对象的变化，那么液压系统本身的工作状态也要改变以适应工作要求。在液压系统中起改变作用的是各种液压控制阀。液压控制阀在液压系统中被用来控制液流的压力、流量和方向，保证执行元件按照要求进行工作，属控制元件。

① **液压控制阀基本结构** 包括阀芯、阀体和驱动阀芯在阀体内做相对运动的装置。驱动装置可以是手调机构，也可以是弹簧或普通电磁铁、比例电磁铁，弹簧使阀芯复位或起对中作用，有时是由压力油驱动。

② **液压控制阀基本工作原理** 利用阀芯在阀体内做相对运动来控制阀口的通断及阀口的大小，实现压力、流量和方向的控制。流经阀口的流量 q 与阀口前后压力差 Δp 和阀口面积 A 有关，始终满足压力流量方程；作用在阀芯上的力是否平衡则需要具体分析。

③ 液压控制阀分类

a. 根据结构形式分类有滑阀、锥阀和球阀。

b. 根据用途分类：压力控制阀，用来控制和调节液压系统液流压力的阀类，如溢流阀、减压阀、顺序阀等；流量控制阀，用来控制和调节液压系统液流流量的阀类，如节流阀、调速阀、分流集流阀、比例流量阀等；方向控制阀，用来控制和改变液压系统液流方向的阀类，如单向阀、液控单向阀、换向阀等。

c. 按控制方式分类：定值或开关控制阀，被控制量为定值的阀类，包括普通控制阀、插装阀、叠加阀；比例控制阀，被控制量与输入信号成比例连续变化的阀类，包括普通比例阀和带内反馈的比例阀，多用于开环液压传动系统；伺服控制阀，控制量与（输出与输入之间的）偏差信号成比例连续变化的阀类，包括机液伺服阀和电液伺服阀，多用于要求高精度、快速响应的闭环液压控制系统；数字控制阀，用数字信息直接控制阀口的启闭，来控制液流的压力、流量、方向的阀类，可直接与计算机接口，不需要 D/A 转换器。

d. 按连接方式分类：螺纹连接阀、法兰连接阀、板式连接阀、叠加式连接阀、插装式连接阀。

(4) 辅助元件

保证液压传动系统回路正常工作的配套装置和元件，包括检测和传感器元件。与液压回路相关的有油箱、油管、滤油器、冷却器、蓄能器、压力表、压力继电器、流量计等，与控制元件相关的有压力继电器，电子比例放大器电路板，行程开关。另外，还有压力、流量传感器，位移、转速、加速度传感器等。

(5) 传动介质

即传递能量的液体，一般是采用石油基液压油。石油基液压油是以通用润滑油为基础，加入了抗氧化、抗腐蚀、抗泡沫、抗磨、防锈等添加剂而制成。根据添加剂的种类和数量不同，分为汽轮机油、普通液压油、液压-导轨油、抗磨液压油、低凝液压油、专用液压油（例如航空液压油）等。由于石油基液压油容易燃烧，为了能在防爆和有燃烧可能性的环境下工作，因此开发了抗燃液压油，例如合成型抗燃工作介质水-乙二醇、磷酸酯、硅油。还有油水乳化液以及海水或淡水。海水或淡水作为液压传动介质是液压传动技术发展的必然趋势。

4.2 盾构液压系统的基本组成

盾构液压系统以能量传动为主，主要完成机械机构的动作要求。虽然各个回路使用的元件不同，流量和压力等系统参数也不相同，完成的动作和功能不同，但从系统的各组成部分基本职能来看，盾构液压系统主要由以下三个基本职能单元组成。

① 液压系统动力源。
② 液压系统执行单元。
③ 操作和控制单元。

4.2.1 液压系统动力源

动力源主要由主泵、补油泵和控制泵加油箱组成，主泵采用恒功率比例控制变量泵，液压油为难燃液压油。采用的主泵形式有两种，一种是双向变量泵，另一种是开式变量泵。闭式变量泵（图4-1）用于执行元件为旋转液压马达的闭式液压传动回路。闭式液压传动系统传递效率高，回路较复杂；开式液压传动系统回路简单，主要用于执行元件为液压缸的传动回路，有时为了简化回路也用于执行元件为液压马达的传动回路。

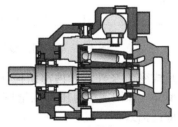

(a) 外形图　　　　　　　　　(b) 内部结构图

图4-1 闭式变量泵外形图和内部结构图

图4-1是一种闭式变量泵的结构图。该泵采用斜置式柱塞结构，这样可以减小配流盘的尺寸，降低配流盘的圆周速度。优点是增加泵的转速和提高配流盘的强度。

盾构闭式液压系统变量泵原理图如图 4-2 所示。闭式变量泵配合补油泵一起使用,多数情况下还要使用控制泵,这样主泵、补油泵和控制泵组成三联泵的形式。闭式回路还要设置冷热油交换阀,交换流量约为回路工作流量的 30%。

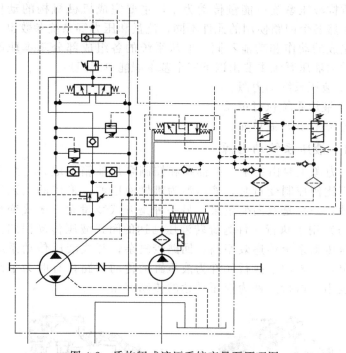

图 4-2　盾构闭式液压系统变量泵原理图

开式变量泵外形和内部结构如图 4-3 所示。

图 4-4 和图 4-5 为压力流量恒功率控制开式变量泵的原理图和静态特性曲线图。

4.2.2　液压系统执行单元

液压缸是将液压能转变为机械能,用来实现直线往复运动的执行元件。其结构简单、制造容易,工作可靠,应用广泛。双杆活塞式液压缸的结构如图 4-6 所示。

图 4-6 为双杆活塞式液压缸的结构图,主要由缸体 4、活塞 5

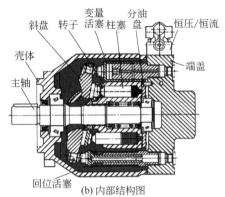

(a) 开式变量泵的外形图　　　　(b) 内部结构图

图 4-3　开式变量泵外形图和内部结构图

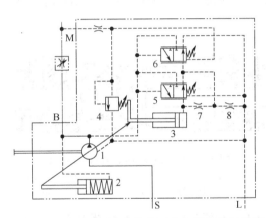

图 4-4　压力流量恒功率控制开式变量泵的原理图
1—泵；2,3—液压缸；4—功率阀；5,6—比例阀；7,8—节流阀

和两个活塞杆 1 等零件组成，缸体 4 一般采用无缝钢管，内壁加工精度要求很高。活塞 5 和活塞杆 1 用开口销 8 连接。活塞杆 1 分别由导向套 7 和 9 导向，并用 V 形密封圈 6 密封，螺钉 2 用来调整 V 形密封圈 6 的松紧，两个端盖 3 上开有进、出油口。

当液压缸右腔进油时，活塞左移；反之，活塞右移。由于两边活塞杆直径相同，所以活塞两端的有效作用面积相同。若左右两端

第 4 章　盾构机的液压系统　93

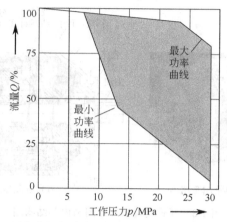

图 4-5 压力流量恒功率控制开式变量泵的静态特性曲线

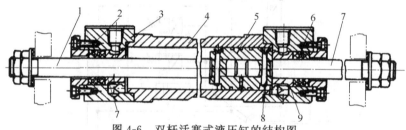

图 4-6 双杆活塞式液压缸的结构图

1—活塞杆；2—螺钉；3—端盖；4—缸体；5—活塞；
6—V形密封圈；7,9—导向套；8—开口销

分别输入相同压力和流量的油液，则活塞上产生的推力和速度也相等。这种液压缸常用于往返速度相同且推力不大的场合。

单杆活塞式液压缸结构见图 4-7，缸体 1 和底盖焊接成一体。活塞 2 靠支承环 4 导向，用 Y 形密封圈 5 密封，活塞 2 与活塞杆 3 用螺纹连接。活塞杆 3 靠导向套 6、8 导向，用 V 形密封圈 7 密封。端盖 9 和缸体 1 用螺纹连接，螺母 10 用来调整 V 形密封圈 7 的松紧。缸底端盖和活塞杆头部都有耳环，便于铰接。因此这种液压缸在往复运动时，其轴线可随工作需要自由摆动，常用于液压挖掘机等工程机械。

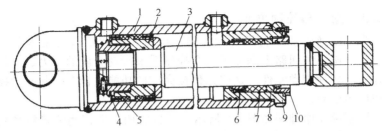

图 4-7 单杆活塞式液压缸的结构图

1—缸体；2—活塞；3—活塞杆；4—支承环；5—Y形密封圈；
6,8—导向套；7—V形密封圈；9—端盖；10—螺母

图 4-8 为液压马达的外形图和变量系统原理图，该马达的变量方式为 HA 式，由于变量缸没有平衡弹簧，因此为两点变量方式。

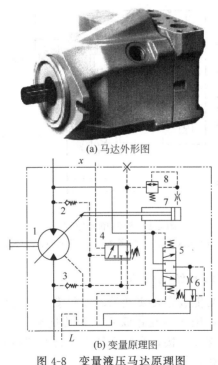

(a) 马达外形图

(b) 变量原理图

图 4-8 变量液压马达原理图

4.2.3 操作和控制单元

为了使液压系统满足设计功能，执行元件实现人们要求的动作，在液压系统回路上添加了具有控制系统传动介质的压力、流量和方向的各种阀类元件。这些元件按完成的功能组合在一起成为操作和控制单元。

控制单元原理图如图 4-9 所示，盾构的操作即控制装置对系统的操纵，是通过控制液压系统中的比例电磁阀实现的，比例电磁阀阀芯行程与输入电流的大小成正比，阀芯行程决定通过液流的流量和压力，因此通过比例电磁铁对阀芯行程的控制可以实现对压力、流量的调节。

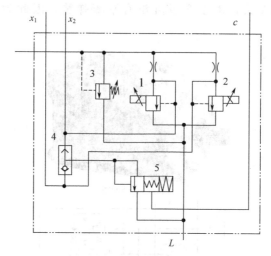

图 4-9 控制单元原理图
1,2—比例电磁阀；3—溢流阀；4—单向阀；5—流量阀

4.2.4 盾构液压系统的特点

由于盾构的功能或者要实现的动作很多，与其相配的液压系统很多。这些液压系统之间互相联系，尤其是水、气、泡沫、注浆、膨润土系统管路交叉相接，有些系统管路合并到同一出口。大部分系统都不是独立存在的。

特点是多介质、分支回路多、系统复杂、互动互连。

4.3 液压系统回路

盾构液压系统回路实现的功能有直线运动和回转运动。根据负载和工况不同分为多个回路，从大类分为主系统回路和辅助系统回路。

4.3.1 液压主系统回路

(1) 刀盘驱动液压系统（附扩挖刀液压系统）

刀盘驱动液压系统原理图见图 4-10。刀盘驱动装置如图 4-11 所示。

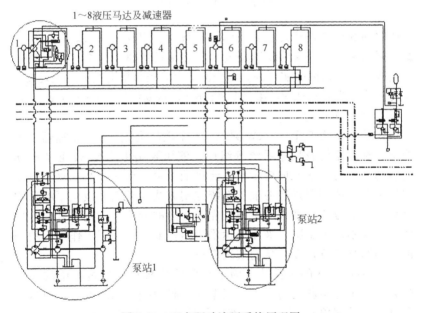

图 4-10 刀盘驱动液压系统原理图

盾构刀盘的旋转采用液压马达驱动，驱动泵为双联泵，整个系统采用闭式传动方式。驱动泵的辅泵除了为主泵补油外还作为主泵变量机构的控制油源。变量马达的控制油源由单独的控制泵提供。

图 4-11　刀盘驱动装置

马达驱动的目的是从刀盘到盾体传递载荷、驱动刀头旋转、传递挖掘需要的转矩。刀盘的旋转是由 8 个液压马达驱动一个和刀盘支承环连成一体的齿圈来实现的。可变速马达的控制是由变量液压泵来实现的。单元功率 315kW，速度 1480r/min，可变流量 0～516L/min，运行压力 320/370bar。

系统主要由 2 个 315kW 泵站、8 个液压马达、8 个变速器、主轴承、补油系统及伺服系统等组成。液压泵站由 2 台 315kW 电动机驱动 2 台力士乐双向变量泵合流供油，由 1 台 37kW 电动机驱动定量泵对闭式回路进行补油。系统控制方式为闭路。液压泵的形式为复合控制方式，即液压泵根据先导压力的变化自动调整其斜盘角度以适应不同的工况。液压马达采用两挡变速，按照工作压力的变化自动调整斜盘角度，从而实现变速。

① 液压马达的正反转　为了克服盾构机在掘进过程中的滚动现象（当主油泵斜盘角度不能根据外界阻力变化而改变时，刀盘即会出现滚动现象），必须通过液压马达的正反转来进行调整，即通过控制单元改变主油泵的斜盘方向来实现。

② 液压马达的制动与解除

a. 液压马达制动。当需要进入液压马达制动工况时，控制油不能进入液压马达制动器，同时液压马达制动液压缸有杆腔接回油箱，液压马达制动液压缸的活塞在弹簧的作用下伸出，将液压马达制动。蓄能器的作用是在液压马达制动时压力油一路进入液压马达制动器有杆腔，一路经 0.3mm 的节流口流回油箱，由于有节流口的作用，使得液压马达制动器液压缸有杆腔的压力缓慢下降，液压马达缓慢制动。

b. 解除制动。当制动器控制阀通电，控制油经伺服泵、滤清器、调速阀、减压阀、二位二通电磁阀进入液压马达制动器液压缸有杆腔，液压缸收回，制动解除。

③ 马达低速挡位　刀盘驱动马达为两挡变速，如根据地质情况需要刀盘一直在低速情况下运转，也可使用挡位控制阀来实现。其工作原理如下：当挡位控制阀电磁铁得电，二位四通电磁阀处于左位，控制油经调速阀、二位四通电磁阀进入液压马达的斜盘控制液动阀的左端，将阀芯推至左位，液压马达进口或出口的压力油一路经单向阀、斜盘控制液动阀左位进入液压马达斜盘液压缸的无杆腔；一路经单向阀进入液压马达斜盘液压缸的有杆腔，液压马达斜盘实现差动，液压马达一直处于低速挡。

④ 刀盘掘进工况

a. 正常掘进。控制油源的油经过泵、过滤器、减压阀到控制单元，主液压泵先导控制油到达电磁阀当系统压力超过溢流阀调定压力时，溢流阀打开，泵控制先导油压力由溢流阀（14bar）控制。当低于阀的调定压力时，泵的斜盘根据先导压力的变化自动调节。系统压力升高时，电磁阀换向，溢流阀工作，泵可以输出比恒功率变量高一些的功率，

b. 刀盘脱困。当控制单元反向控制泵时，主液压泵的油液方向与正常掘进相反，使得液压马达的转向相反。

驱动单元由马达和减速箱组成，每个驱动单元由润滑油回路润滑和水冷却系统进行冷却。密封部分采用集中注脂润滑方式，轴承用 5 排密封和土仓隔离开来。脂润滑系统向密封排的间隙注射润滑脂来使它们不和渣土接触。

附：扩挖刀液压系统

扩挖刀液压系统回路图如图 4-12 所示。扩挖刀数目一般是 2 个，沿直径方向对称布置在刀盘上。扩挖刀的作用是开挖大于刀盘

直径的断面,仅在隧道方向改变阶段才被使用,为盾构转弯拓出空间。扩挖刀刀头的伸出长度可以通过控制液压缸来调整,最大行程50~65mm,伸出的长度扩大了隧道断面的直径,并通过中心控制室的屏幕显示出来。在常规操作期间,只有一个这样的刀具能工作,另一个备用。当电气部分控制精度较高,按一定形状如椭圆控制程序来进行扩挖时,扩挖刀就称为仿形刀。扩挖刀挖出的隧道截面形状是圆形,而仿形刀在开挖过程中可以调整刀头伸出长度,可按控制要求挖出椭圆形或其他形状。扩挖刀动力单元功率7.5kW,速度1450r/min,最大流量2.9L/min,最大压力210bar,过滤精度10μm。

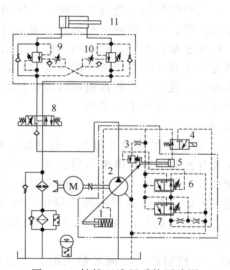

图4-12 扩挖刀液压系统回路图

1—泵变量装置;2—液压泵;3—调节阀;4—比例电磁阀;5—减压阀;
6,7—溢流阀;8—换向阀;9,10—平衡阀;11—液压缸

扩挖刀液压系统由变量泵和电磁比例阀、平衡阀、伸缩液压缸组成。驱动泵的电动机同时驱动风扇,用来冷却回油。为防止回油滤油器堵塞,回油路增加了一个旁通单向阀支路。

由于地质情况、设计线路或地面建筑的要求,盾构在挖掘隧道时需要转弯。图4-13为盾构在转弯时扩挖与仿形挖的比较。

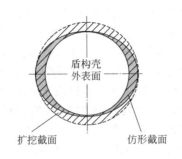

(a) 弯道横截面图

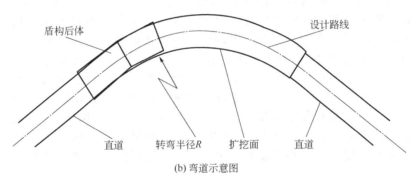

(b) 弯道示意图

图 4-13 盾构弯道示意图

图（a）为弯道断面示意图，剖线为扩挖断面，阴影为仿形断面。从图中可以看出，当隧道弯道比较长的时候，仿形开挖断面比扩挖断面的截面积小，能节约壁后注浆材料。

（2）推进液压系统

盾构依靠液压缸的推力向前推进，其前进方向和姿态是靠液压缸的协调动作实现的。液压缸的精确控制是保证盾构沿设计路线方向准确地向前推进的前提，在实际应用中，由于地质土层的复杂性和施工过程中诸多不可预见因素作用，使盾构推进控制变得非常复杂。盾构推进还与地层扰动和地面沉降等有关，与推进工况参数诸如土体应力、含水量、孔隙水压力、弹性模量、泊松比、强度和承载力等岩土力学参数相关。推进控制不当会引发地面隆起或沉降，造成周围建筑物开裂甚至倒塌及邻近管线断裂破损等环境灾害。

盾构推进动力传递和控制系统具有大功率、变负载、空间狭窄、环境恶劣等特点，一般采用液压系统，由推进液压缸、液压泵、液压阀件及液压管路等组成。推进液压缸安装在密封仓隔板后部，沿盾体周向均匀分布，是推进系统的执行机构，由设在盾构后部的液压泵站提供高压油，通过各类液压阀的控制实现各种功能。

在掘进施工中，盾构需要按照指定的路线轨迹做轴向前进，而被切削的地质比较复杂，整个盾构盾体受到地层的阻力往往不均，使盾构的掘进方向发生偏离，这时就需要通过协调精确控制推进液压缸来实现盾构的纠偏，达到盾构沿设计路线轨迹推进的目的。另外，盾构进行曲线推进时，有时要前倾、有时要后仰、有时要左右摆动或向复合方向上的掘进，这也需要通过协调、精确控制液压缸来实现，即姿态调整。由于推进系统液压缸数量比较多，若每个液压缸都单独控制，成本高，控制较为复杂，为此，可采用成对分组控制，即将为数众多的推进液压缸按圆周均匀分成几组，分别对每组推进液压缸进行控制，这样既可以节约成本、减少控制复杂程度，又可以达到盾构姿态的调整、纠偏、精确控制的目的。图4-14为推进液压缸控制单元原理图。电磁调速阀3用于调节液压缸的运动速度，逻辑阀4、8和电磁先导

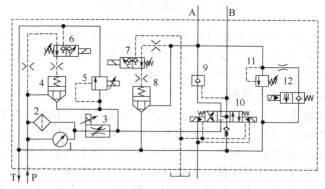

图4-14　推进液压缸控制单元原理图

1—进油滤油器的压差发信和显示装置；2—进油滤油器；3—电磁调速阀；4,8—逻辑阀；5—压力控制阀；6,7—电磁先导换向阀；9—液控单向阀；10—电液换向阀；11—安全阀；12—缓冲阀

换向阀 6、7 一起实现推进液压缸的浮动状体，阀 5 调节液压缸浮动时的进油压力。液控单向阀 9 用于锁定推进液压缸。电液换向阀 10 实现推进液压缸的换向。

盾构推进液压系统原理图如图 4-15 所示，推进液压缸的数目为 32 个，2 个一对分为 4 组，一对液压缸共享一个衬垫，液压缸推力通过 16 个衬垫传递。在活塞杆端装有靴撑，以防止因集中负荷造成管片变形、破损。8 号、10 号、12 号、14 号液压缸兼做计测液压缸，液压缸安装有行程传感器。传感器即时测量盾构机前进的进程，信息在控制室显示。推力控制面板位于盾构后部门架车的一个控制室，推力液压缸有 2 种液压操作状态。

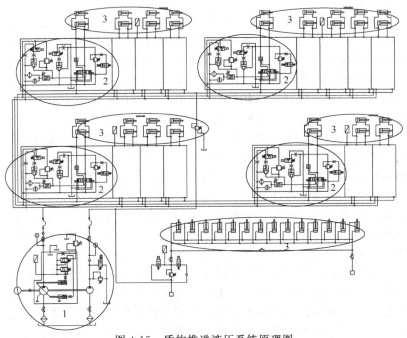

图 4-15　盾构推进液压系统原理图
1—泵控制系统；2—推进液压缸控制系统；3—液压缸系统

① "低压"或"建环"状态，管片安装期间使用。在这种状态下，衬垫的压力减小，有足够的压力保证管片安全的安装也确保两

环之间的密封条被压紧。在"低压"状态下，盾构不前进。

②"高压"或"掘进"状态，盾构向前运动时使用。在这种状态下，衬垫在管片上产生推力。

在掘进模式下系统压力为 34MPa 时，最大前进速度 80mm/min，最大推力 36100kN。每个液压缸的最大推力 1805kN。管片安装模式下：伸长速度（4 液压缸）2m/min、收回速度（4 液压缸）3m/min。推进液压缸的柱塞端安装在压力仓壁上，在活塞杆端由一个橡胶轴承支承。推进液压缸的撑靴作用于由 5+1 块管片砌成的管片环上。推进液压缸可以单独成组控制或者分成 4 组由流量和压力控制来推进与转向。在掘进模式下，推力液压缸总共合并成 4 组。

为了建造一个管片环，首先停止掘进，然后必须通过按钮"ring building（建环）"将操作状态改为建环，把控制模式转换到无线控制装置（即移动式面操作面板）。当激活该模式时，所有的成对液压缸可以独立运动。在建环模式下，进行管片安装所需数目的液压缸对相应地回缩，其余的液压缸对一方面避免由于土压而使盾构做后退运动，另一方面，也保护已经安装的管片。

液压缸内的有效压力将和土壤的反作用力在设定值附近的某个值上维持平衡，不同环带的压力分配和显示的压力不同时，不允许驱动机器。理想状态每部分的有效压力和显示值是相同的。挖掘几厘米后，调整全套液压缸的压力分配，使机器前进的方向和导向系统指示的方向保持一致。如果盾构相对理论轨迹偏下了，增大下部液压缸的压力并减小上部液压缸与之等值压力。如果盾构机偏左，则增大左侧液压缸的压力并减小右侧液压缸与之等值压力。

盾构推进系统的设计需要满足以下功能要求：为盾构前进提供足够的动力；控制盾构的前进速度，与出渣速度相配合，实现土压平衡状态；能够控制盾构的姿态，实现盾构的纠偏及转向要求；适应管片的尺寸及操作要求；从整体角度考虑，满足盾构的总体功能设计、综合施工作业要求。盾构的推进系统的设计主要包括确定盾构的推力；推进液压缸的规格参数、外形尺寸和数量的计算；推进液压缸的布置方式；推进液压缸的控制。对于如盾构的推力等主要技术参数的确定要基于具体的工程地质条件和隧道管片的设计。

(3) 螺旋输送机液压系统

土压平衡式（简称 EPB 式）盾构特别适用于低渗水性的黏土、亚黏土或淤泥质的混合土质。为了防止地表的隆陷，隧道开挖面由刀盘挖出的渣土来支承。为了使其成为支承介质，挖出的渣土应具有以下特性：高的可塑性，具有流动性，密度低，低的内摩擦、低的渗水性。开挖出来的泥土不经处理不具有以上特性时，可加入如膨润土和泡沫。

螺旋输送机液压系统原理图见图 4-16，分为泵/马达回路、后料门控制回路、前料门控制回路、输送机后体移动液压缸控制回路。

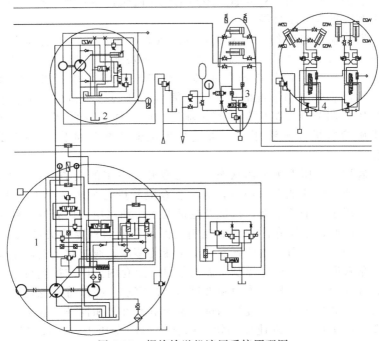

图 4-16 螺旋输送机液压系统原理图
1—泵控制系统；2—液压马达系统；3—后料门控制回路；4—前料门控制回路

用控制单元改变泵的排量。在未达到设定压力时，液压马达处于最小排量，达到设定压力后，液压马达排量不变（保持为最大排量），此时可作为定量马达考虑，故此时只能靠调节泵的排量来改变液压马达转速。液压马达上装有转速传感器，可以对螺旋输送机转速进行精确测控；液压马达的泄漏油管装有温度传感器，监控油温情况。液压马达上有背压阀和液控方向阀，来自推进系统的液压油经过减压阀可对液压马达进行冲洗和冷却，同样也冷却减速箱。另外，通过改变液压马达的方向还可实现对螺旋输送机的转向和转速及螺旋输送机螺杆伸缩的远程控制。后料门控制回路：油液经减压阀、三位四通电磁换向阀的左位、液压锁进入液压缸无杆腔，打开后料门；若切换到换向阀右位可关闭后料门。前料门控制回路和伸缩控制回路基本相同，来自推进系统的压力油首先经过减压阀，再分别经过减压阀、对应通过多路电磁换向阀，然后通过各自的双控平衡阀进入液压缸腔。

螺旋输送机的作用是从土仓取出废料并把废料倾倒在位于连接桥上的带式输送机上。螺旋输送机主要由螺杆、筒体、驱动部及排土口构成，筒体由盾构本体土仓隔壁下部及螺旋机拉杆支承。本体土仓隔壁下部的取土口、筒体后部的排土口处，配备有由液压缸调节开度的闸门。螺旋输送机的壳体分成两部分，配备有螺旋输送机抽出液压缸，可进行螺旋输送机后体向后抽出的操作。

盾构在土压平衡工作状态下，刀盘开挖下来的土渣充满土仓，在推进液压缸的推力作用下，通过土仓隔板进行加压，产生土压，土压作用于整个开挖面，抵抗开挖面的土压和水压，使开挖面保持稳定。因此，土压仓内土压的控制是保证开挖面稳定的关键因素。在土仓隔板上分布不同位置安装了土压传感器，通过对土仓内土压的测量获取开挖面稳定控制所需的信息。土仓内土压的控制可通过控制开挖量、排渣量、推力和推进速度来实现，在保持开挖量、排渣量一定的情况下，通过控制推进液压缸的推力和推进速度来调节土仓内的土压，推进速度加快，则土仓内的土压上升，反之则下降，从而使土压仓内的土压与开挖面的土压和水压相平衡，保证开挖面的稳定。

从严格意义上来讲，盾构内的泥土从隧道开挖面开始到土仓再到螺旋输送机出口，这也是一个流体介质传动控制过程。切削下来的土壤在底部被螺旋输送机运走。开始挖掘时，混合物的压力升高，达到期望的土压值时，启动螺旋输送机，调整旋转速度，以使螺旋输送机混合物输出的流量和进入土仓里的流量平衡。螺旋输送机的旋转速度依照土壤传感器压力值来调整。如果另一个操作变量被修改，如推力或注入体积，螺旋的速度必须和压力值保持常数相适应。

在螺旋输送机出土过程中，通过调节后料门可以调节螺旋机内部的压力，这个门由2个闸板组成，当螺旋机构抽出时，闸板就关闭。每个闸板上的装有开/关传感器，信号送到PLC控制器。关闭后料门可以迅速有效地阻止水进入隧道。螺旋输送机后料门在断电时可以自动关闭，紧急情况下液压蓄能器提供压力油。当蓄能器压力达到24MPa以上时，才允许门移动和螺旋输送机启动。在门移动期间，测量到压力低于20MPa时，有警报显示。当压力低于16.5MPa时，有故障显示。在螺旋输送机维护时，后料门也关闭，螺旋输送机后体抽出。

螺旋输送机参数特性：理论流量270m^3/h，螺旋内径700mm，螺旋杆径178mm，节距数量16，间距560mm，可变速度0～25r/min，速度控制通过感应传感器与控制器连接。最大土压3bar，装有1个土压传感器。在14r/min转速时最大转矩（实际效率）78.8kN·m，变速箱速比5.25，螺旋输送机质量（带支承）13.5t。驱动马达：最大速度25r/min，最大转矩16.8kN·m。液压动力单元：功率160kW，速度1480r/min，可变流量0～370L/min，运行压力27MPa。螺旋回缩液压缸：数量2，活塞直径125mm，杆径80mm，行程1070mm，回缩最大总力为613kN，伸展最大总力为362kN，运行压力25MPa。

在螺旋罩和盾体之间由密封油脂泵提供的润滑油脂来密封。油脂由安装在后配套门架车上的变流量气动泵来运送。螺旋输送机的叶片表面安装有耐磨部件，耐磨部件通过螺旋罩体上可拆窗口进行更换。

(4) 管片拼装机液压系统

盾构在掘进一节管片距离后，便用管片安装机安装管片。管片环由5个管片加1个梯形管片构成。管片内表面直径（环的内径）

5400mm，环状管片宽度1500mm，最大管片重量60kN。

管片拼装机的作用是夹紧、移动及旋转和安置管片使之形成环状。管片由管片运输台车从后配套门架车运到拼装机处。管片拼装机由两个主要部件组成：旋转/提升部件（2个自由度），管片夹紧平台部件（3个自由度）。这两个部件由回转轴（转子）支承，这个回转轴安装在通过轴承中心的管片拼装机的固定框架（定子）上。当管片安装时，旋转部件提供压紧管片密封要求的等量转矩。

管片安装模式有自动、手动两种模式。手动模式用携带式无线电控制盒控制，通用模式是自动，管片安装不合适的情况下才使用手动模式。

管片机的机械抓卡由100mm行程液压缸来实现。管片拼装机的旋转（转速0~2r/min可调，角度-220°~+220°）由液压马达实现，预设2个不同的最大旋转压力，方向由携带式控制器操纵杆"左"或"右"控制，旋转的速度和操纵杆的行程成比例。在控制室的显示屏上能检查管片拼装机的实际位置。

管片安装机平台的提升由2个液压缸来实现，控制程序在无线电控制盒上或在控制室控制面板上移动操纵杆进"上（出动作）或下（进动作）"方向，移动的速度设置到操纵杆的2个位置（中和大）。

管片安装机平台的平衡由3个液压缸［1个后平衡液压缸（中后平衡）和2个前平衡液压缸（右和左）］来实现，其动力来源于45kW液压泵。管片安装机平台能够通过三个点构成一个平面的方法设置管片在空中的位置。这三个点能够单独调整。平衡液压缸用来旋转管片，使其环绕着轴线运动，其轴线是和盾构机的轴线平行和管片安装机的半径垂直的。管片拼装循环：随着盾构向前掘进，在已装好的前一环管片的外表面与周围土体（刀盘开挖直径）之间形成间隙，因此该间隙要注入砂浆进行填充。换句话说，如果周围的泥土充填了这间隙，就会导致地面沉陷。在完成掘进后，一部分推进液压缸回缩，为第一块要拼装的管片留出足够的空间。其余推进液压缸和先前拼装好的管片仍保持接触，以防止盾构由于土压力而后退。

管片拼装机的液压系统原理示意图如图 4-17 所示。系统主要由液压泵、液压马达、液压缸和控制单元等组成。变量选择电磁阀的电磁铁得电时液压泵不能变量。控制单元的原理图见图 4-18，在该原理图中，溢流阀 1 设定液控多路阀的控制压力。减压阀 2 将系统负载压力油压力降低到控制油压力。插装阀 3 是拼装机的主溢流阀，可通过大流量回油，溢流阀 4 设定阀 3 的开启压力。图 4-17 的简化原理图见图 4-19。

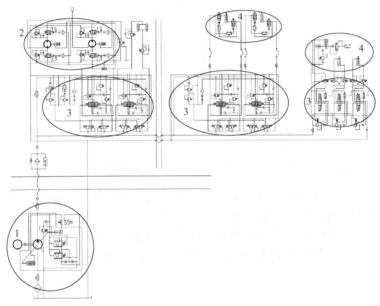

图 4-17 管片拼装机液压系统原理图
1—泵控制系统；2—马达系统；3—控制单元；4—液压缸

4.3.2 辅助系统回路

完成隧道挖掘与成形功能的液压系统是盾构液压主要系统，除此还有辅助系统来辅助液压主系统工作。辅助液压系统的功能有冷却、过滤等。另外还有一个辅助液压系统回路。

（1）水冷却

盾构液压系统功率大，产生的热量也大，需要强制冷却回路。

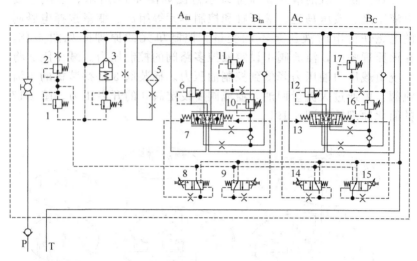

图 4-18　管片拼装机马达控制单元的原理图
1,4—溢流阀；2—减压阀；3—插装阀；5—过滤器；
6～11—第一控制单元；12～17—第二控制单元

一般的工程机械液压系统带风冷装置，风冷却系统结构简单。水冷却系统冷却效果好，但装置复杂。

盾构系统水冷却回路系统的原理图如图 4-20 所示。冷却系统冷却的主要部位有 8 个马达齿轮减速箱、刀盘驱动滚动轴承套、液压油箱等。

(2) 过滤系统

液压元件属于高精度机械零件，尤其是各元件有相对运动的内部结构部分密封间隙比较小，要求传动介质液压油必须清洁，不能有杂质和固体颗粒。固体颗粒不仅引起元件相对运动部分的磨损，而且有可能卡住阀芯引起系统故障。杂质和固体颗粒的来源除了外部混入以外，液压系统元件的本身有时也会因互相运动和摩擦而产生颗粒，因此为保证油液清洁，必须对液压油进行过滤。

盾构的液压系统很复杂，不仅工作回路多，而且配置的液压泵、液压马达、液压缸和阀等液压元件更多，系统回油带来的杂质也比较多，因此需要设置专门的液压油过滤系统。液压过滤系统工

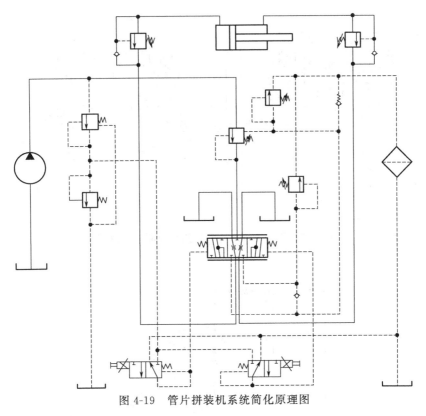

图 4-19 管片拼装机系统简化原理图

作原理图如图 4-21 所示。

过滤系统直接安装在液压油油箱下面,粗过滤器滤芯的滤油精度为 $25\mu m$。一台螺旋泵连续不断将液压油通过重型过滤器吸入过滤系统,然后再泵回到油箱,这样连续不断地过滤流动能确保液压系统的清洁和机器的正常工作,不会因液压油的污染引起的问题而耽误施工。

系统参数如下。

① 输出功率:5.5kW。

② 运行压力:0.8MPa。

③ 滤油精度:$6\mu m$。

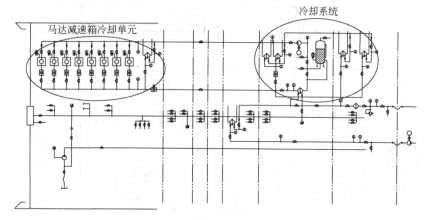

图 4-20 盾构系统水冷却回路系统原理示意图

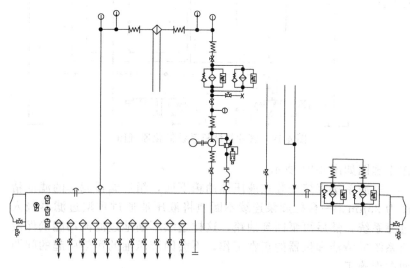

图 4-21 液压过滤系统工作原理图

(3) 液压辅助系统回路

液压系统除了驱动、推进等为盾构主体服务的主液压工作系统，还有为后配套设备服务的辅助液压系统。

盾构除了主体还有后配套,后配套是盾构的重要组成部分,用于完成管片的运输、弃土的外运、各种原材料的装卸等。

5号液压缸为带式输送机的张紧轮液压缸。4号液压缸所在回路为真圆器的液压系统回路,该真圆器是为了使安装好的整环管片的形状更圆,当管片安装精度不是很高时,此设备的使用意义很大。此设备的应用需要和管片安装机配合使用。在日系盾构中无真圆器。

在门架车1上,有管片运输小车。管片的起重和搬运到小车上的过程是:同步举重架(4个131号同步液压缸组成)把管片垂直举起来,水平128号液压缸将管片拉到小车上方放下。2个135号液压缸是为门架车配合盾构转弯设置的。

4.4 盾构设备辅助系统

盾构由多个复杂的机械设备构成,需要润滑和密封。为了实现整个盾构系统高效、安全、可靠地运行还需要多个配套的辅助系统。

4.4.1 润滑和密封

润滑根据部位的不同分为油润滑、脂润滑系统(亦称集中润滑系统)和盾尾密封系统。

润滑油循环装置,使用润滑油泵循环方式。这个系统润滑刀盘驱动轴承间隙、环齿轮和马达驱动小齿轮。马达组件的焊接框架本身就是个油箱,轴承、环齿轮和驱动小齿轮浸入其中。由电动循环润滑油泵、管路过滤器、油标及压力表构成。用润滑油泵将通过轴承室内下部油道的齿轮油,通过管路滤器过滤,泵送至轴承室上方。然后,泵送到上方的润滑油再回流至轴承室、齿轮箱下部。

这一结构包括检修门、排水阀和在它上部的水平指示器和通气阀。润滑油由泵站来提供(位于环形齿轮上部的4个注射点),在那里有检修门,是检修每个小齿轮的通道。润滑回路自带磁性过滤器,用于油的再循环和清除杂质。过滤器滤芯堵塞时,在操作台上会有显示。在润滑油回路上,压力表显示油压。自动调温器监视油温的升高。通过管路中的油标,可确认润滑油是否流动。另外,润滑油位可在切削刀盘停止时，目视确认透明的塑料管内的油位。

为了润滑均匀，回路中采用了 4 个并联马达作为同步供油同步器，这样，可防止由于主轴承过于庞大而出现的润滑油分配不均匀的现象。

脂润滑系统回路原理图为 4-22 所示。

注脂装置采用强制集中自动注脂形式，由电动注脂泵/分配阀/控制装置构成，通过注脂时间调节注脂量。给脂部位：轴承室处（图 4-23）、切削刀盘内外周密封部、螺旋输送机驱动部密封处、螺旋机闸门滑动部分、土仓隔壁处闸门滑动部位、中心回转轴轴承密封部。集中润滑的目的是提供可以调整供应量的润滑油到驱动单元密封、螺旋输送机罩壳、扩挖刀、盾体和旋转连接的铰接密封。一个气动泵站和一个 200kg 油脂桶一起被放置在门架车上。

刀盘注射点数量：前外部腔室（9）、中外部腔室（7）、前内部腔室（6）、中内部腔室（6）。其他注射点：螺旋驱动（3）、螺旋回缩（3）、铰接点（6）、旋转连接（2）、扩挖刀（1）。平均消耗量挖掘隧道每米 20kg。

注意图中分配器的作用，使油脂能回流和交换。

为防止从管片和盾壳间沙土和水及同步注浆材的进入，在盾构本体后端部安装了三道盾尾密封。该密封固定于盾尾随盾体一起移动，盾尾密封由弹簧钢板、钢丝刷、不锈钢金属网组成，其结构见图 4-24，在曲线施工中也能密封严紧。但为了提高盾尾密封的止水效果，必须在盾尾密封内和管片之间添加盾尾油脂。从防止盾尾钢丝磨损的方面考虑，也有必要灌注盾尾油脂。需要按照设定的注脂周期加注盾尾油脂。另外，只要密封性能下降就需适当注入尾封油脂，当注浆注入压力（0.3MPa 以上）直接作用于盾尾密封的钢丝刷时，盾尾密封可能翻转、浆侵入、并固结，导致盾尾密封无止水效果，甚至造成盾构与管片、地层固结而无法掘进。高压（0.3MPa 以上）浆是直接注入在盾尾密封稍后方的场合，掘进过程中，需要补充注入盾尾油脂。盾尾油脂材料为专用，成分有油脂、纤维、防水解材料等。

盾尾密封油脂注入装置由设在门架 1 后续台车（右）上的注入泵、装在盾构本体内的电动球阀及压力传感器构成，通过钢管及高

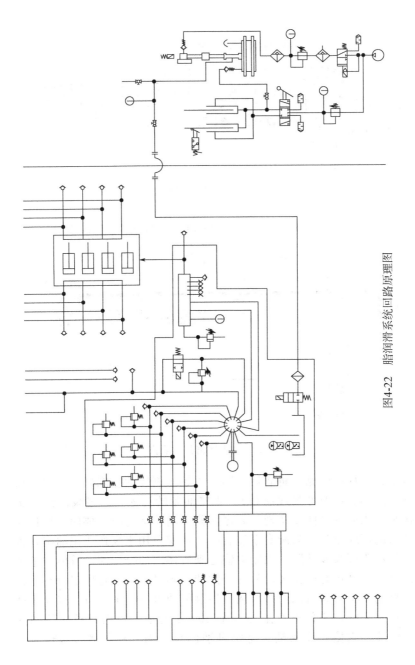

图4-22 脂润滑系统回路原理图

第4章 盾构机的液压系统 115

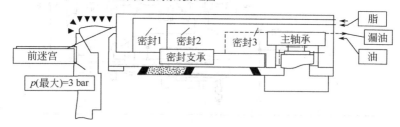

图 4-23 轴承密封

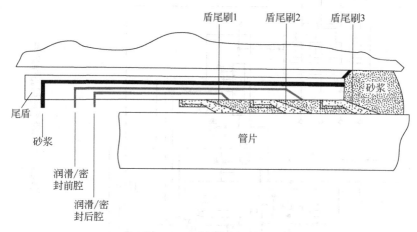

图 4-24 盾尾密封示意图

压软管组成的管路,将盾尾油脂注入钢丝刷间空隙处(前段、后段各圆周方向有 6 处注脂口)。盾尾油脂的注入,通过泵的间歇运转和注入阀的开闭来实现。盾尾油脂压送泵运行时,要向泵供作为动力的压缩空气。后配套系统有一个活塞泵用来泵送盾尾油脂,直接从油脂桶泵取油脂。油脂被输送到盾体内的分配阀,盾体中单个的分配阀采用开式循环,从一个阀转换到另一个阀是用定时和压力来控制的。时间可以通过控制室控制板的电位计来调节。气动泵被直接安装在位于门架车上的一个 200kg 的桶上,供润滑脂给顺序分配器,它按顺序供油。需要供油的位置有:8 个尾部密封注射点；4个铰接注射点；2个注射点在螺旋输送机回缩上；2个注射点在安全门里。

每个点上都有压力传感器来监视注射。当盾体前进停止时流量自动停止。但是它也能被在控制室强制启动。

图4-25是盾尾密封原理图。不同的是日系系统的分配器用电动机控制阀门，欧系系统的分配器用气动马达驱动阀门。

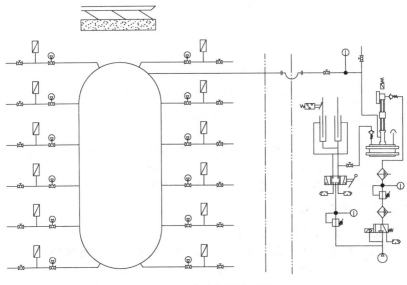

图4-25 盾尾密封原理图

4.4.2 注浆回路

注浆回路的系统原理图如图4-26所示。为了填补管片和隧道壁面之间的缝隙，需要加入速凝材料。

砂浆在工地地面拌和，用带有搅拌器的砂浆车（由用户提供）运到盾构机的后配套，一台转驳泵安装在砂浆车上，将砂浆从砂浆车转驳到后配套的砂浆罐内。砂浆用缓凝材料拌和，以防注射前凝固。砂浆泵吸取砂浆并通过流量仪和压力传感器将其泵入盾尾外壳圆周间隙中。压力传感器与PLC连接，以调节砂浆泵的速度，维持环形空间的压力在预定范围。

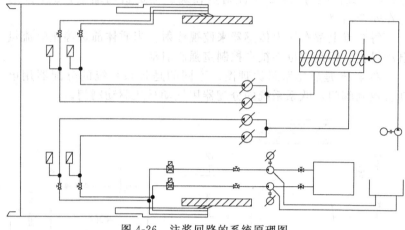

图 4-26 注浆回路的系统原理图

砂浆通过 2 个双动作砂浆泵（砂浆泵的每个活塞注射砂浆进一条管线）从这个罐分配到 4 个注射管线。每条线安装了一个砂浆压力传感器，传感器用于计算背部注浆的体积。

4.4.3 泡沫回路

泡沫系统可以改良土质。

对工作表面注射泡沫的作用是：减少刀头相对土体的摩擦，可降低刀盘转矩，提高进给量，减少刀具的磨损和堵塞；减少水的渗漏；保证挖掘过程的压力；改善土体的流动性，保持开挖面稳定，使挖出的废料均匀提高掘进和出土效率的目的。与加水、加泥、加高浓度泥浆等其他方法相比，使用泡沫剂的费用稍高，但其对减少刀具磨损、提高掘进速度的作用明显，因此有广泛的使用和推广前景。

泡沫加注系统由控制系统、泡沫剂浓缩液、水、储存罐、空气压缩机和各种管道、泵等所组成。泡沫溶液单元被放置在靠近泡沫罐的位置，在门架车的左侧。表面活性剂被给料泵分配到混合器。在混合器里，聚合物、表面活性剂（一种能够像肥皂一样产生泡沫的产品，在压力和长时间条件下有好的稳定性）和工业水混合获得泡沫浓缩液溶液。通过控制系统将泡沫剂浓缩液和水混合并送到储存罐，打入压缩空气，形成泡沫并加注到工作区域。

泡沫溶液注射调节：通过 4 根管线（1～4）来分配泡沫的流量和空气注射调节。

泡沫穿过回转接头分布到工作表面。

如果输送机螺旋发生堵塞，在防水壁上有 3 个为泡沫注射提供的端口。

泡沫溶液其中的活性剂有助于形成大量泡沫，在工程中起到改良土质、润滑冷却和减摩作用。聚合物有良好的润滑作用，可起到对刀具的润滑冷却作用。泡沫剂的用量、泡沫膨胀率、泡沫注入比是泡沫系统的三个重要参数。泡沫的膨胀率是指液体的流速与空气的流速之比，该值越大说明泡沫越"稀"或越"湿"，一般取值在 1：(6～15) 之间。泡沫的注入比是指泡沫加注速率与土壤的开挖速率的百分比，一般取值在 40%～100%之间。

在控制室控制面板上，操作者有："自动/关闭/手动"选择器，"表面活性剂/黏性剂/表面活性剂＋黏性剂"选择器。在特殊的监视屏上，操作者能够调整如下参数：泡沫注射比率、膨胀率、表面活性剂浓度、聚合体浓度流动管线、泡沫溶液流量。流动管线（%）：操作者定义每根管线的泡沫溶液流量，设置设定值，每根管线能注射泡沫溶液。当选择了所有管线时：流量从 $1m^3/h$（设定值 20%）到 $5m^3/h$（设定值 100%）。随着参数调整，PLC 也测量或计算下列各项。

① 水流量　这个值是 4 根管线泡沫液体流量表测量值的总和。

② 表面活性剂和聚合物流量调节值　PLC 计算表面活性剂和聚合物的流量调节，其次是参数调整和水流量的测量。

③ 空气流量调节值　PLC 计算每根管线的流量，其次参数调整（K 值）。

④ 泡沫注射能够实现手动或自动操作。在手动模式下，操作者设置需要的泡沫流量比率。

在自动模式下，泡沫流量比率依据盾构的前进速度进行调节。

特征参数如下。

发泡率 k_a 指标准大气压 p_a 下泡沫中气体体积和液体体积之比。在某一压力 p 下的泡沫的发泡倍率 k_p 为：

$$k_p = \frac{p_a(k_a-1)}{p} + 1$$

泡沫中气体体积同泡沫体积之比称为泡沫的含气量 α，有：

$$\alpha = 1 - \left(\frac{1}{k_p}\right)$$

泡沫的密度 ρ_f 和起泡液的密度 ρ_l 以及空气的密度 ρ_g 之间的关系如下：

$$\rho_f = (1-\alpha)\rho_l + \alpha\rho_g$$

由于气体密度 ρ_g 极低，可以忽略不计，因此：

$$\rho_f \approx (1-\alpha)\rho_l$$

一般起泡液的密度 ρ_l 约为 1.0g/cm^3，因此：

$$\rho_f = 1 - \alpha$$

则发泡倍率 k_p 为：

$$k_p = \frac{1}{\rho_f}$$

注射管线数量总注射容量在 3bar 压力下 220m³/h，运行压力 3bar。表面活性剂罐体容量 1000L。水注射要求流量 4.9m³/h。

在控制室控制面板上能够选择每根管线，每根管线有独立的流量调节。

注：只有水注射时，表面活性剂和聚合体注射应该被放在 0。一旦每根管线内的泡沫流量被设定，PLC 确定：水流量调节限度限定了 8 根管线泡沫溶液流量的总和。

为避免堵塞，要在 30s 时间内对泡沫注射网络进行清洗。

4.4.4 膨润土回路（加泥系统）

膨润土是一种层状含水硅酸盐。膨润土的矿物学名称为蒙脱石，民间俗称观音土。天然膨润土主要以钙基为主，可经人工改性为钠基膨润土、有机膨润土和活性白土。膨润土具有遇水膨胀的特性，钙基膨润土膨胀时，为自身体积的 3 倍左右，钠基膨润土膨胀时约为自身体积的 15 倍。利用膨润土遇水膨胀的性能，人们常用它制成防水材料。

当盾构开挖面土层含水量较高时，需采用膨润土系统向工作面加入泥浆。加泥装置由泥箱、泵、压力表、流量仪、注入管路、手动球阀等构成。注入泵压送的泥浆液,通过输送管道在门架车与盾构的连接桥处和泡沫系统相连通。根据需要由刀盘注入口注入开挖面。膨润土和其他系统的切换通过电动球阀执行。

图 4-27 为膨润土系统原理图。该装置配备在门架车上,膨润土的土箱不仅和工业空气系统相连,而且也和泡沫系统相连。工业空气和泡沫可直接吹入土罐。

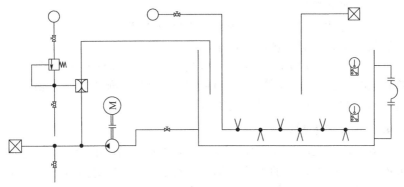

图 4-27　膨润土系统原理图

4.4.5　压缩空气回路

盾构的压缩空气系统有 2 条回路,按它们的不同功能分为空气工作系统和空气控制回路系统。空气工作系统是为了给土仓、盾体内的隔板泵和人闸提供 10bar 的压缩空气。压缩空气气源是位于门架车上的两个空气压缩机（2×75kW）。运行压力 10bar,必需的流量 600m^3/h。在压缩机出口安装有逆止阀,通过水回路不间断对其进行冷却,并充满一个 5m^3 罐体。罐体上装有一个压力设置到 10bar 的安全阀和一个显示罐体内部压力的压力表。

在罐体的出口,回路进行了 2 级过滤并被装有自动放水器的干燥机干燥。每个门架车有两条空气管线穿过并由一个干燥空气出口连接。第一个双过滤系统（去除油）：聚合物和颗粒过滤器起保护作用,过滤液态水和油浮物到 0.1mg/m^3,颗粒小到 1μm;高效聚合物和颗粒过滤器过滤液态水和油浮物到 0.01mg/m^3,颗粒小到 0.01μm。第二个双过滤系统（活性炭过滤器）：最终供给空气系统的空气为 0.01mg/m³。用在 PD 过滤器之后，安装了一个过滤精度为 0.003mg/m³ 的活性炭过滤器，它可去除油蒸气和烃气味。

两条空气管线穿过所有的门架车在连接桥处被连接在一起。它们为了穿过连接桥的结合处被再次分离，然后来到由两条过滤器管线组成的过滤单元上。单元的出口在进入盾体前分成了两条管线，通过铰接，然后再结合。

两条线分类如下。

① 1 号线（工业空气系统）去人闸（中盾）。其中一条支路进入盾构铰接处，对铰接起密封作用。

② 装有调节阀的 2 号线（压缩空气控制系统）去土仓（前盾）。这个空气生产线给气动元件、润滑脂泵、泡沫注射回路、输送机斜道和空气回路 1 号线提供压缩空气。

4.4.6　工业水回路

盾构使用水的工作点比较多。工业水从隧道内的管道来，管道被连到位于门架车 6 的卷绕滚筒上，保证给水/热交换器排出热量到另外的一个卷绕滚筒。热水通过管道排进隧道。一个由位于后配套车上的泵组成的超压装置保证了在分配回路上的总流量和压力，在每个门架车平台上的分配点都安装了阀门。

工业水的用途较多，包括：水喷雾回路（土仓）；给各种设备的冷却回路供水；盾体；泡沫生产回路；注浆回路；膨润土回路；各种清洗回路用水。

需要冷却水回路的设备有：工业空气压缩机；主液压动力单元的油/水热交换器；砂浆（背部注浆）液压动力单元的油/水热交换器；驱动刀头的减速齿轮。

参数特性如下。

① 总回路，由一条装在隧道里的通径为 80mm 的管线提供，连接软管直径 80mm，连接软管长度 6m，提供最大压力 7bar，要求最小流量 50m³/h，要求最大温度 25℃，罐体容量 300L。

② 冷却泵，流量 28m³/h，最大压力 6bar，功率 7.5kW。

③ 轴承箱（减速器）冷却回路：要求流量 2.7m³/h、压力 5bar、消耗功率 42kW、入口/出口水温 28℃/42℃。

④ 液压动力单元冷却回路：要求流量 18.7m³/h，压力 5bar，最大油温 55℃、油/水交换器能力 210kW，入口/出口水温 28℃/45℃。

⑤ 砂浆液压动力单元冷却回路：要求流量 0.8m³/h、压力 5bar、油/水交换器能力 12kW、入口/出口水温 28℃/45℃。

⑥ 工业空气压缩机冷却回路：要求流量 2×2.9m³/h，压力 5bar，油/水交换器能力 2×45kW，入口/出口水温 28℃/42℃。

⑦ 喷雾水用来清洁土仓，从有效的工业水回路网络进入土仓。

⑧ 脱水回路：从液压动力单元、盾减压器和工业空气压缩机排出温水（最大 40℃），通过两条冷却管线重新变成"冷"工业水回路。

⑨ 没有泡沫注射：15.7m³/h 的水进入隧道内的消耗回路。

⑩ 有泡沫注射：4.8m³/h 的水进入隧道内的消耗回路。

工业水回路分为两种：一种是使用的水回路，其中包括水冷却回路；另一种是废水排出回路。排水回路也在冷却系统回路原理图上。

4.4.7 排气与通风

盾构的前盾工作部和管片安装区是通风效果最差的位置，由于盾构机本身结构复杂，纵横交错的各种设备影响通风效果，因此，盾构机设备生产合理的通风方式对保障作业人员的身体健康、提高生产率非常重要。

施工通风的目的是供给洞内所需要的新鲜空气和降低机电设备所散发出的热量，选择合适的通风机械，满足施工作业环境的要求。由于盾构的机电设备都设有冷却水辅助降温方式，所以通风机的选择应由满足洞内所需新鲜空气来确定。

图 4-28 为隧道通风系统原理图。

(1) 风量计算

采用盾构法施工，掘进和衬砌是一次性完成的。这样，在进行通风计算时，只需满足作业人员的呼吸需求和最小风速的要求。计算时取两者中最大值作为计算风量，再考虑漏风因素和备用系数，作为选择风机的依据。

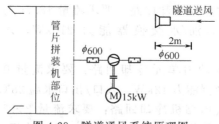

图 4-28 隧道通风系统原理图

① 按洞内同时工作的最多人数计算

$$Q = kmq$$

式中 Q——计算风量，m^3/min；
　　 k——风量的备用系数，取 $k=1.2$；
　　 q——每个人所需风量，m^3/min；
　　 m——洞内同时工作的最多人数。

② 按洞内允许最小风速计算

$$Q = 60vS$$

式中 v——洞内允许最小风速，m/s，考虑辅助散热并结合经验和资料取 $0.25m/s$；
　　 S——坑道断面积，m^2。

③ 漏风计算：通风机的供风量（$Q_供$）除满足上述计算所需要风量外，还应考虑漏失的风量。一般用漏风系数来计算，即：

$$Q_供 = PQ$$

式中 Q——计算风量；
　　 P——漏风系数，根据风管材料不同可取 $P=1.280$。

（2）风压计算

在通风过程中，要克服风流沿途所受阻力，保证将所需风量送到洞内工作面，并达到规定的风速，则必须要一定的风压。气流所受到的阻力有摩擦阻力及局部阻力，其计算公式可用下式表示：

$$h_机 \geqslant h_{总阻}$$

$$h_{总阻} = \sum h_摩 + \sum h_局$$

式中 $h_机$——通风机的风压；
　　 $h_{总阻}$——风流受到的总阻力；

$h_摩$——气流经过各种断面的管道时产生的摩擦阻力；

$h_局$——气流经过断面变化，拐角、分岔等处分别产生的阻力。

盾构施工中采用混合通风方式，在选择风机时，应对每一段风道进行计算，并选择合适的风机和风机布置方式，否则就会出现串联通风中各风机风量不匹配现象，以及接力风机进风口风压太低而导致风管被吸扁的现象。

① 摩擦阻力（$h_摩$） 摩擦阻力是风管周壁与风流互相摩擦以及风流中空气分子间的扰动和摩擦而产生的阻力，也称沿程阻力。根据流体力学的达西公式可以导出风管通风的摩擦阻力公式：

$$h_摩 = 6.5 \frac{\alpha L}{d^5} Q^2$$

式中 α——摩擦阻力系数，$N \cdot s^2/m$，取 $\alpha = 0.0016 N \cdot s^2/m$；

L——风管长度，m；

d——风管直径，m；

Q——风道流量，m/s。

② 局部阻力（$h_局$） 风流经过风管的某些局部（如断面扩大、断面减小、拐弯、交叉等）时，由于速度或方向发生变化而导致风流本身产生剧烈的冲击，由此产生的风流阻力称为局部阻力。

$$h_局 = 0.99 \frac{\xi Q^2}{d^4}$$

式中 ξ——局部阻力系数，取 $\xi = 1.0$。

其他符号同前。

因此 $$h_{总阻} = 6.5 \frac{\alpha L Q^2}{d^5} + 0.99 \frac{\xi Q^2}{d^4}$$

根据 $Q_机 \geqslant 1.1 Q_供$（1.1 是风量储备系数）及 $h_机 \geqslant h_{总阻}$ 选择合适的主风机。

盾构施工作业时会遇到富含水的土层，这样螺旋输送机出土就会有水排出，各种清洗回路的回水多积聚在盾构底部，需排出。安装在盾体内的风动潜水泵由一个自动控制程序来启动和关闭。污水将被转送到后配套的储水罐内（工地自备）或后配套尾部。风动潜水泵的技术指标 $30 m^3/h$。

4.4.8 回转接头和人闸

刀盘在工作状态下,扩挖刀液压缸相对于盾构主体是旋转的,扩挖刀液压缸的通油管路相对于盾构主体是固定的,因此在盾构主体上和刀盘中间设计了回转接头。通过回转接头除了向扩挖刀液压缸供油外,还有为刀盘切削面输入水、气、泡沫和膨润土。回转接头安装在土仓密封挡板上,它包括:4条泡沫注射线路;2条为扩挖刀液压缸供油线路;2条内部油脂润滑线路,用于自身润滑。

人闸(转换人闸)是工作人员和设备进出土仓的通道,通过常气压进入高气压,返回来时正好相反。人闸的作用主要是更换磨损或损坏的刀具。人闸的组成:2个工作人员人闸位于盾体的上部(一个是主闸,一个是紧急闸),1个操作控制面板位于人闸防护罩的外部。在整个人闸使用期间,应由一个人闸监督员站在外面和人闸的前面来监视人闸的使用情况。

人闸包括所有必需品、必需的补给设备和压缩空气、照明及通信(1个电话、1个对讲机和声力电话)的控制。主闸室可容纳3个人,紧急闸室可容纳2个人。在3bar压力下土仓内最大空气流量$400m^3/h$。

第5章 盾构机电气控制系统

5.1 盾构机电气系统概述

盾构机是一种集机械、液压、电气和自动化控制于一体、专用于地下隧道工程开挖的技术密集型重大工程装备，其技术先进、结构庞大。如果把机械部分比喻成人的四肢，液压系统比喻成人的血液系统，则电气控制系统就是人的神经系统。当前盾构机电气控制系统均采用世界上最先进、可靠的技术以保证系统稳定可靠地运行。

下面以海瑞克盾构机为例介绍盾构机的电气控制系统。该系统是一个庞大、复杂的系统，又是一个先进又不失人性化的系统。配电系统从高压到低压，从强电到弱电，电气元件质量可靠，设定值精度高而且寿命长，减少维护的工作量。可编程控制系统以西门子 S7-400 为主站，采用主从分布式结构。该系统稳定，功能强大，在工控机上可以监控程序的运行，也可以进行硬件诊断，可以判断盾构机电气方面的大多数故障。计算机控制及数据采集分析系统（图 5-1）可以与 PLC 进行通信，采集、处理、存储、显示和评估与掘进机联网所获得的数据。

盾构机电气控制系统的自动化级别为现场级，采用 DP 协议的现场总线控制技术。如果在地面设置监控电脑，并通过工业以太网协议进行通信，那么其自动化级别可上升至监控级和管理级，实现盾构机的远程监控，掌握盾构机掘进状况。

盾构机的电气系统主要分为配电系统、自动控制系统。配电系统又分为高压和低压系统。

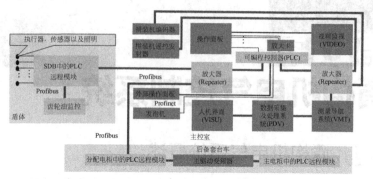

图 5-1　盾构机电控系统概况图

5.1.1　配电系统

(1) 高压系统

① 高压电柜　NFM 盾构机的高压电柜由电源进线柜、计量柜、避雷柜和出线柜组成。电源从所在地的 10kV 配电柜引来，高压电柜放置于地面上，通过高压电缆与盾构机上面的开闭站相连，开闭站又通过机器上的 400V 变压器降压后供机器使用，如图 5-2 所示。

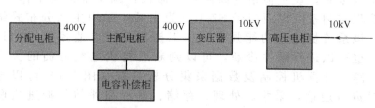

图 5-2　NFM 盾构机的高压电柜

② 变压器　盾构机常用的变压器（图 5-3）有波纹密封油浸式和干式变压器两种。NFM 盾构机采用的是全密封油浸式变压器，它使变压器内部与大气隔离，能防止油的劣化和绝缘受潮，增强了运转的可靠性。

③ 补偿电容器　采用补偿电容器在低压端集中补偿的方法，利用无功功率自动补偿控制器对无功功率进行自动补偿，它实时监

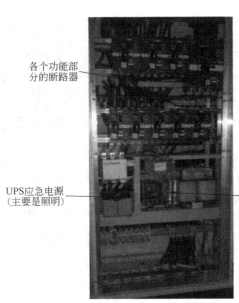

图 5-3 盾构机用变压器

测系统的功率因数,通过控制接触器切换电容组达到动态补偿功率因数的目的。补偿后的功率因数不低于 0.9,NFM 盾构机正常运行时一般为 0.97 左右。

④ 主要动力设备 NFM 盾构机上面的主要动力设备有盾构推进液压缸、刀盘、拼装机、螺旋输送机(图 5-4)、带式输送机、砂浆搅拌机、超挖刀、盾尾密封、润滑设备、冷却设备、管片吊装设备等。

⑤ 电气控制器件 盾构机上面的电气控制器件主要有隔离开关、断路器、接触器、PLC 主控模块、PLC 输入输出模块、比例放大模块、模拟输出模块等,如图 5-5 所示。隔离开关、断路器和接触器用的是施耐德和西门子品牌,PLC 系统用的是施耐德品牌,比例放大模块用的是 VICKERS 威格士品牌的带集成 CNC 适配模块的功率放大器,模拟输出模块用的是 Advantys Telefast ABE7 预接线系统基座,简易、经济。NFM 盾构机上面的这些高质量器件,有效地实现了盾构机控制的精确、稳定、高效性。

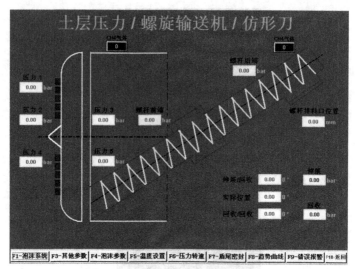

图 5-4 盾构机中螺旋输送机仿形刀

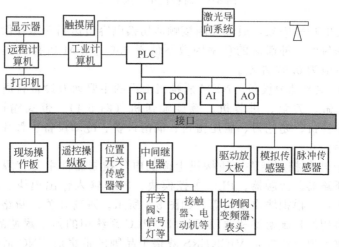

图 5-5 盾构机控制系统

⑥ 高压供电系统 由于盾构机用电量大,供电距离较长,而 NFM 盾构机使用电驱动液压油提供动力,所以采用 10kV 高压供

电。使用专线从10kV高压开闭所直接供电,这种方式不仅供电可靠性高,而且盾构机故障时不影响施工现场附近的城市用电。

盾构机的高压供电系统如图5-6所示,H1为进线柜,电缆由所在地区10kV电网配电引来。H2为计量柜,用于高压侧的电量计量,柜内设有供计费用的专用电压、电流互感器。H3为避雷柜,里面装有专门的避雷器。H4为出线柜,对变压器有过载和短路保护;出线柜经过高压电缆连接到盾构机上面的开闭站H5,然后再通过10kV/400V变压器降压后供给盾构机使用。

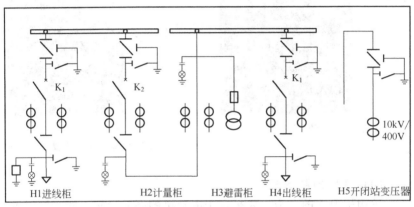

图5-6 高压供电系统

(2) 盾构机的低压系统

NFM盾构机的低压配电电压采用220V/380V,低压配电系统采用三线四线制的保护接零方式,在400V变压器的低压端,共用地线和中性线,把整台机器各用电设备的外壳和台车与地线直接相连,这种N线与PE线合一的变压器中性点接地系统叫TN-C系统,如图5-7所示。采用放射性供电方式,任一回路出现故障都不影响其他回路的工作。

(3) 配电保护形式

盾构施工环境潮湿且较狭窄,容易发生漏电危险,盾构机采用的是各个设备的外露不导电部分都与地线相连的配电保护形式,当设备绝缘损坏碰壳时,就通过地线形成回路产生短路电路,从而使保护装置迅速动作，切断漏电设备的电源，以保障人身安全。小功率断路器和PLC远程I/O点位置如图5-8所示。

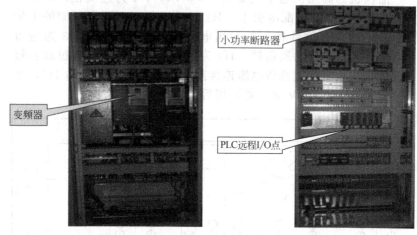

图5-7　TN-C系统　　　　图5-8　小功率断路器和PLC远程I/O点位置

（4）低压控制形式

盾构机上面的动力主要来自于电动机的高速运转，低压控制主要是对电动机的控制。盾构机中电动机的数量多，容量大小不一，故其控制应根据容量及负载的不同而不同。盾构机中电动机的控制主要有星-三角运行和直接启动。

主液压泵站电动机功率较大，直接启动的话会产生很大的工作电流烧坏设备，所以采用了星-三角的运行方式。启动电动机时，控制接触器用星形连接，此时工作电流只有正常运行的1/3，启动1min左右，电动机正常运行时控制接触器组成三角形连接的电动机运行方式。采用这种控制电动机方式，经济，简便，实用。

5.1.2　自动控制系统的组成

（1）自动控制系统

NFM盾构机的自动控制系统主要由地面监控室的监控电脑、盾构机上的电脑、PLC系统（图5-9）、PPS导航系统组成。地面

图 5-9 可编程控制器（PLC）

和盾构机上的电脑通过两个调制解调器相连，相互传输数据，通过相关设备可以对隧道内的施工情况进行实时监控、打印报表和其他管理工作。PLC 系统通过 MODBUS 协议与电脑相连，通过盾构机操作室的控制按钮就可以实现对整台机器各个系统的控制，机器运行的各个系统状态可以通过操作室屏幕显示出来，方便操作人员随时了解掘进状态。

（2）PLC 系统的组成

PLC 系统主要由机架、CPU 模块、信号模块、功能模块、接口模块、通信模块、电源模块组成。CPU 模块主要由微处理器和存储器构成，相当于 PLC 系统的大脑，不断采集信息、执行程序。通信模块用于 PLC 之间、PLC 与输入输出之间、PLC 与计算机之间的通信。PLC 一般使用 AC 220V 或 DC 24V 电源，电源模块用于将输入电压转换成 DC 24V 电压和 5V 电压，供其他模块使用。信号模块是指模拟量输入、输出模块（QW/IW）和数字量输入、输出（Q/I）的总称，盾构机上的信号模块主要用于各种传感器的信号输入和各种电磁阀、接触器的执行输出。

PLC 控制系统在盾构机上的应用如图 5-10、图 5-11 所示。

PLC 程序不停地扫描输入的数据，从第一条程序开始，在无中断或跳转控制的情况下，按程序存储顺序的先后逐条执行程序，

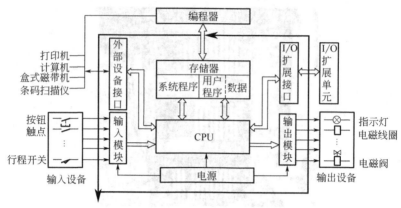

图 5-10 PLC 控制系统在盾构机上的应用（一）

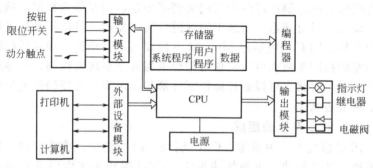

图 5-11 PLC 控制系统在盾构机上的应用（二）

直到程序结束，然后再从头扫描，如此反复执行。

5.2 盾构机的基本电气设备及基本原理

5.2.1 配电系统概述

盾构机的配电系统由高压系统和低压系统两部分组成，如图 5-12 所示。

(1) 高压配电电路系统

经过负荷计算，$S_{j1} \approx 2000 \text{kV} \cdot \text{A}$，则选择的电压器容量为

图 5-12 盾构机的配电系统

2000kV·A，选择的高压电缆进线为 UGP-3×50+1×25，选用的高压环网柜电压等级为 12kV，容量为 200A，变压器带温度和密封性故障报警。高压系统原理图如图 5-13 所示。

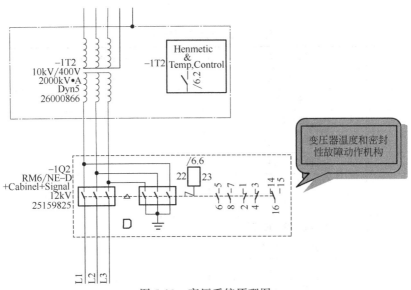

图 5-13 高压系统原理图

第 5 章 盾构机电气控制系统

盾构施工是参考工厂式的流程化作业施工，盾构机的配电系统设计原则也是参照工厂供配电原理设计的。配电系统分为高压系统和低压系统，如图 5-14 所示。其用电设备见表 5-1。

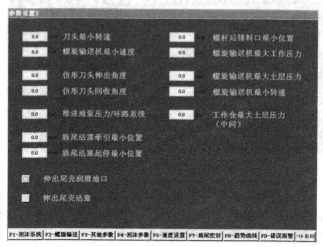

图 5-14　配电系统

表 5-1　配电系统用电设备

序号	用电设备	设备容量/kW
1	刀盘驱动	945
2	超挖刀	7.5
3	推进系统	75
4	管片安装机	45
5	螺旋输送机	250
6	带式输送机	22
7	注浆泵	30
8	砂浆储存罐的搅拌器	7.5
9	液压油过滤泵	11
10	主轴承润滑	4
11	管片吊机	2×2

续表

序号	用电设备	设备容量/kW
12	排水泵	12
13	冷却水系统	7.5
14	二次通风机	11
15	空压机	110
16	泡沫系统	18
17	补油泵	55
18	其他设备	75
	总功率	1682

(2) 低压配电电路系统（弱电系统）

变压器将10kV的市电转变成400V的低压电，之后分成两路，分别经过断路器1-3Q2（俗称主开关）和断路器1-4Q2（副开关），其中主开关具有相序保护。主开关控制盾构机主要用电设备，如各个电动机。因各个电动机为三相用电设备，在启动和运行时需消耗无功功率，所以海瑞克盾构机电气系统投入了功率补偿设备，以保障设备运行时，功率因数大于0.9。副开关控制台车部位和盾体部位的照明系统和备用插座系统。由此可见，三相用电设备系统与照明系统实行分线布置，提高了两者的供电质量。因盾构施工也属于临时施工，需要布置临时用电系统，备用插座系统就是与临时用电系统的接口，满足现场施工需求。

弱电系统也是低压系统的组成部分。弱电系统主要是给各个继电器和传感器以及电磁阀提供电源，电压输入整定值为24V。

5.2.2 电气设备

3相380V及3相4线制380V电源通入控制盘，供电给切削刀盘驱动用减速电动机和液压及注脂用各动力单元。220V电源作照明用。另外，通过电控柜内的变压器，将220V降压到100V后供控制使用，如图5-15所示。

通常的操作主要集中在No.1后续台车（右）的操作台上。但是拼装机、电动葫芦的操作，通过装置附近各自的操作盒进行。另

图 5-15 电缆、开关柜、变压器

外,管片组装时,推进液压缸的操作也可通过工作平台上下部的推进液压缸操作箱进行。

① 电控柜 钢板制室内防滴型结构,装在 No.2 后续台车(右)上,由漏电开关、配电用断路器、电磁离合器、辅助继电器、电流计、电压表、定时器、过电流继电器、各种变换器等构成,如图 5-16 所示,以控制各个设备。

② 操作台(图 5-17) 钢板制室内防滴型,装在 No.1 后续台车(右)上,由触摸屏式按键开关、切换开关、指示表、指示灯以及蜂鸣器、急停按钮等构成。通常运行操作通过该操作台进行,运行状态等可通过指示灯确认。

③ 推进液压缸操作箱 防滴型,装在工作平台上下部,在管片组装模式时,设定推进液压缸操作在"盾构机内"时使用。操作台可进行推进液压缸的全部操作。

④ 拼装机操作盒(图 5-18) 进行拼装机的旋转、升降、滑动、支承、扩张操作。配有携带式遥控操作盒和有线操作盒,通过电箱内的"有线-无线"选择开关,选择操作方式。

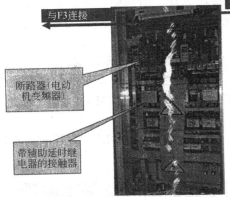

图 5-16　电控柜

图 5-17　操作台

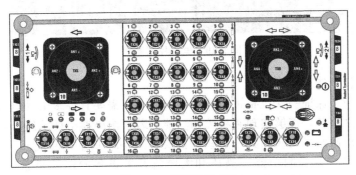

图 5-18　拼装机操作盒

第 5 章　盾构机电气控制系统

⑤ 拼装机无线遥控信号接收盒　防滴壁挂式，装在机内，通过天线接收拼装机遥控操作盒发出的信号，并进行信号变换，控制拼装机操作。

⑥ 电动葫芦操作盒　进行电动葫芦的操作。

⑦ 紧急停止操作盒　盾构机主体立柱设有1处，机内推进液压缸操作箱上设有2处，后续台车操作台上1处，如按下按钮，所有设备都将停止工作。

⑧ 布线　附图的配线系统图、单线接续图、计测系统图、展开接续图和端子接线表。

5.3 盾构机控制电路的组成及基本原理

5.3.1 控制电路的组成

（1）概述

电气控制系统一般称为电气设备二次控制回路，不同的设备有不同的控制回路，如图5-19所示，而且高压电气设备与低压电气设备的控制方式也不相同。

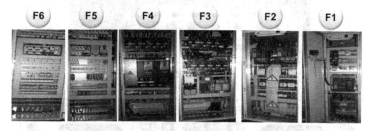

图5-19　电气控制系统

（2）主要功能

为了保证一次设备运行的可靠与安全，需要有许多辅助电气设备为之服务，能够实现某项控制功能的若干个电器组件的组合，称为控制回路或二次回路。这些设备要有图5-20所示的功能。

① 自动控制功能　高压和大电流开关设备的体积是很大的，一般都采用操作系统来控制分、合闸，特别是当设备出故障时，需

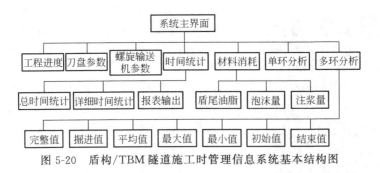

图 5-20 盾构/TBM 隧道施工时管理信息系统基本结构图

要开关自动切断电路,要有一套自动控制的电气操作设备(图 5-21),对供电设备进行自动控制。

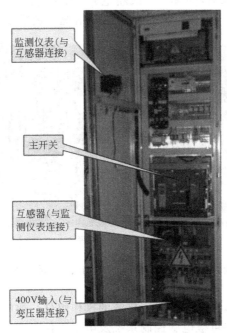

图 5-21 自动控制设备

② 保护功能 电气设备与线路在运行过程中会发生故障,电流(或电压)会超过设备与线路允许工作的范围和限度,这就需要

一套检测这些故障信号并对设备和线路进行自动调整（断开、切换等）的保护设备。图 5-22 所示为 F6 急停继电器。

③ 监视功能　电是眼睛看不见的，一台设备是否带电或断电，从外表看无法分辨，这就需要设置各种视听信号，如灯光和音响等，对一次设备进行电气监视（图 5-23）。

④ 测量功能　灯光和音响信号只能定性地表明设备的工作状态（有电或断电），如果想定量地知道电气设备的工作情况，还需要有各种仪表测

图 5-22　F6 急停继电器

图 5-23　监视屏

量设备，测量线路的各种参数，如电压、电流、频率和功率的大小等。

在设备操作与监视当中，传统的操作组件、控制电器、仪表和信号等设备大多可被电脑控制系统及电子组件所取代，但在小型设备和就地局部控制的电路中仍有一定的应用范围。这也都是电路实现微机自动化控制的基础。

5.3.2 控制线路系统组成

常用控制线路的基本回路由以下几部分组成。

① 电源供电回路　供电回路的供电电源有交流 AC 380V、220V 和直流 24V 等多种。

② 保护回路　保护（辅助）回路的工作电源有单相 220（交流）、36V（直流）或直流 220（交流）、24V（直流）等多种。保护回路对电气设备和线路进行短路、过载和失压等各种保护，由熔断器、热继电器、失压线圈、整流组件和稳压组件等保护组件组成。

③ 信号回路　能及时反映或显示设备和线路正常与非正常工作状态信息的回路，如不同颜色的信号灯、不同声响的音响设备等。

④ 自动与手动回路　电气设备为了提高工作效率，一般都设有自动环节，但在安装、调试及紧急事故的处理中，控制线路中还需要设置手动环节，用于调试。通过组合开关或转换开关等可实现自动与手动方式的转换。

⑤ 制动停车回路　切断电路的供电电源，并采取某些制动措施，使电动机迅速停车的控制环节，如能耗制动、电源反接制动、倒拉反接制动和再生发电制动等。

⑥ 自锁及闭锁回路　启动按钮松开后，线路保持通电，电气设备能继续工作的电气环节叫自锁环节，如接触器的动合触点串联在线圈电路中。两台或两台以上的电气装置和组件，为了保证设备运行的安全与可靠，只能一台通电启动，另一台不能通电启动的保护环节，叫闭锁环节，如两个接触器的动断触点分别串联在对方线圈电路中。

5.3.3 可编程控制系统

海瑞克盾构机的可编程控制系统是由西门子 S7-400 采用主从分布式结构组成的，其硬件组态如图 5-24 所示。

可编程控制系统采用 Profibus-DP 协议的现场总线控制技术，在操作员室设置了 S7-400 主站和工控机，在低压配电柜设置了 IM153 从站，并将设备安装的电气元件通过 DP 电缆连接至主站。

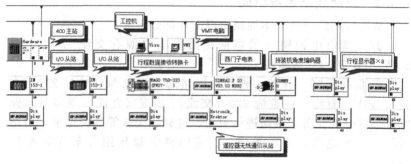

图 5-24　硬件组态

在用电设备相对集中的低压配电柜设置智能远程 I/O 模块,这样就可以按照就近原则,将附近的电气设备接入分站,相比接入操作员室 S7-400 主站节省大量电缆。同时工控机可以通过工业以太网的 TCP/IP 协议,与地面电脑组成局域网,使地面的电脑连接与控制工控机,以掌握盾构掘进状况。

PLC 程序包含源文件和块文件。块文件又包含组织块、功能块、功能和数据块等。其中组织块—调用各个功能块执行盾构机的运行和动作。还设置了三个中断组织块:一个为电源故障中断组织块,一个为拼装机角度编码器检测循环中断组织块,一个为每组推进速度检测计算循环中断组织块。功能块与电气图纸组别一一对应,相应地与盾构机各个系统相对应,使技术人员方便地找到程序与图纸的对应关系。

5.3.4　计算机控制及数据采集分析系统

计算机控制系统主要用于参数设置和数据采集分析。西门子工控机安装在盾构操作员室,由现场操作人员使用,用于人机对话、显示数据、设置和修改系统控制参数等。工控机与 PLC 通信示意图如图 5-25 所示。

数据采集分析系统就是采集、处理、存储、显示和评估与掘进机联网所获得的数据。通过调整过的时钟脉冲,所有测量数据都将从工控机连续不断地得到,但是,只在特定的时间才进行数据的记录。数据采集系统连续不断地对盾构机的资料进行采集、显示和存

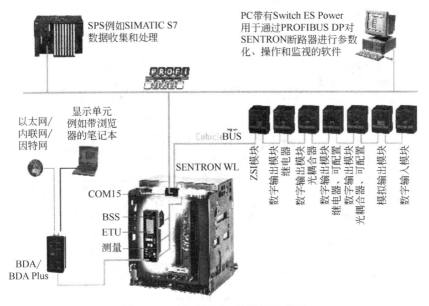

图 5-25 工控机与 PLC 通信示意图

储,每一推进时刻的资料均被保存在不同的文档中,这些文档连续地自动编号。通过这些推进时刻的文档,就可以获得相关掘进区间每一期、每一刻的文档。测量的数据将以图形方式显示在工控机上,通过功能键＜F1＞～＜F8＞以及简单的菜单、鼠标和键盘,就可以选择单个的显示区域。如图 5-26 所示的 F1 界面,其中的参数界面可以进行参数设置。

每环结束后,掘进报告会自动生成。海瑞克公司还提供了一个额外数据评估程序,可以用来分析多环的各个参数变化情况并形成每环掘进报告。

5.3.5 盾构机电气系统的应用

(1) 配电系统的应用

海瑞克盾构机的配电系统装配的电器开关都是梅兰日兰生产的,该品牌为全球电器开关第一品牌。每个电动机上端都安装了一个断路器,具有过载短路漏电保护,而且其负荷电流、漏电电流和

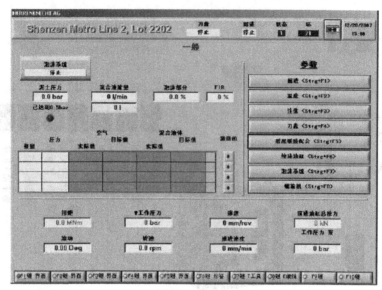

图 5-26　F1 界面

动作时间都可以在一定范围内设定。例如,推进泵电动机上端断路器 15-1Q1,出厂时负荷电流调节为 120A,但是可以在 90～150A 范围内随意调节,这样极大地方便了用户对用电容量的设置。当需要改变负荷电流值时,无须更换开关。

弱电系统的输出电压在出厂时,一般设定为 27V,到负载端一般为 24V,但是工地现场实际,因为市电的电压,还有弱电负载的变化,都将导致负载端电压值不等于 24V。根据工程经验,弱电用电设备输入电压超过本身的 10%,将容易损坏。所以每次盾构机始发调试时都必须根据弱电负载的电压值重新整定弱电系统的输出值,而且在设备使用过程中,因传感器损坏或者其他原因导致负载容量变化时引起的电压变化也需要监控,实时调节,这样,才能保护好盾构机的弱电系统。

(2) 可编程控制系统的应用

可编程控制系统是盾构机电气控制系统最关键的部位。如果说电气控制系统是盾构机的神经系统,那么可编程控制系统就是盾构机的大脑。那么"大脑"是怎样指挥"神经系统"的呢？现以推进系统1号液压缸伸出为例说明可编程控制系统程序是如何进行控制的（图5-27）。

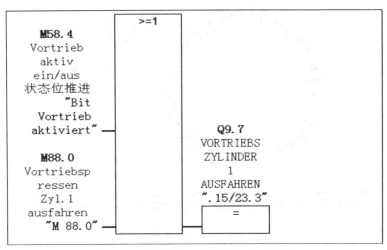

图5-27 推进系统1号液压缸伸出程序

M58.4为推进模式下1号液压缸伸出信号，M88.0为拼装模式下液压缸伸出信号。当M58.4或者M88.0为1时，则Q9.7也为1。Q9.7对应电气图纸的".15/23.3"为控制1号液压缸伸缩换向阀的伸出电磁线圈，该线圈得电，1号液压缸伸出。

通过工控机可以连接PLC进行程序监控，通过该方法可以判断盾构机因条件不满足使动作无执行这类的故障。

(3) 计算机控制及数据采集分析系统的应用

计算机控制及数据采集分析系统应用主要体现在管理级。例如，在地面监控电脑与盾构机工控机之间占用一路电话线，都使用串口COM调制解调器与电脑连接，即建立了工业以太网。在两部电脑上都安装PCANYWHERE软件，经过设置后拨号会自动应答，即地面监控电脑通过软件查看和控制盾构机的工控机。在控制工控机后，打开PDV监视界面，进入"F7"的"DATE EVALU-ATION"，点击选项，得到图5-28所示的界面。

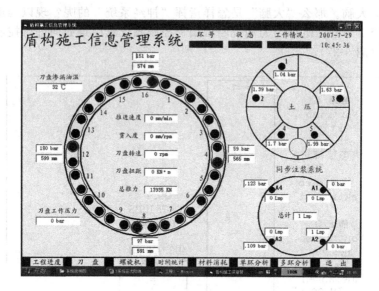

图 5-28 刀盘参数界面

第3篇 盾构机施工操作

第6章 盾构机基础操作

6.1 操纵台功用与控制

新培训的盾构机操作员，在完成了对盾构机的基本构造、原理、操作方法、安全操作规程等基础理论学习后，便可以进行实际操作训练。盾构机操作员在实际操作训练前，必须熟悉各操纵装置的分布位置、使用方法和注意事项，这样才能打牢操作作业的基础，练就过硬的基本功，提高驾驶员的操作技术水平，确保在各种运行条件下，能正确而熟练地操作盾构机，充分发挥盾构机的效能，安全、优质、低耗地完成任务。盾构机的操作比较复杂，各个操作岗位应分工负责，协同作业。盾构机操作装置包括盾体、刀盘驱动、双室气闸、管片拼装机、排土机构、后配套装置、电气系统和辅助设备，由于盾构机比较庞大，需要操作的系统也比较多，因此要集中操作控制，所以操作控制台（图6-1）是操作的核心。

6.1.1 盾构机主要结构组成及操作顺序

(1) 主驱动系统

3台315kW电动机带动液压泵给8个液压马达供油，使刀盘转动切削掌子面。

(2) 推进系统

主要是20组液压缸（10个单缸、10个双缸），动力源是75kW电动机带液压泵。

(3) 推进后配套系统

主要有同步注浆系统、泡沫系统和膨润土系统。

① 同步注浆系统　要与推进速度同步，主要以注浆压力和注浆量为标准，这是保证施工质量的主要环节。

图 6-1　盾构机操作控制室

② 泡沫系统　主要用于刀盘、刀具润滑和碴土改良,因此要根据地质情况调整泡沫浓度的比例,以免造成土仓内形成泥饼或者水多泥少现象而出现喷涌。泡沫系统有 4 条管路,都是直接由刀盘喷向掌子面,因此泡沫的合理使用是掘进的关键。

③ 膨润土系统　有 9 条管路,1、2、3、4 号通向土仓,5、6、7、8 号通向刀盘前面。9 号管通向螺旋,主要作用同样是改良碴土。由于泡沫只有 4 条管,并且液体流量较小,因此在黏土地层,由于地质较干,所以加注膨润土,碴土易于从螺旋输送机中出来。

6.1.2　盾构机各系统的启动和停止

① 在正常掘进的情况下启动顺序:内循环水泵→空压机→油循环冷却泵→黄油泵→推进泵→辅助泵→供给泵→操作泵→刀盘液压泵→螺旋泵。待全部启动后液压马达按钮指示灯常绿状态。如果不停闪烁说明还在启动状态,必须完全启动后才能进行其他操作。

② 掘进操作的顺序:首先启动各液压马达,开始进行各系统的操作。

a. 转动刀盘。先选择转速和旋速方向,然后按启动按钮后再进行转速调节,此时刀盘转速会显示在面板上。正常刀盘转速为 2.0r/min,但由于地质的变化可能需要不同的转速。

b. 开始掘进。启动推进系统(黄灯常亮),调节 4 组油顶压力

（解释4组油顶的分布）观察刀盘转矩、转速和推进速度，以及VMT姿态的变化。刀盘开始切削掌子面，同时主机托动台车前移。

c. 螺旋出土。先启动带式输送机，打开土仓门选择螺旋方向后调节螺旋速度，观察监视器出土是否顺利，如果是土压平衡式推进就要控制好出土量，保持仓内土压不变。如果是敞开式推进就根据推土速度来确定出土量，同步注浆开始注浆。

在以上情况下盾构机各系统全部启动，观察各系统数据和盾构机姿态以及出土情况。加注泡沫和膨润土调节碴土稠稀度。液缸行程显示到1750～1850之间方可停机拼环。

d. 停机操作的顺序。停止螺旋转动，先把螺旋转速慢慢调到零→停止带式输送机、关闭出土口仓门→停止推进系统→停止刀盘（和停止螺旋输送机一样，禁止直接按停按钮，造成刀盘急刹车）→停止螺旋和刀盘电动机→停止操作泵、供给泵、黄油泵→启动拼装机液压马达开始拼环。

e. 注意事项。禁止在未停止系统操作就停止液压马达，造成急刹车和油管、液压件受损，禁止带故障推进。

6.2　PLC控制屏幕的识读与监控

PLC控制屏幕如图6-2所示。

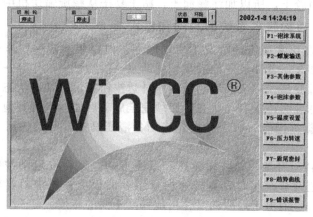

图6-2　PLC控制屏幕

6.2.1 屏幕的布置

推力液压缸、泥浆灌注、铰接盾构参数如图 6-3 所示。

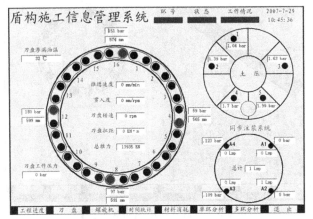

图 6-3 推力液压缸、泥浆灌注、铰接盾构参数界面

拼装机、推力液压缸和泥浆灌注的参数如图 6-4 所示。

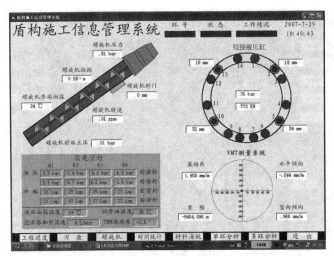

图 6-4 拼装机、推力液压缸和泥浆灌注参数界面

刀盘、盾尾油脂润滑参数如图 6-5 所示。

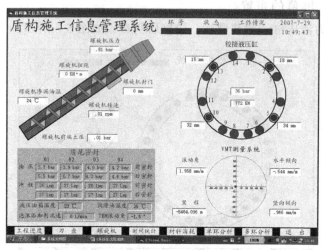

图 6-5 刀盘、盾尾油脂润滑参数

盾尾密封参数如图 6-6 所示。

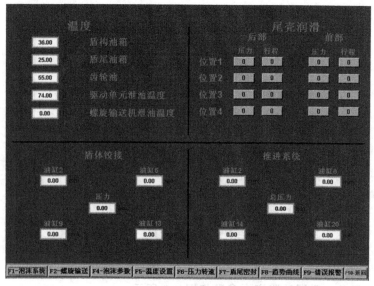

图 6-6 盾尾密封参数

刀盘、螺旋输送机、桥架、温度参数如图6-7所示。

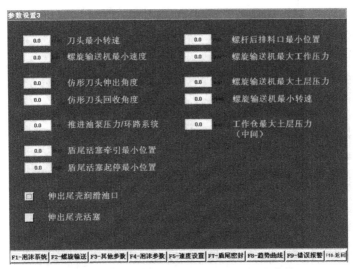

图6-7　刀盘、螺旋输送机、桥架、温度参数

泡沫回路参数如图6-8所示。

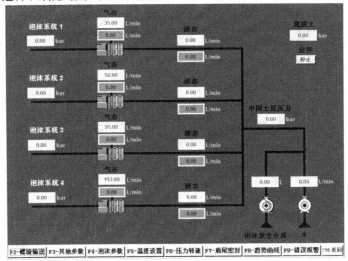

图6-8　泡沫回路参数

土层压力/螺旋输送机/仿形刀参数如图 6-9 所示。

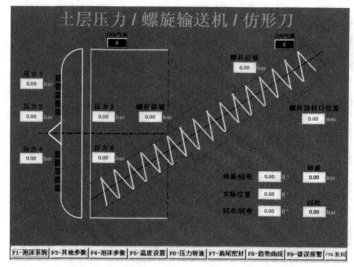

图 6-9　土层压力/螺旋输送机/仿形刀参数

故障信息的警示/存档如图 6-10 所示。

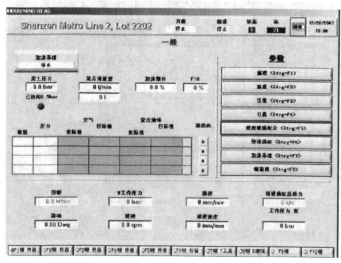

图 6-10　故障信息的警示/存档

6.2.2 操作面板的描述

(1) 控制室中的控制面板

① 液压马达启动控制面板说明见表 6-1。

表6-1 液压马达启动控制面板说明

名称	功能	条件
过滤器回路启动/停止	启动和关闭液压油罐（桥架）的过滤器回路泵和冷却回路泵	• 液压油罐中有足够的油量 • 对液压油冷却器有足够的冷却水供应和冷却水温度
冷却水启动/停止	启动和关闭冷却水泵	
拼装机启动/停止	启动和关闭用于推力液压缸和拼装机的液压泵	• 过滤和冷却回路正在运行 • 拼装机没有紧急停车功能
润滑泵启动/停止	启动和关闭用于螺旋输送机润滑和刀盘驱动的泵	在润滑脂箱中有充足的润滑脂 没有润滑脂桥是活动的
超挖刀启动/停止	启动和关闭超挖刀液压装置（在盾构中的单独装置）	• 在液压装置中有充分的油位高度 • 没有紧急停车功能在起作用
通风启动/停止	启动和关闭二次通风	无紧急停车功能
推力泵启动/停止	启动和关闭用于推力液压缸的液压泵	• 运行过滤器和冷却回路 • 无紧急停止功能
辅助液压装置启动/停止	启动和关闭用于灌浆和辅助液压装置的液压泵	
螺旋输送机启动/停止	启动和关闭螺旋输送机的液压泵	
齿轮泵启动/停止	启动和关闭齿轮泵	• 齿轮腔内加有足够的油 • 对液压油冷却器有足够的冷却水供应和冷却水温度
加注泵启动/停止	启动和关闭用于刀盘驱动装置的加注泵	• 运行过滤器和冷却回路 • 无紧急停止功能
调节泵启动/停止	启动和关闭用于刀盘驱动装置的调节泵	

续表

名称	功能	条件
刀盘驱动装置1～3启动/停止	启动和关闭用于刀盘驱动装置的液压泵	• 运行过滤器和冷却回路 • 运行齿轮油泵 • 运行脂润滑泵

② 螺旋输送机控制面板说明见表 6-2。

表 6-2　螺旋输送机控制面板说明

名称	功能	条件/步骤
土压平衡式盾构、闸门、探测器部分		
土压(1～5)/bar	显示挖掘仓中在不同标高用土压传感器记录的土压	
土压背压/bar	显示/螺旋输送机土压背压	条件： • 运行过滤和冷却回路 • 运行螺旋输送机泵 • 运行带式输送机 • 没有紧急停车功能在起作用 关闭前闸门的步骤： • 缩回螺旋输送机的探测器 • 关闭前闸门
过载限制阀	信号灯	
低压	信号灯	
探测器延伸/缩回	螺旋输送机的延伸和缩回探测器	
后闸门开/关	打开和关闭卸载闸门	
前闸门开/关	打开和关闭挖掘仓内的螺旋闸门	
后闸门的行程/mm	螺旋闸门的开启显示	
螺旋输送机部分		
输送	按压该开关选择卸载模式输送	条件： • 运行过滤和冷却回路 • 螺旋输送机工作 • 辅助液压装置泵工作 • 带式输送机工作 • 没有紧急停车功能在起作用 步骤(输送)： • 把速度电位计调整到"0" • 按压启动键 • 用电位计在0到最大值之间调整速度 • 按压"0"键结束旋转运动 步骤(反转)： • 把速度电位计调节到"0" • 按压反转键 • 用电位计在0到最大值之间调整速度 • 按压"0"键结束旋转运动
0	按压开关"0"停止螺旋输送机	
反转	螺旋输送机反方向旋转	
速度(0～最大值)	在0到最大值之间调整速度	
速度/min^{-1}	显示螺旋输送机的速度	
扭转压力/bar	显示螺旋输送机的液压泵驱动装置的压力	

续表

名称	功能	条件/步骤
螺旋输送机操作/维修	• 把钥匙开关旋转到"操作"位置,使用正常工作模式 • 把钥匙开关旋转到"维修"位置,使用维修模式 • 维修指示灯打开	• 在"操作"位置时,螺旋输送机面板上"维修"位置的钥匙开关必须调节到控制室的位置 • 在"维修"位置说,启用螺旋输送机本身面板的维修操作

③ 刀盘、超挖刀控制面板说明见表6-3。

表6-3 刀盘、超挖刀控制面板说明

名称	功能	条件/步骤
刀盘		
速度(0~最大值)	在0到最大值之间调整速度	条件: • 运行过滤和冷却回路 • 运行齿轮泵 • 刀盘驱动装置1和2工作 • 脂润滑正在运行 • 控制室面板的条件操作起作用 步骤: • 启动旋转步骤1或2的预选择 • 启动向左或向右的旋转运动的预选择 • 把速度电位计调节到"0" • 推启动键 • 使用电位计速度在0到最大值之间调整速度 • 按停止键关闭刀盘旋转
速度/$\min^{-1}$	显示刀盘驱动装置的速度	
扭转压力/bar	显示刀盘驱动装置液压泵的压力	
步骤1/步骤2	步骤1或2的预选择	
向左/向右	向左、向右旋转方向的预选择	
启动/停止	启动和停止刀盘的旋转运动	
刀盘操作/维修	• 把钥匙开关旋转到"操作"位置,使用正常工作模式 • 把钥匙开关旋转到"维修"位置,使用维修模式 • 维修指示灯打开	• 在"操作"位置,刀盘驱动装置面板上"维修"位置的钥匙开关必须调节到控制室的位置 • 在"维修"位置,刀盘驱动装置本身的维修面板启用
密封润滑脂泵启动/停止	启动或关闭HBW密封脂泵	

第6章 盾构机基础操作

续表

名称	功能	条件/步骤
超挖刀		
缩回/伸出	缩回或伸出超挖刀	

④ 推力液压缸控制面板说明见表 6-4。

表 6-4　推力液压缸控制面板说明

名称	功能	条件/步骤
前进速度(0~最大值)/mm·min^{-1}	• 显示推力液压缸的前进速度 • 在 0 到最大值之间调节前进速度	
压力组 A~D(0~最大值)/bar	• 显示推力液压缸 A~D 的液压装置前进速度 • 在 0 到最大值之间调节压力组的液压装置的前进压力	
行程/mm	显示每个压力组 A~D 液压装置伸出的行程	
前进	在"前进"模式下,推力液压缸专门用于隧道掘进机的前进。通过控制室中的面板进行操作	条件: • 运行过滤和冷却回路 • 运行推力液压缸的泵 • 输送机串联装置工作(输送带运转,螺旋输送机的"启动"键闪烁) • 达到刀盘的最小旋转速度 步骤: • 把电位计调整到"0" • 推前进键 • 用电位计在 0 到最大值之间调整推力液压缸的压力 • 用电位计在 0 到最大值之间调整推力液压缸的速度 • 按"0"键停止前进

续表

名称	功能	条件/步骤
管片放置	在"建环"模式下,推力液压缸用于管片环的安装。通过推控制室中的"建环"键,推力液压缸的操作被传送到拼装机本身的面板上	必要条件: • 过滤和冷却回路正在运行 • 推力液压缸的泵正在运行 步骤: • 推动管片放置键 • 按"0"键停止前进
0	在"前进"模式下,停止推力液压缸的运动	

⑤ 铰接液压缸控制面板说明见表6-5。

表6-5 铰接液压缸控制面板说明

名称	功能	条件/步骤
铰接液压缸2,5,10和13的行程/mm	显示测量系统配备的铰接液压缸的行程	
铰接液压缸的压力/bar	显示盾构铰接液压缸的液体压力	
保持/牵拉/释放	旋转开关: • 旋转到保持铰接液压缸压力的位置 • 旋转到"牵拉"位置,向着盾构方向牵拉尾盾 • 旋转到"释放"位置,释放铰接液压缸中的压力	

⑥ 盾尾密封控制面板说明见表6-6。

表 6-6　盾尾密封控制面板说明

名称	功能	条件/步骤
启动/停止(I/O)	启动和关闭润滑脂泵	
脂桶用空	用 LED 显示润滑脂桶是空的	
1.1～1.6 2.1～2.6	按开关/选择灌浆管路前舱密封 1 的 1.1～1.6 和后舱密封 2 的 2.1～2.6	
手动/自动	旋转开关/在手动和自动模式之间选择	
手动模式	通过手动脂润滑的盾尾密封	条件： • 充填脂桶 • 脂桶供气泵 • 泵启动不需桥接 步骤： • 预选旋转开关至"手动" • 按键"1" • 通过键"1.1"到"1.6"激活盾尾前区和后区的灌注点 • 按键"0"停泵
自动模式	通过脂润滑的压力和数量的控制进行盾尾密封	条件： • 见手动模式的条件 步骤： • 预选旋转开关至"自动" • 按键"1" • 按键"0"停泵
压力	显示前舱和后舱内的压力	

⑦ 泡沫装置控制面板说明见表 6-7。

表6-7 泡沫装置控制面板说明

名称	功能	条件/步骤
手动 空气调节 启动/停止 1~4/+/- 液体泵 启动/停止 1~4/+/-	按开关以手动模式调节空气和液体	条件： • 足够的供水和供压缩空气 步骤： • 预选键"手动" • 选择键"启动1~4/空气调节" • 选择键"启动1~4/液体泵" • 调节控制空气和液体流量的喷嘴键"1~4"和"+/-"（当前流量在显示屏上显示出）
半自动	按开关以半自动模式调节空气和液体 开始建环时泡沫装置自动停止，然后操作者可以再启动	条件： • 足够的供水和供压缩空气 步骤： • 在显示屏选择相应的泡沫喷嘴1~4 • 预选键"半自动" • 输入"FER（泡沫膨胀速率）"值 • 当建环模式启动时，泡沫装置自动停止
自动	按开关以自动模式调节空气和液体 自动机制可使泡沫的加量自动适应前进速度 通过泡沫装置与前进速度的连接，当停止前进（如建环）时泡沫装置可自动停止，而激活前进模式时可再启动	条件： • 足够的供水和供压缩空气 步骤： • 显示选择相应的泡沫喷嘴1~4 • 预选键"自动" • 输入泡沫发生装置上泡沫加注总量的分布 • 显示输入的"FER"和"FIR"值 • 根据前进速度启动和停止泡沫装置
停止	按开关至停止泡沫加注位置	

第6章 盾构机基础操作

⑧ 膨润土控制面板说明见表 6-8。

表 6-8　膨润土控制面板说明

名称	功能	条件/步骤
启动/停止	启动和停止膨润土泵	条件： • 膨润土罐内有足够的充填量 步骤： • 电位计调到"0" • 按"启动"键 • 用"打开"键选择所需的管路用于加注 • 用电位计从 0 到最大调节输送量 • 用"停止"键结束膨润土的供给
转换	启动/停止膨润土按钮会被引到控制面板的上述位置	
速度(0～最大)	调节电位计，膨润土流量从 0 到最大改变	
打开/关闭(1～9)	打开和关闭加注点	

⑨ 带式输送机控制面板说明见表 6-9。

表 6-9　带式输送机控制面板说明

名称	功能	条件/步骤
启动/停止	启动和停止带式输送机	
料罐装满/料罐待装	• 信号灯显示料罐是满载或空载 • 受带式输送机操作面板的控制	
刀盘轮运行/维修	• 将键切换到运行状态，使用正常的工作模式 • 将键切换到维修状态，使用维修模式 • 维修指示灯亮	• 在运行状态，带式输送机使用面板上的开关键必须在控制面板上的位置 • 在维修状态，从带式输送机就地使用面板激活操作

⑩ 漏油控制面板说明见表 6-10。

表 6-10 漏油控制面板说明

名称	功能	条件/步骤
油温/℃	显示油温	
齿轮油 刀盘漏油 螺旋输送机,油罐的漏油	旋转开关到选择齿轮油、刀盘漏油和油罐温度的显示	

⑪ 注浆控制面板说明见表 6-11。

表 6-11 注浆控制面板说明

名称	功能	条件/步骤
注浆		
操作(I)	控制灯显示激活或不激活	
低压	控制灯显示注浆压力低	
连接后援系统-盾构	控制灯显示后援系统与盾构的连接状态 如果后面的压力超过,会接通	

⑫ 通用控制面板说明见表 6-12。

表 6-12 通用控制面板说明

名称	功能	条件/步骤
紧急停止	紧急停止按钮/切断机器的总开关	该开关仅用于紧急情况
检查灯	按开关以检查灯	
重置	按开关紧急重置	
串联	旋转开关/转到"0"位使失效	

(2) 就地控制面板

① 拼装机控制台面板说明见表 6-13。

表 6-13 拼装机控制台面板说明

名称	功能	条件/步骤
紧急停车	紧急停车/关闭拼装机的液压泵	步骤： • 该开关只能在紧急情况下使用
拼装机头/翻转（蓝色）-翻转（红色） 转动（蓝色）-转动（红色）	• 按该开关,拼装机头翻转到蓝色或红色 • 按该开关,拼装机头转动到蓝色或红色	必要条件： • 过滤和冷却回路正在运行 • 在控制室中启动建环模式 • 推力液压缸的泵正在运行 • 辅助液压装置的液压泵正在运行 • 无紧急停车功能
喂片机/上下前进/缩回	按该开关,喂片机上升和下降喂片机前进和缩回	
前进/缩回	操纵杆/伸出或缩回移动框架	
旋转蓝色/旋转红色	操纵杆/将旋转框架移到蓝色或红色	
伸出/缩回可伸缩装置（蓝色） 伸出/缩回可伸缩装置（红色）	操纵杆/拼装机可伸缩装置缩回和伸出到蓝色的一边 操纵杆/拼装机可伸缩装置缩回和伸出到红色的一边	必要条件： • 过滤和冷却回路正在运行 • 在控制室中启动建环模式 • 推力液压缸的泵正在运行 • 辅助液压装置的液压泵正在运行 • 无紧急停车功能
爪子打开	两个按钮都按,打开爪子	
爪子闭合	按该按钮,关闭爪子	
环调节器	旋转开关,选择液压缸1,2或1+2	
环调节器伸出 环调节器缩回	按按钮伸出或缩回环调节器的所选液压缸	

② 拼片机控制台面板说明见表 6-14。

表 6-14　拼片机控制台面板说明

名称	功能	条件/步骤
喂片机		
向上/向下	利用拼片机向上和向下移动管片	
前进/缩回	前进和缩回拼片机小车	
输送机支架		
向上/向下	保持(不激活)	
张紧/释放张紧	张紧或释放连接	
后援系统与盾构的连接		
牵拉/释放	牵拉或释放盾构和后援系统之间的连接	
紧急停车	关闭辅助装置的液压泵	

③ 砂浆灌注的控制面板说明见表 6-15。

表 6-15　砂浆灌注的控制面板说明

名称	功能	条件/步骤
A1～A4 行程计数器	显示每个注浆泵的合计注浆行程	
压力(1～4)/bar	显示(指示)每个注浆管路的当前注浆压力	
A1/A4 启动/关闭	启动和关闭砂浆灌注泵	条件： • 过滤和冷却回路正在运行 • 灌注砂浆的液压泵正在运行 • 无紧急停止功能
A1/A4(0～最大值)	用电位计调节注浆管路的流量	
手动/0/自动	在自动和手动之间选择注浆模式	
自动启动/关闭	启动和关闭自动模式,见表 6-16	
泥浆搅拌器启动/停止	启动和关闭砂浆搅拌器	
液压马达启动/停止	启动和关闭用于砂浆灌注的液压泵	

续表

名称	功能	条件/步骤
紧急停车	关闭砂浆灌注泵	步骤： 该开关仅用于紧急情况

表 6-16　砂浆灌注手动模式/自动模式控制面板说明

功能	条件/步骤
手动模式	
在手动模式下，灌浆泵通过控制面板分别进行操纵。泵的速度由电压计的位置决定，电压计按比例进行触发。在电压计的中间位置时，表示速度也为一半。如果环形间隙被砂浆注满，那么通过注浆压力，每个注浆点将停止注浆（直接在壁柱前面测量）。启动和停止压力在显示中预先调整	条件： • 过滤和冷却回路正在运行 • 无紧急停车中断砂浆灌注 • 灌注砂浆的液压泵正在运行 步骤： • 预先选择手动 • 从 A1～A4 中选择对应的组 • 按启动键确认 • 在 0 到最大值之间调整灌注速度
自动模式	
在自动模式下，砂浆泵通过控制面板进行启动和停止。注浆点的触发与手动模式相同。它们的区别是注浆点的启动方式不同。在新的注浆启动的情况下，注浆点必须通过手动启动，在操作的过程中，通过调整过的注浆压力自动启动和停止。启动和停止压力预先在显示盘中进行调整设置	必要条件： • 参阅手动模式时的砂浆灌注条件 步骤： • 预先选择自动 • 按启动键 • 从 A1～A4 中选择对应的组 • 在 0 到最大值之间调整灌注速度

④ 刀盘维修面板说明见表 6-17。

表 6-17 刀盘维修面板说明

名称	功能	条件/操作
维护/维修	维护开关防止刀盘轮意外启动	操作: • 把维护开关旋转到维护位置,并用挂锁进行保护 • 维修指示灯亮
维修	当处于维护模式时,指示灯亮	
控制室/就地	利用钥匙开关在控制室和维修面板之间进行选择	条件: • 润滑脂泵正在运行 • 齿轮油润滑正在运行 • 过滤和冷却回路正在运行 • 没有紧急停车功能正在起作用 步骤: • 在控制室中把刀盘钥匙开关转动到维修位置 • 把钥匙从控制室中取出 • 利用在本身面板位置的钥匙开关,启动维修面板 • 通过钥匙开关向左或向右选择旋转方向(推车)
旋转向左/向右	在推动料车中,把刀盘向左或向右旋转	
液压装置操作	LED/当刀盘液压装置起作用时,指示灯亮	
紧急停车	紧急停车开关/关闭刀盘轮驱动装置的马达	该开关仅用于紧急情况

⑤ 螺旋输送机的维修面板说明见表 6-18。

表 6-18 螺旋输送机的维修面板说明

名称	功能	条件/操作
维护/维修	维护开关/防止带式输送机意外启动	步骤: • 把维护开关旋转到维护位置并用挂锁保护 • "SERVICE(维修)"指示灯亮
维修	当维护模式启动时,指示灯亮	

第 6 章 盾构机基础操作

续表

名称	功能	条件/操作
控制室/就地	用钥匙开关在控制室和维修面板之间选择操作	条件： • 过滤和冷却回路正在运行 • 螺旋输送机泵正在运行 • 附属液压泵正在运行 • 带式输送机正在运行 • 没有紧急停车功能正在起作用 步骤： • 把控制室中的螺旋输送机开关转动到"维修"位置 • 把控制室中的钥匙取出 • 利用在位置就地的钥匙开关，启动维修面板 • 通过伸出或缩回键，选择旋转方向（慢跳）
液压操作	LED/当螺旋输送机液压装置起作用时，指示灯亮	
输送/反转	按开关选择输送或反转	
前闸门打开/关闭	按开关打开/关闭挖掘舱内的螺旋闸门	
后闸门打开/关闭	按开关打开/关闭排放闸门	
伸缩伸出/缩回	按开关来伸出/缩回螺旋输送机	
紧急停车	紧急停止开关/关闭以下部件： • 螺旋输送机 • 带式输送机	该开关仅用于紧急情况

⑥ 带式输送机的维修面板说明见表 6-19。

表 6-19　带式输送机维修面板说明

名称	功能	条件/操作
维护/维修	维护开关/防止带式输送机意外启动	步骤： • 把维护开关旋转到"维护"位置并用挂锁保护 • "SERVICE（维修）"指示灯亮
维修	当维护模式启动时，指示灯亮	

续表

名称	功能	条件/操作
控制室/就地	用钥匙开关在控制室和维修面板之间选择操作	条件： • 没有紧急停车功能起作用 步骤： • 把控制室中的带式输送机开关转动到"维修"位置 • 把控制室中的钥匙取出 • 利用在位置就地的钥匙开关,启动维修面板 • 通过"输送"或"停止"键,选择带式输送机的状态
料罐待装	按开关/当运输车待装时控制室内的LED灯亮	
料罐装满	按开关/当运输车装载时控制室内的LED灯亮	
带式输送机输送/停止	按开关启动/停止输送带运动	
紧急停止	紧急停止开关/关闭带式输送机	该开关仅用于紧急情况
带式输送机的维修		
紧急停止	紧急停止开关/关闭带式输送机	该开关仅用于紧急情况

⑦ 紧急停车开关控制说明见表6-20。

表6-20 紧急停车开关控制说明

名称	功能	必要条件/操作
紧急停车	在闸门、桥架1和2区域中,紧急停车关闭整个隧道掘进机	该开关仅用于紧急情况

⑧ 推力液压缸的维修面板说明见表6-21。

表 6-21　推力液压缸维修面板说明

名称	功能	条件/操作
推力液压缸(1~20)伸出/缩回	按开关/伸出和缩回推力液压缸对	条件： • 过滤和冷却回路正在运行 • 推力液压缸泵正在运行 • 刀盘旋转最小
停止	按开关/停止所选的推力液压缸的伸出和缩回	
管片放置	当控制室内的建环功能被激活时灯亮	
紧急停止	关闭推力液压缸功能	该开关仅用于紧急情况

⑨ 管片起重机控制面板说明见表 6-22。

表 6-22　管片起重机控制面板说明

名称	功能	条件/操作
紧急停车	紧急停车打开起重机装置的关闭功能	
故障	当存在故障时,该指示灯亮	
紧急停车复位	在紧急停车之后,启动该开关用于复位	
1,1+2,2	转换启动起重机 1 或 1+2 或 2	
向上/向下	起重机升高和降低	
前进/后退	使管片起重机的行进机构向前运动和向后运动	

第7章 盾构机操作程序

7.1 盾构机操作

7.1.1 盾构机操作手的要求

(1) 身体条件

① 身体健康,能够承受隧道内长时间的专心工作。

② 无心脏疾病,在面对突然事故时不至于突发疾病。

③ 视力、听力正常,可以分辨盾构机上可能的危险。

(2) 心理素质

① 遇事不紧张,能够在施工中出现问题时冷静处理,及时操作设备避免危险,或在施工中出现问题时能立即组织人员处理问题。

② 沉着、冷静,不受外界的干扰,能独立分析操作中的现象或参数。

(3) 责任心

① 对自己的操作负责,对任何引起施工问题的操作现象有责任去发现并积极寻找解决办法。

② 不敷衍,对上级下达的参数要求能配合,同时也能够实事求是地对下达的参数可能存在的问题提出自己的见解。

(4) 对专业的理解

① 对地质有一般性了解,如地质表达的含义,一般地质的特性,土压的简单计算,推力的简单计算,转矩的组成,转弯半径的理解。

② 对盾构机工作原理的理解,了解盾构机的基本参数,如盾体长度、直径、盾尾间隙等。

③ 了解盾构机一般参数的含义及相关成因，如驱动转矩、推力、弯折等。

④ 对管片的理解，如转弯环的使用、管片选择与盾尾间隙的关系等。

（5）安全知识

① 基本的防火意识及防火常识。

② 电焊操作的防范意识。

③ 盾构机上运行部件的安全意识。

④ 管片拼装的安全意识。

⑤ 盾构机操作中的施工及设备安全意识，如土压、土量、扭转、水量的控制。

7.1.2 盾构机的主要技术参数功能

盾构机的主要技术参数功能见表 7-1。

表 7-1 盾构机的主要技术参数功能

序号	参数名词	参数功能解释
1	土压	工作土压由土体水压以及土体压力组成，掘进中一般按照土体埋深考虑静水压力以及适当考虑土体压力，但都应根据具体地质考虑计算土压
		实际掘进中的土压除考虑静水压力以及理论的土体压力外，应根据计算土压以及实际除土量以及地面沉降综合考虑
		实际各种地层土压还应考虑地面建筑物状况以及隧道上方管线布置，通常，对于各种含水或富含水砂层并且地面有建筑物状况，土压应考虑高于隧道埋深静水压力并能够产生地面 2~3mm 隆起以应对后期沉降；对于需要进行半仓气压掘进地层，土压也需高于隧道埋深的静水压力 0.2~0.3bar 以保证正常出土量；对于弱含水地层，土压不必完全按照埋深静水压力考虑，可以根据出土量及地面沉降进行适当增减；对于富含黏粒质地层，不建议采用完全土压掘进，即考虑半仓气压掘进但并非欠土压，以免刀盘黏结

续表

序号	参数名词	参数功能解释
2	温度	此处所述温度指土仓温度以及渣土温度
		不论富含黏粒质地层或砂岩地层,如果土仓内出现渣土黏结于刀盘,会出现渣土温度高于正常出土温度;如果黏结进一步发展,会出现土仓壁温度升高
		随时关注渣土或土仓壁温度,可以防止通常所说的土仓结饼,尤其可以预防在软弱地层开仓除饼而产生的施工停止状况
		渣土温度的监控应是持续监控,尤其是螺旋输送机出土的块状渣土应作为温度检查的重要依据
3	泡沫参数	关于泡沫剂浓度及泡沫剂原液与水的比例:泡沫剂浓度首先应该依据泡沫剂生产厂家提供的泡沫剂浓度进行调价,实际施工中的浓度状况应该依据最终泡沫发生状况调节
		关于膨胀率及空气与泡沫剂溶液的比例,通常为15~25,实际参数也应该根据泡沫最终发生效果调节
		关于泡沫注入率,即掘进速度与泡沫剂注入速度的比例,最好按照渣土实际改良状况进行调节,不建议完全按照厂家提供的注入参数注入,因为实验室内渣土搅拌与刀盘内渣土搅拌的情形有差别
		不论何种参数,最终依据都应该是泡沫的发生效果和渣土改良效果以及实际掌子面泡沫隔水效果来定
		关于泡沫注入量与实际出土量的差别,因为泡沫中含大量空气,实际注入泡沫会在土仓内部分破裂而进入土体缝隙,部分随着出土散于空气中,部分含于土体的分散空间中,所以即使掘进中注入大量泡沫,出土量也不会有太大变化

续表

序号	参数名词	参数功能解释
4	注浆压力	实际背衬压力与显示注浆压力的差别是随着盾尾内置注浆管的管径变化而变化的,所以初始注浆压力值应作为注浆压力的参考基数值
		实际注浆压力与刀盘掘进土压相关,注浆压力应在土仓压力与参考基数值间调整
		实际注浆压力必须考虑盾尾尾刷可以承受的密封压力,过大的注浆压力必然损坏盾尾尾刷,尤其在进入富含水砂层前,必须慎重考虑注浆压力以免在富含水砂层中由于尾刷损坏而产生地层失水,产生使地表沉降的严重后果
		同步注浆的真正含义在于同步,而不是背衬压力注浆,所以不同地层应该考虑不同的注浆量
		对于各种原因造成的注浆不足,应该以二次注浆予以补充,而不能以同步注浆高压大量的方式填充
5	掘进推力	正常掘进推力由刀盘切削土体的推力,土仓压力对盾体的阻力,盾体与土体的摩擦力以及后配套拉力组成
		掘进推力是被动产生的
		使掘进推力发生异常变化的原因有:刀盘切削直径小于盾体直径卡住盾体;刀盘结饼产生阻力;刀盘上部分刀具损坏产生阻力;刀盘开挖隧道转弯半径小于盾体转弯半径,卡住盾体;二次注浆窜入盾体与隧道环缝凝结卡住刀盘
		判断以上推力异常的方法 • 由于洞径变小,刀盘转矩小,渣土无温度升高,无论如何改变推进液压缸行程差或铰接液压缸行程差均无法减小推力 • 结饼产生阻力,渣土温度高于正常 • 由于刀具损坏产生阻力,推进速度时快时慢 • 由于隧道转弯半径的影响,采取如上措施1时,推力变小
		记录正常掘进推力作为基础掘进推力依据
		全硬岩或局部硬岩状况下掘进时必须综合考虑单把滚刀承受压力以决定总推力大小,以免频繁损坏滚刀
		当掘进速度调节至最快仍无法提供足够推力满足盾构机的调向需求时,需考虑增加额外负载增加推力

续表

序号	参数名词	参数功能解释
6	掘进刀盘扭矩	刀盘转矩指盾构机掘进过程中刀盘切削土体时需要刀盘驱动系统提供的作用力,刀盘转矩由土体切削转矩、土体搅拌需要的转矩组成
		影响刀盘转矩变化的因素有:掘进速度;地质因素;渣土改良状况;刀具状况;刀盘状况 ① 当掘进速度快时,刀盘对土体切削量增加,转矩增加 ② 当地层地质发生变化时,刀盘切削土体需要的切削力变化时,转矩也会相应增大 ③ 当渣土改良效果发生变化时,如果土仓内渣土流动性变差,刀盘搅拌力矩增大;如果刀盘与掌子面之间渣土流动性变差时,刀盘与掌子面间摩擦力变化,刀盘转矩也会发生明显变化 ④ 当刀盘上刀具部分损坏,造成以刀盘结构或刀具基础对土体切削,刀盘转矩也会明显变化 ⑤ 当刀盘发生渣土黏结时,转矩增大
		同种地层在刀盘,刀具正常以及渣土改良效果较佳时的转矩应作为基本参考转矩
7	推进速度	盾构机单位转速内推进的长度为贯入度,单位时间内推进的长度为推进速度
		在硬岩地层掘进时,需要考虑贯入度对刀具的影响
		通常情况下,在软土地层掘进时,盾构机推进速度应该是越快越好,较快的推进速度能够有效控制渣土出土量
		当盾构机推进速度出现忽快忽慢周期性变化时,应考虑刀盘出现泥饼或中心部位刀具损坏
		在强风化地层中,当盾构机掘进速度突然变慢时,应考虑是否土仓内渣土积土严重,避免发生泥饼

第7章 盾构机操作程序

续表

序号	参数名词	参数功能解释
8	螺旋输送机转速及转矩	土压平衡模式掘进时,螺旋输送机转速具有调节土压,控制出土量的作用
		螺旋输送机在富含水砂层中掘进时,如果喷涌严重,可以通过反转出土的方式掘进
		螺旋输送机掘进中转矩持续过大时,应考虑向螺旋管内注入泡沫,减小转矩,防止螺旋输送机积土卡死
9	铰接液压缸行程差	铰接液压缸行程差决定盾构机的转弯半径
		罗宾斯盾构机属于主动铰接,所以在掘进中以主动铰接的方式控制盾构机的转弯半径或进行盾构机姿态调整,可以有效防止因盾尾间隙较小出现的管片卡住情形
		当以铰接液压缸行程差调节盾构机姿态时,最好以先水平或者先垂直来调整,不要水平和垂直方向同时调节
10	推进液压缸行程差	此处所及的推进液压缸行程差指掘进过程中由于各组推进液压缸在掘进中产生的各组液压缸的行程差,而不是在管片拼装后形成的液压缸行程差
		从推进液压缸行程差在掘进中的变化可以判断盾构机的行进方向变化
		对于主动铰接盾构机,以铰接液压缸调整盾构机姿态,能较好地避免以推进液压缸行程差调整姿态产生的盾尾间隙变化过大而卡住管片的情形
11	盾构机姿态	盾构机姿态指盾构机轴线相对于隧道设计轴线的位置以及变化趋势,以水平及垂直方向上的相对量来表示
		对于主动铰接盾构机,通过测得尾盾中心位置即后点,按照铰接液压缸行程,计算得刀盘或刀盘前的中心点即前点相对于轴线的位置
		对于主动铰接盾构机,定期检查铰接液压缸实际行程值,可以避免盾构机前点位置出现计算错误而误导盾构机方向控制

续表

序号	参数名词	参数功能解释
12	盾构机滚动角	盾构机滚动角指盾构机盾体相对于预先设定水平线的摆动夹角,通常以 mm/m 或度为单位,当以 mm/m 为单位时,可以简单计算盾体外径部位的环向位移量;以度为单位时,周长乘以 1/360 的度数即为环向位移量,按照简单计算的环向位移量可以得出盾构机允许的滚动角
		禁止在程序中桥接对滚动角的限制,以免盾体出现大角度反转
		以改变刀盘旋转转向的方式可以调整盾构机滚动角,通常刀盘逆时针旋转产生负的滚动角,顺时针旋转产生正的滚动角
13	管片滚动角	管片滚动角的产生将影响管片的正常拼装,通常是逐步累积而成
		调整管片滚动可以从推进液压缸行程差以及刀盘旋转方向逐步完成;也可以在管片拼装时通过有意调节进行,但效果不太明显

7.2 盾构机的操作程序

7.2.1 开机的准备

(1) 开机前设备巡视

操作手接班进行掘进前应对盾构机进行初步巡视,内容如下。

① 延伸电缆及水管余量。
② 带式输送机没有跑偏。
③ 后配套轮对没有偏离轨道。
④ 空气压缩机正常工作。
⑤ 液压站液位正常。
⑥ 导向系统显示正常。
⑦ 主驱动齿轮油位正常。
⑧ 延伸轨线正常。
⑨ 内外循环水压力正常。

(2) 开机前操作面板检查

盾构机准备开始掘进前应确定操作面板有关旋钮位于正确

位置。
① 推进速度旋钮为零。
② 刀盘转速旋钮为零。
③ 螺旋输送机闸门关闭。
④ 螺旋输送机转速旋钮为零。
⑤ 触摸屏无联锁并解除设定。
⑥ 所有泵的启动旋钮处于关闭状态。

(3) 开机前材料确认

掘进前应确定以下材料已到位。
① 注浆料准备完毕。
② 泡沫剂正常。
③ 如需添加膨润土，膨润土正常。
④ 盾尾油脂正常。
⑤ 密封，润滑油脂正常。
⑥ 如需进行钢轨延伸，延伸钢轨已到位。

(4) 开机前故障确认

开机前，故障显示屏上故障应基本消除。

7.2.2 掘进的操作

(1) 掘进的操作顺序

① 启动　首先启动盾构机动力单元，选择推进泵、辅助泵、超挖刀液压泵，螺旋输送机旋转驱动，液压泵铰接液压缸液压泵，注浆液压泵，齿轮油润滑油泵，润滑油脂泵，选择盾尾油脂泵。选择刀盘驱动马达当以上动力

② 开始掘进的操作顺序　盾构机开始掘进操作顺序如下。
a. 泡沫注入单元启动后，即可开始盾构机的掘进操作。
b. 根据盾构机显示滚动角，选择刀盘转向，旋转刀盘。
c. 启动带式输送机。
d. 开始推进。
e. 打开螺旋输送机后闸门，开始出渣。

③ 方向的调整
a. 掘进中方向的调整：对于主动铰接的罗宾斯盾构机，应以

主动铰接弯折盾构机的方式进行盾构机的方向调节。

b. 通常,考虑盾构机存在下沉趋势,需要铰接液压缸上下缸行程差在30mm左右(不同地层的行程差需要在实际掘进中调整),这样,不需在推进液压缸A组与C组间形成较大的推进压力差就可以实现盾构机垂直方向的控制。

c. 在曲线掘进时,按照不同的转弯半径,设定铰接液压缸行程差。

d. 以铰接液压缸控制盾构机姿态时,可以较好地保证管片拼装质量,同时避免尾刷的非正常损坏。

④ 滚动的调整

a. 当发现盾构机滚动值大于6mm/m,时,就需要对盾构机的滚动进行调整,此时应停止推进,停止刀盘转动,根据滚动显示的正负值确定刀盘转向,使盾构机滚动缓缓趋于正常。

b. 盾构机刀盘脱困时,需注意滚动超限。

⑤ 泡沫的使用

a. 对于水渗透系数在 10^{-4}m/s 以下的地层,泡沫具有良好的隔水效果,在连续使用泡沫掘进时,可以防止某些富含水地层掘进时的喷涌现象。

b. 对于富含黏粒质地层,泡沫具有调整渣土流动性、防止泥饼的作用。

c. 对于砂卵石地层,泡沫可以有效降低刀盘转矩,加快推进速度。

d. 在需要注入泡沫的地层中掘进时,最好不要对泡沫时停时开,以免堵塞泡沫管。一旦泡沫管堵塞,应当立即疏通,防止堵塞进一步恶化。

(2) 掘进中注意观察事项

① 出渣渣土的状况　掘进中的出渣渣土状况直接反映了以下掘进要素。

a. 从渣土成分可以一般分析当前地质状况,进而估计刀具磨损情况。

b. 从渣土的黏性、块状物大小可以看出刀盘渣土改良状况,从而改进渣土改良添加物的注入量。

c. 从渣土中的泡沫状况可以看出泡沫改良的效果，同时判断泡沫是否合适。

d. 从渣土温度可以分析刀盘开口是否黏结，从而考虑是否提前消除泥饼的扩大趋势。

e. 从出渣量的多少确定当前土压是否欠压，确定合理的土压参数。

② 掘进当前位置的地质状况　从前期地质预报，了解盾构机当前所处位置的地质状况，结合渣土出土状况，可以初步估计以下要素。

a. 掘进模式的选择：敞开式、半敞开式或土压平衡模式。

b. 泡沫注入量的初步估计。

c. 如需进入土仓，采用常压、气压或其他施工工艺。

③ 掘进当前位置的地面及管线铺设状况　根据当前的地质状况，对于地面存在建筑物状况或者有地下铺设管线状况（尤其是压力水管、燃气管道），操作手应慎重操作并采取充分的措施防止地面沉降。

a. 对于软弱地层，可以考虑采用高土压掘进，使地面有 2～3mm 的隆起，以备后期可能的沉降。

b. 严格注浆效果，保证注浆管通畅。

c. 严格控制出土量，并记录掘进中的出土量、加水量，以估算是否存在超挖，以便及时二次注浆或采取其他填充措施。

d. 对于软弱地层的富含水地段，充分发挥泡沫的隔水效果，防止失水。

④ 刀盘转矩的变化　鉴于上述影响刀盘转矩变化的原因，综合考虑，对于刀盘转矩的变化应具体分析或采取相应的措施及时处理。

a. 因渣土改良原因造成的，应及时调节泡沫发生效果或泡沫注入量。

b. 因刀盘黏结造成的，可以考虑一些泥饼处理措施。

c. 因刀具损坏原因的，需及时处理，以免最终损坏刀盘，造成对工程的影响。

d. 任何状况下的转矩变化，都需要进行分析处理，不能拖延。

⑤ 盾构机掘进推力的变化　掘进中需随时观察掘进推力在相同地质状况下的异常变化，按上述影响推力变化因素，及时处理。

⑥ 盾构机掘进姿态的调整状况　在掘进中随时观察盾构机姿态调整的效果，采取适当措施，以免姿态恶化至允许值之外，特别是在以下情况时应立即处理。

a. 淤泥层盾构机的沉降。

b. 单侧地层较硬时造成的姿态偏离。

c. 由于开挖洞径变小时造成的姿态无法调整。

d. 推进系统故障。

e. 测量错误。

7.2.3　掘进中可能的紧急情况处理

(1) 卡刀盘

盾构机在刀盘卡死时，可以按以下方法处理。

① 使用刀盘脱困模式左右数次尝试旋转刀盘。

② 卸载推进液压缸压力，尝试左右旋转刀盘，且需密切关注盾体转动状况。

③ 确保掌子面稳定状况下，尝试后退刀盘及前盾再旋转，注意不能使盾尾与管片产生相对运动。

(2) 螺旋输送机喷渣外溢

① 对于螺旋输送机的喷渣现象，首先应确认螺旋输送机喷渣的原因。

a. 水量增大导致渣土过稀不能在螺旋输送机形成堵塞效果：尝试加快速度，使渣土变得浓稠。

b. 渣土被土仓内较大气压压出而且螺旋输送机内不能形成堵塞效果：尝试检查泡沫发生效果，是否由于泡沫在压力状态下寿命过短或注入泡沫量过大。

c. 土仓内渣土的水量不能控制：应首先通过管片二次注浆确定切断水从管片后部汇流所致，再尝试以泡沫膨润土方式隔阻掌子面来水。

② 在螺旋输送机停止旋转并且螺旋输送机后舱门开度无法满足渣土出土量控制时，应尝试反向旋转螺旋输送机出渣，避免所出

渣土过量。

(3) 螺旋输送机后舱门不能关闭

罗宾斯螺旋输送机后舱门可能因为以下原因不能关闭。

① 石块卡在舱门与门框上，这时可等待更多的渣土滞留在舱门与门框间的缝隙内堵塞出土缝隙，待前舱门关闭后，并确认螺旋输送机紧急关闭舱门蓄能器已卸压后再卡住石块。

② 当螺旋输送机后舱门因为辅助泵故障不能关闭时，应采用后舱门紧急关闭功能关闭舱门。

(4) 人员掉落带式输送机

盾构机掘进中可能发生其他工作人员掉落带式输送机的现象，鉴于此，操作人员应做到以下几点。

① 确定本班人员了解带式输送机急停拉线的使用。

② 确定掘进中无人员在带式输送机上方工作。

(5) 掘进中带式输送机出现胶皮臭味

① 一旦在掘进中闻见隧道内出现胶皮臭味，操作人员应立即停止掘进，并闭带式输送机，找出带式输送机发出胶皮臭味的根源，以免出现带式输送机破损或更严重的一分为二现象。

② 禁止用水冲方式消除臭味，因为在含砾地层掘进时，带式输送机很容易被砾石划破。

7.2.4 掘进结束

(1) 停机顺序

① 为防止管片安装 K 块时损坏止水条，最好在推进液压缸行程达到 1.8m 以上时停止掘进，以避免可能的管片 K 块纵缝漏水而为后期隧道止水增加工作量。

② 通常的停机顺序为：停止螺旋输送机旋转，关闭螺旋输送机舱门，停止推进，停止刀盘转动，停止泡沫注入，停止带式输送机，停止液压站泵。

(2) 停机后注意事项

① 如掘进过程中一直是土压掘进模式，停机后可以不必考虑土压变化。

② 如以敞开模式推进，停机前应保证土仓内有不少于 2/3 的

土量，以防止刀盘汇水，造成下环掘进时螺旋输送机喷渣。

③ 如以气压半仓模式掘进，停机时根据当前地质状况，或者一直以气压方式保持掘进中的压力，或者以土压保证土仓内积土，以防止土仓内拱顶塌落或刀盘内汇水造成螺旋输送机在下一环开始掘进时喷渣。

④ 留意停机后土仓压力变化，如压力增加，下环掘进时应考虑掘进土压的调整。

7.2.5 掘进记录

掘进记录主要提供以下信息。

① 记录各项工序工作时间，为施工管理提供流水线作业存在问题的分析依据。

② 记录本班发生的设备故障，为维修保养提供历史依据。

③ 记录材料消耗，为材料的采购提供依据。

7.2.6 管片拼装

操作手了解掘进后每环的盾尾间隙变化以及相应管片的选型，能够较好地控制盾构机掘进姿态，避免因操作原因造成的拼装后质量问题。

(1) 管片的选择

① 管片类型及选择管片的一些相关参数

a. 类型。P——标准环；L——左转弯环；R——右转弯环。

b. 盾构机姿态。与盾尾间隙相关的盾构机走向。

c. 参数。盾尾间隙、推进液压缸行程差、转弯环长度差。

d. K块安装点位。K块在从后往掘进方向观察的时钟位。

② 盾尾间隙　盾尾间隙指盾尾与拼装好的管片间的间隙，盾尾与管片外径理论间隙为30mm，通过调整管片或调整掘进姿态，盾尾间隙应控制在15mm以上（特别是上部间隙）。

③ 管片类型

a. P环。指整环管片的长度一致。

b. L环。指K块处于正上方时，管环右侧管片长于左侧38mm，安装环面轴线与管片轴线有微小夹角，与管片用于调整相应于K块左侧的小的盾尾间隙。

c. R环。指K块处于管片正上方时，管环左侧管片长于右侧38mm，安装环面轴线与管片轴线有微小夹角，用于调整相应于K块右侧的盾尾间隙。

④ 掘进方向　当盾构机掘进方向可能导致盾尾间隙变小时，考虑采用转弯环适应掘进造成的间隙。

⑤ 液压缸行程差　过大的液压缸行程差可能导致K块安装困难，在控制掘进方向的同时不能缩小液压缸行程差时，应选用转弯环调整液压缸行程差。

（2）管片拼装原则

① 错缝　因为隧道管片是错缝拼装，所以K块的位置决定了管片是否错缝。

② K块位于上位　由于同时具备左右转弯环，在K块不安装于下侧位置时，也能实现转弯环的使用效果，K块安装位于1，2，3，9，10，11点位。K块位于上部原则仅限于有左右转弯环管片，通用型管片不能有此原则。

③ 掘进与管片走向匹配　管片选型结束后，盾构机的掘进还是应该在适应选择管片的基础上逐步调整，避免出现突然的间隙过小。

（3）保证拼装管片质量的措施

管片拼装后易出现以下问题：K块纵缝漏水；管片环缝漏水；管片中部出现断裂缝；管片角部及手孔位破裂。防止以上问题出现，可以从以下方面解决。

① K块纵缝漏水　K块纵缝漏水常常因为K块拼装空间不足，损坏K块纵缝密封条造成，防止措施：保证K块纵向拼装行程，推进液压缸行程应大于1.8m；保证K块区域的顶部盾尾间隙，确保相邻块之间有足够空间，以免K块拼装环向宽度不足；K块纵缝涂抹润滑脂；确保拼装时K块周围清洁。

② 管片环缝漏水　管片环缝漏水常常是拼装时管片接缝夹砂不够清洁引起，所以管片抓起前应确保管片周围已清洁干净。

③ 管片中部出现断裂缝　在管片拼装完毕，在该环管片行至盾尾尾部时，有时管片中部会出现断裂缝，这种情形最常出现于顶部管片，应从以下几点预防。

a. 盾构机姿态不能出现决裂调整。

b. 防止候补管片浮起,及时二次注浆阻止候补管片汇水。

c. 选择正确的管片类型及点位。

④ 管片角部及手孔位破裂 管片角部及手孔位破裂是由于掘进中盾尾间隙控制不当或管片选择失误造成盾尾间隙在掘进中逐步缩小造成。任何时候,禁止在用推进液压缸顶住盾构机中线以上管片时,不紧固螺栓即松开拼装机安装头。

7.3 盾构机装置的基本操作

7.3.1 操作台(操作面)的使用

(1) 触摸屏式盾构操作屏

盾构机的主操作及运行状态的显示通过触摸屏进行操作。

(2) 控制电源开关(钥匙开关)

① 插上钥匙。

② 平时处在"N"的位置。

③ 将钥匙转到"ON"的位置。接通控制电源,可操作各种机器操作。手松开又回到"N"的位置,但控制电源仍处于接通状态。

④ 将钥匙转到"OFF"位置 控制电源切断,即使松开手仍在"OFF"位置。

警告:除紧急状态外,必须确认 No.1 台车操作台附近的"停电时螺旋输送机闸门关闭操作阀杆"处于"关闭"状态后,才可将控制电源置于"OFF"位置。

如果该阀门处于"开"状态,一旦将控制电源置于"OFF",螺旋输送机闸门紧急关闭装置启动,此时闸门附近的工作人员有被闸门夹住的危险。

(3) 紧急停止键

是紧急停止的键。当发生危险或故障时,按下此键,所有的机器都将紧急停止。正常情况停止时不要按此键。

(4) 推进液压缸操作模式切换开关

该开关是切换推进液压缸操作方式的开关。

① "掘进"模式 该模式为盾构机掘进时使用的模式。

转到"掘进"的位置，推进液压缸能够以高压〔32.3MPa（330kgf/cm²）〕进行伸缩。推进液压缸的操作只能在 No.1 台车的操作台上进行。不能用盾构机内的推进液压缸操作箱操作。

② "拼装"模式　该模式为拼装管片模式。

转到"拼装"的位置，推进液压缸变为用低压〔4.9MPa（50kgf/cm²）〕进行伸缩。推进液压缸的操作通过盾构机内的推进液压缸操作箱进行。No.1 台车上的操作台将不能操作。

（5）铃（安全确认）操作键

是为了确认台车后方安全的警铃操作键。按下此键，No.5 台车上的铃将持续鸣响。

（6）带式输送机启动停止键

该键是带式输送机启动停止的开关。

① 转到"正转"的位置　带式输送机开始启动（正转），即使松开手，仍处在"正转"的位置，所以带式输送机仍是旋转状态。

② 转到"停止"的位置　带式输送机停止。松开手仍在"停止"的位置。

③ 转到"逆转"的位置　带式输送机逆转。松开手后，返回到"停止"的位置，带式输送机停止逆转。

（7）螺旋输送机闸门

"开""关"操作开关是螺旋输送机闸门开关（No.2 闸门上下，No.2 闸门的 3 处）。

① 转到"开"的位置　螺旋输送机闸门开始"开"。松开手开关回复到"止"的位置，螺旋输送机闸门的"开"动作也随之停止。也可以进行闸门开的点动操作。

② 转到"关"的位置　螺旋输送机闸门进行"关"动作。松开手恢复到"止"的位置，螺旋输送机闸门的"关"动作也随之停止。也可以进行闸门关的点动操作。

（8）刀盘旋转方向切换开关

用于设定刀盘旋转方向的开关。这里所说的切削刀盘的转动方向，是指从后续台车向前看时开挖面转动的方向。

① 对准"右"的位置，切削刀盘向右转。

② 对准"左"的位置，切削刀盘向左转。

(9) 切削刀盘启动停止开关

① 转到"ON"的位置，切削刀盘开始转动。同时 No.1 和 No.2 注脂泵、齿轮油循环泵也开始工作。

松开手，开关回到"N"的位置，但切削刀盘继续转动。

② 转到"OFF"的位置，切削刀盘停止。同时 No.1 和 No.2 注脂泵、齿轮油循环泵也停止。即使手松开，开关仍处于"OFF"位置。

(10) 切削刀盘转动速度选择键

是设定切削刀盘旋转速度的开关。

旋钮	速度/r·min^{-1}
1	0.3
2	0.7
3	1.1
4	1.6
5	2.2

(11) 推进液压缸"伸"键

"掘进"状态时，操作推进液压缸"伸"的开关。

按下此按钮，推进液压缸开始"伸"动作。松开手，按钮复位，但推进液压缸仍持续"伸"的动作。

(12) 推进液压缸"缩"键

"掘进"状态时，操作推进液压缸"缩"的开关。

按下此按钮，推进液压缸开始"缩"动作。松开手，键复位，但推进液压缸仍持续"缩"的动作。

(13) 推进液压缸"停止"按钮

按下此按钮，处于"伸"和"缩"动作状态的推进液压缸都将停止。松开手，按钮复位，但推进液压缸仍处于停止状态。

(14) 推进液压缸速度调整旋钮

推进液压缸操作就是在"掘进"过程中，调整推进液压缸

"伸"速度的旋钮，以此调节盾构的掘进速度。

① 右转，推进液压缸的"伸"渐快。

② 左转，推进液压缸的"伸"渐慢。

(15) 螺旋输送机启动停止开关

① 转到"ON"的位置，螺旋输送机正转。松开手回到"N"的位置，但螺旋输送机仍转动。

② 转到"OFF"的位置，螺旋输送机停止。松开手开关仍在"OFF"的位置。

(16) 螺旋输送机"逆转"按钮

是让螺旋输送机逆转时所使用的按钮。

逆转速度固定 9r/min，只有按着此键，螺旋输送机才能逆转，松开手，螺旋输送机又回复到正转。

逆转过程中，推进液压缸的高压推进暂时停止。

7.3.2 操作台（监控面）的使用

(1) 信号灯类的使用（表 7-2）

警报声确认后，按下警报停止按钮，停止报警声。警示灯点亮或闪烁。异常解除后，警示灯熄灭。

表 7-2 信号灯的使用

项目	颜色	指示灯	警报(蜂鸣)
控制电源	白	通电时亮	停电时,不亮
			电源切断时,闪烁
触摸屏通信异常(左)	红	通常情况下为熄灯状态	触摸屏通信异常时闪烁(左)
触摸屏通信异常(右)	红		触摸屏通信异常时闪烁(右)
异常发生	红		异常发生时

(2) 警报声停止按钮

按下该按钮，警报声停止。

(3) 变频器复位按钮

刀盘驱动电动机变频器超负荷而跳闸时，按下该按钮，即可复位。

7.3.3 操作台内部的使用

操作台内部的使用见表7-3。使用后应置于通常位置。

表7-3 操作台内部的使用

记号	开关名称	通常位置	内容
COS1-9	触摸屏操作模式切换	一般情况(上侧-通常-下侧)	该开关可将操作盘的操作模式从"通常"(两个画面)切换到"上侧"或"下侧"的画面(上下任意画面出现故障时,可以在1画面上进行操作)进行切换时,有必要插入钥匙
PB1-11	推进液压缸行程复位开关	一般情况下不要操作(复位)	推进液压缸行程仪的复位开关
TS61-1	上侧触摸屏的电源开关	ON(ON-OFF)	上、下触摸屏的电源开关
TS61-2	下侧触摸屏的电源开关		
TS1-3	BC→SC	SET(SET-OFF)	联锁开关 带式输送机停止,螺旋输送机无法动作
TS1-4	BC→CH	SET(SET-OFF)	联锁开关 带式输送机停止,刀盘无法旋转
TS1-5	CH→SC	SET(SET-OFF)	联锁开关 切削刀盘停止,螺旋输送机无法旋转
TS1-6	SJ→SC	SET(SET-OFF)	联锁开关 推进液压缸不是高压"伸"时,螺旋输送机无法动作
TS1-7	ROL→CH	SET(SET-OFF)	联锁开关 当盾构侧滚角度达到±3°时,切削刀盘转动停止。盾构侧滚角度在±2°时,报警

续表

记号	开关名称	通常位置	内容
TS1-8	拼装机转动极限	SET(SET-OFF)	联锁开关 拼装机转动不能超过200°。只可向相反方向旋转
TS1-10	阀头闸门螺旋机收缩	OFF(OFF-ON)	开关置于"ON"时,可操作阀头闸门和螺旋输送机收缩
TS1-11	堵塞解除阀操作	OFF(OFF-ON)	开关置于"ON"时,才能操作推进液压缸触摸屏画面中的闭塞解除开关
TS1-12	注脂1运转（刀盘支承外周）	间歇(间歇-连续)	设定自动注脂模式
TS1-14	推进液压缸低压操作位置	机内(操作盘-机内)	是推进液压缸操作位置的切换开关。可选择操作台和机内操作箱中任意一个。即使将开关置于"机内",如果操作台上的"推进液压缸操作模式"为"掘进"时,也可在操作台上进行操作

7.3.4 上部推进液压缸操作箱的使用

(1) 开关和按钮的使用

紧急停止按钮：按操作台（操作面）的使用。

(2) 指示灯的使用

项目	颜色	指示灯
触摸屏通信异常	红	触摸屏通信异常时闪烁

7.3.5 下部推进液压缸操作箱的使用

参照上部推进油缸操作箱的使用。

触摸屏的操作，参照触摸屏操作说明书。

7.3.6 拼装机遥控器的使用

① 电源ON、OFF键　按下相应键电源"ON"或"OFF"。

② 左、右键　是拼装机的旋转键。按"右"键，拼装机低速右转，按"左"键，拼装机低速左转。

同时按着"高速、扩张"键和"右"或"左"键，拼装机会高速旋转。

当开始旋转或旋转已经超过1min的场合，该键还起报警的作用，因此当要重新转动时，按下此键，警铃响后（5s～1min之内）再按下此键，拼装机开始转动。

③ 伸、缩键　拼装机架升降开关。按下"伸"键的过程中，拼装机升降液压缸伸出且下降。

④ 前、后键　是拼装机械手前后滑动液压缸动作控制开关。按下"前"键，滑动液压缸伸出，拼装机械手向前滑动。

只有同时按下"高速、扩张"键和"前"或"后"键，才能进行偏摇。

⑤ 全保、全解键　平移液压缸和夹持液压缸的伸缩开关。按下"全保"，所有平移液压缸、夹持液压缸伸出。

只有同时按下"高速、扩张"键和"全保"或"全解"键，左边的夹持液压缸才能伸缩。

⑥ 上倾、下倾键　操作拼装机平移液压缸的开关。按下"上倾"或者"下倾"的期间，可进行拼装机的平移的操作。

按下"高速、扩张"键的同时，按下"上倾"或"下倾"键，右边的夹持液压缸伸缩。

⑦ 高速、扩张键　拼装机高速旋转开关，偏转操作、管片夹持液压缸的伸缩等动作的选择开关。

⑧ 报警键　按下此键，警灯、警笛鸣亮。

7.3.7　拼装机有线操作箱的使用

① 电源"ON""OFF"键　一按下此键，电源就处于"ON"或"OFF"状态。

② 高速键　是拼装机的高速旋转开关。同时按"右"或"左"键和"高速"键，拼装机开始高速旋转。

③ 扩张键　是夹持液压缸摇摆的操作开关。同时按着"扩张"和"前"或"后"，可对夹持液压缸进行左右操作。按"扩张"的同时按着"上倾"或"下倾"，右边的夹持液压缸开始伸缩。同样，

按下"保"或"解",左边的夹持液压缸开始伸缩。

④ 伸、缩键　是拼装机架的升降开关。按着"伸"键,拼装机升降液压缸伸出,拼装机下降。

⑤ 左、右旋转键　是拼装机的旋转开关。按着"右"键,拼装机低速右转;按着"左"键,拼装机低速左转。

按着"高速"同时按着"右"或"左",拼装机快速旋转。

但是,当开始旋转或旋转 1min 以上时,该键起警报作用(响铃),因此进行旋转操作时,按着此键,警铃响后(5s~1min 之内)再一次按下此键,拼装机才开始转动。

⑥ 保、解键　是管片平移,夹持液压缸的伸缩键。按着"保"键,夹持液压缸伸出。

按着"扩张"的同时按着"保"或"解",左夹持液压缸进行伸缩动作。

⑦ 前、后滑动键　是拼装机械手前后滑动液压缸动作控制开关。按着"前"键,滑动液压缸伸出,拼装机械手向前滑动。

按"扩张"的同时,按下"前"或"后",可进行偏转操作。

⑧ 上倾、下倾键　拼装机平移液压缸操作键。按着"上倾"或"下倾"键,可进行管片平移。按着"扩张"的同时按着"上倾"或"下倾",右边的夹持液压缸进行伸缩。

7.3.8　紧急停止操作盒的使用

盾构机内立柱部有一个紧急停止盒,设有紧急停止按钮。运行当中发生危险或故障时,按下此键,所有的机器都紧急停止。

注:正常停止操作时,不要按此键。

7.3.9　报警操作盒的使用

设置在 No.5 台车(左)上。

可作为机前、机后联络确认信号使用。

7.3.10　加泥转播操作箱操作

① 泵启动中灯:泵启动时,灯亮;泵超负荷时,灯闪烁。

② "ON"键:一按泵就启动。

③ "OFF"键：按下此键，泵停止工作。

7.3.11 阀头闸门、螺旋机伸缩操作箱的使用

① 开关及按钮的使用见表7-4。

表7-4 开关及按钮的使用

项目	内容
阀头闸门左开闭开关	进行阀头闸门左的开闭操作
阀头闸门右开闭开关	进行阀头闸门右的开闭操作
螺旋机伸缩开关	操作螺旋机伸缩的开关

② 灯的使用见表7-5。

表7-5 灯的使用

项目	颜色	灯状态
阀头闸门可操作	绿	阀头闸门可操作时灯亮
螺旋收缩可操作	绿	螺旋收缩可操作时灯亮
阀头闸门左闭	绿	阀头闸门左全闭时灯亮
阀头闸门左开	橙	阀头闸门左全开时灯亮
阀头闸门右闭	绿	阀头闸门右全闭时灯亮
阀头闸门右开	橙	阀头闸门右全开时灯亮
螺旋机全缩	绿	螺旋机全缩时灯亮
螺旋机全伸	橙	螺旋机全伸时灯亮

7.3.12 安全装置（联锁装置）

为防止主机出现危险，设置了各种联锁机构，其内容、目的见表7-6。

表7-6 联锁装置内容、目的

序号	项目	联锁内容	目的
1	掘进准备"OK"	• 注脂泵运行中(刀片旋转和联动) • 齿轮液压泵未超负荷(刀片旋转和联动) • 推进液压缸 PU 启动 • 螺旋输送机 PU 启动 • 带式输送机"正转" • 推进液压缸操作模式是"掘进" • 最少选择一只推进液压缸 • 拼装机升降液压缸全缩 • 润滑脂罐内的润滑脂量高于下限 • 注脂回路未至高压(15.7MPa) • 注脂量为规定量 • 人闸全闭 • 刀盘液压马达电源为"ON" • 注入回路在低压(0.3MPa)状态下不能持续超过 30min • 刀盘支承密封温度在 70℃ 以下 • 操作盘触摸屏通信正常 • 阀头闸门全开 • 螺旋机全缩	• 防止刀盘支承密封受损,注脂泵要启动 • 防止主轴承破损 防止排土溢出 防止误操作 防止误操作 防止拼装机破损 防止密封破损 防止密封受损 防止密封受损 防止误操作 防止过侧滚 防止密封受损 防止密封受损 防止误操作 防止误操作 防止误操作
2	切削刀盘旋转	• 掘削准备"OK" • 切削刀盘驱动转矩未达到 120% • 本体侧滚角±3.0°以内① • 切削刀盘停止后,经过 5s 以上 • 刀盘旋转方向切换操作后,经过 5s 以上 • 操作盘触摸屏通信正常	防止误操作

续表

序号	项目	联锁内容	目的
3	推进液压缸"伸"（推进液压缸操作切换开关是"掘进"时）	• 推进液压泵运行中 • 切削刀盘旋转中② • 螺旋输送机未逆转② • 推进液压缸操作为"掘进" • 至少选择一台以上的推进液压缸 • 拼装机升降液压缸全缩，管片拼装时或非掘进时（切削刀盘没有旋转）若需进行"伸"操作，应将操作台上的推进液压缸操作转换成"拼装"模式② • 切削刀盘驱动转矩未达到100%（暂停）② • 选择一台以上的计测液压缸② • 掘进过程中，不能追加选择推进液压缸，但同步伸出的测量液压缸可被选择② • 土压控制为"自动"时，土压超过上限值，盾构机暂时停止② • 土压控制为"自动"时，土压低于下限值，盾构机暂时停止② • 操作盘触摸屏通信正常② • 推进液压缸操作触摸屏通信正常，或者操作盘触摸屏通信正常	防止切削刀盘受损 防止拼装机受损 防止切削刀盘受损 防止危险 防止误操作 防止误操作
4	推进液压缸缩（高速）	• 推进液压缸系统泵"ON" • No.1 螺旋机系统泵"ON" • 推进液压缸至少要选择1台以上 "拼装"模式 • 推进液压缸操作用触摸屏正常，或者操作盘触摸屏通信正常	防止误操作 螺旋机泵（快缩P.U.）"OFF"或为"掘进"时，推进液压缸以正常速度缩进 防止误操作

续表

序号	项目	联锁内容	目的
5	螺旋输送机"ON"	• 螺旋输送机用泵运行中 • 带式输送机运行中① • 切削刀盘旋转中① • 推进液压缸为高压伸① • 操作模式为"掘进",推进液压缸高压伸出 • 土压控制为"自动"时,土压低于下限,推进液压缸暂时停止 • 操作盘触摸屏通信正常	防止沙土外溢 防止危险 防止危险 防止误操作
6	螺旋机闸门	• 闸门用泵运行中 • 拼装机没有旋转 • 推进液压缸操作用触摸屏通信正常,或者操作盘触摸屏通信正常	防止误操作
7	带式输送机运行	• 带式输送机及牵索开关"正常" • 在警铃响 5s 以内,将开关置于"ON" • 带式输送机电源"ON" • 推进液压缸操作用触摸屏通信正常,或者操作盘触摸屏通信正常	优先回路 防止危险 防止误操作
8	拼装机旋转	• 拼装机旋转用 PU 运行中 • 警报声响后,或操作完毕后 5s~1min 之内,将"右"或"左"开关置于"ON" • 推进液压缸操作模式在"拼装"位置 • 拼装机旋转角度在 200°以内① • 推进液压缸操作用触摸屏通信正常,或者操作盘触摸屏通信正常	防止危险 防止危险、受损 防止电缆受损 防止误操作

续表

序号	项目	联锁内容	目的
9	拼装机液压缸	• 拼装机液压缸 PU 运行中(拼装葫芦 PU 灯亮) • 推进液压缸操作模式在"拼装"位置 • 推进液压缸操作用触摸屏通信正常,或者操作盘触摸屏通信正常	防止危险、受损 防止误操作
10	超挖刀动作	• 超挖刀系统用 PU 运行中 • 切削刀盘旋转中 • 超挖刀操控键"ON" • 在设定超挖范围内工作 • 设定超挖量 • 操作盘触摸屏通信正常	防止超挖刀受损 防止误操作 防止误操作 防止误操作
11	计测液压缸同步(在满足右边条件时,未被选择的计测液压缸将同步低压伸出)	• 推进液压缸 PU 运行中 • 推进液压缸高压"伸" • 未选择计测同步液压缸 • 推进液压缸计测同步开关"ON" • 推进液压缸模式"掘进"	
12	切削刀盘泥浆注入回路堵塞解除	• 超挖刀 PU 运行中 • 超挖刀停止中 • 解除泵堵塞开关"ON" • 推进液压缸工作模式"拼装" • 推进液压缸操作用触摸屏通信正常 • 整圆保持装置不动作 • 同步注浆注入液压缸不动作	防止误操作

续表

序号	项目	联锁内容	目的
13	尾封油脂注入(自动)	• 尾封油脂量高于下限值 • 尾封注入压力未高压 • 推进液压缸模式"掘进" • 盾构机高压"伸出"中 • 操作盘触摸屏通信正常	防止泵受损 防止误操作
14	交接操作	• 铰接、同步注浆箱搅拌 PU 运转中 • 刀盘旋转中 • 铰接角度在限制范围内 • 操作盘触摸屏通信正常	防止刀盘破损 防止误操作 防止误操作
14	全液压缸(缩)	• 铰接、同步注浆箱搅拌 PU 运转中 • 刀盘旋转中 • 盾构机高压"伸出"中 • 操作盘触摸屏通信正常	防止刀盘破损 防止危险 防止误操作
15	各泵启动	各泵超负荷时,不能启动	防止受损

① 在需要调整时,操作台上的连锁拨动型开关转换到 "OFF",则可解除此项。一般情况下置于"SET"。

② 操作台上的推进液压缸模式的切换开关切换为"管片组装"时,此项则被解除。

警告:联锁除保护机器外,还为防止人身事故而设置。
请不要解除联锁。
需解除联锁时,请与本公司联系。

7.3.13 盾尾密封

为防止从管片和盾壳间进入沙土和水,在主机的尾端安装了三道盾尾密封。

盾尾密封由弹簧钢板、钢丝刷、不锈钢金属网组成,即使在曲线施工时也能密封严紧。但为了提高盾尾密封的止水效果,必须在盾尾密封内和盾尾密封之间添加盾尾油脂。

另外,为防止盾尾钢丝磨损,有必要灌注盾尾油脂。

由于本机配备有盾尾油脂注入装置，应按照设定的注脂周期加注盾尾油脂。另外，只要密封性能下降就需适当注入尾封油脂，当注浆注入压力（高于 0.3MPa）直接作用于盾尾密封的钢丝刷时，盾尾密封可能翻转，浆侵入并固结，导致盾尾密封无止水效果，甚至造成盾构与管片、地层固结而无法掘进。高压（0.3MPa 以上）浆直接注入在盾尾密封稍后的地方。掘进过程中，要补充注入盾尾油脂。

本机掘进时的盾尾密封钢刷间的填充量约为 320L。

第8章 盾构机施工作业

8.1 盾构法施工的特点及流程

8.1.1 盾构施工的特点

(1) 盾构施工的要求

① 地下施工,必须面对复杂的地质条件和敏感的地面环境。
② 所用设备集成度高,技术含量高。
③ 涉及的专业领域较多,对复合型人才有较多需求。

(2) 盾构法施工的优点

① 盾构法隧道施工(图8-1)不受地面自然条件的影响 在盾构支护下进行地下工程暗挖施工,不受地面交通、河道、航运、潮汐、季节、气候等条件的影响,能较经济合理地保证隧道安全施工。

图 8-1 盾构法隧道施工

② 盾构法隧道施工(图8-2)机械化、自动化程度高 盾构的推进、出土、衬砌拼装等可实现自动化、智能化和施工远程控制信息化,掘进速度较快,施工劳动强度较低。

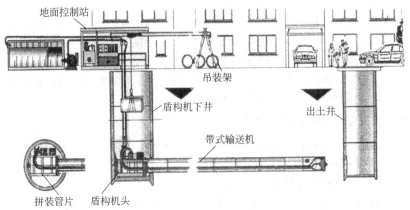

图 8-2 盾构法隧道施工工艺流程图

③ 地面人文自然景观受到良好的保护，周围环境不受盾构施工干扰，如图 8-3 所示。在松软地层中，开挖埋置深度较大的长距离、大直径隧道，具有经济、技术、安全、军事等方面的优越性。

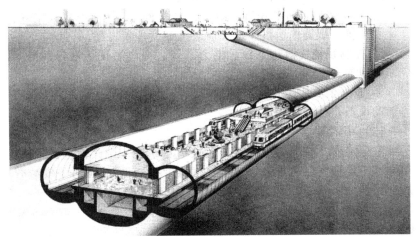

图 8-3 周围环境不受盾构施工干扰

(3) 盾构法施工的缺点

① 需要隧道衬砌管片预制、运输、衬砌、衬砌结构防水及堵漏、施

工测量、场地布置、机械安装等施工技术的配合，系统工程协调复杂。

② 施工过程变化断面尺寸困难；只能前进，不能后退，当隧道曲线半径过小或隧道埋深较浅时，施工难度大，在饱和含水的松软地层中施工，地表沉陷风险较大。

③ 盾构机制造周期长，造价较昂贵，盾构的拼装、转移等较复杂，建造短于750m的隧道经济性差。

8.1.2 盾构施工工艺流程

施工工艺流程分为大流程（盾构总体施工流程）和小流程（盾构掘进流程）两种。

(1) 大流程（盾构总体施工流程）

始发井交付使用→盾构托架就位→盾构机下井、安装、调试→初始掘进（$L=80\sim100m$）→负环拆除及其他调整→正常掘进→盾构机到达中间站→盾构机通过中间站→盾构机再次安装、调试→盾构机再次初始掘进→正常掘进→盾构机到达终点站→盾构机解体外运→隧道清理准备验收。

盾构机主要由下列部件和系统构成。

① 盾构壳、推进液压缸、刀盘、刀盘驱动、主轴承、人闸仓、管片安装机、螺旋输送机、带式输送机等设备和装置。

② 控制系统、液压系统、电力系统、通风系统、密封润滑系统、隧道导向系统、报警装置。

③ 服务于盾构工作要求的后配套设备、运输设备、注浆设备等辅助设备。

(2) 小流程（盾构掘进流程）

准备工作→转动刀盘→启动次级运输系统（带式输送机）→启动推进千斤顶→启动首级运输系统（螺旋机）→停止掘进→安装管片→回填注浆→准备下一环掘进，开挖→出土→拼装→注浆。

8.2 土压平衡式盾构机安装

8.2.1 盾构体

(1) 盾构的外形

作为一种保护人体的空间，隧道的形状因其使用要求不同而不同，因而也造成盾构外形不同。无论盾构的形状如何，隧道掘进总是沿轴线方向前进，所以，盾构的外形就是指盾构的断面形状，绝大多数盾构还是采用圆形，如图 8-4 所示。

图 8-4　盾构机外形

（2）盾构的材料

盾构在地下穿越，要承受水平荷载、竖向荷载和水压力，如果地面有构筑物，还要承受这些附加荷载；盾构推进时，还要克服正面阻力，所以，盾构整体要求具有足够的强度和刚度。盾构主要用钢板制成。

考虑到水平运输和垂直吊装的困难，大型盾构可采用分体式结构，预先制成部件，到现场再拼装。部件的连接一般采用定位销定位、高强度螺栓连接，最后焊接成形的方法。

（3）盾构本体的构造

盾构本体从工作面开始可分为切口环、支承、盾尾三部分，借以外壳钢板连成整体，拥有可充分承受土压、水压、盾构千斤顶推进反作用力、挖掘反作用力的强度。支承前部收纳有刀盘装置的驱动部分，通过舱墙与切口环区分开来。舱墙下方设置有螺旋输送机。上方装有人行孔，中央装有人行闸、回转节。支承外周呈圆周方向均匀配置了为推进盾构机运行的盾构千斤顶。

（4）切口环

切口环部分是开挖和挡土部分，位于盾构机的最前端，施工时最先切入土层并掩护开挖作业。切口环保持着工作面的稳定，并作为开挖下来的土砂向后方运输的通道，采用机械化开挖式盾构时，就根据开挖下来的土砂的状态，确定切口环的形状、尺寸。

切口环内主要设备情况如下。

① 土压平衡盾构安置有切削刀盘、搅拌器和螺旋输送机。

② 泥水盾构安置有切削刀盘、搅拌器和吸泥口。

③ 在局部气压、泥水加压、土压平衡等盾构中，因切口环内压力高于隧道内常压，所以在切口环处还需要布设密封隔板及人行舱的进出闸门。

(5) 支承环

支承环是盾构的主体结构，是承受作用于盾构上全部荷载的骨架。它紧接于切口环，位于盾构中部，通常是一个刚性很好的圆形结构。地层压力、所有千斤顶的反作用力以及切口环入土正面阻力、衬砌拼装时的施工荷载均由支承环来承受。

在支承环外沿布置有盾构千斤顶，中间布置拼装机及液压设备、动力设备、操纵控制台。当切口环压力高于常压时，在支承环内要布置人行加、减压舱。

支承环的长度应不小于固定盾构千斤顶所需的长度，对于有刀盘的盾构还要考虑安装切削刀盘的轴承装置、驱动装置和排土装置的空间。

支承环拥有可充分承受土压、水压、盾构千斤顶推进反作用力、挖掘反作用力的强度。支承前部收纳有刀盘装置的驱动部分、通过仓墙与切口环区分开来。仓墙下方设置有螺旋输送机。上方装有人行孔，中央装有人行闸、回转节。支承环外周呈圆周方向，均匀配置了推进盾构机运行的盾构千斤顶。推进液压缸用螺栓紧固在连接法兰上，活塞杆端带有弹性轴承和顶在管片上的撑靴。它们可以分组由流量和压力控制推进和转向。

(6) 盾尾

盾尾结构钢板厚 40mm，以适应预计的工作压力，与盾体的连接是一种从动式铰接设计。机加工的中盾尾部和盾尾前部为铰接提供密封面。

后体与中盾的连接采用的是铰接液压缸。铰接液压缸行程和压力由数字显示在控制室。

盾尾密封：安装在盾体的最后部分，3道钢丝密封刷，采用非常先进的盾尾注脂系统和有极好密封性能的密封刷相结合。它的作用是：防止地下水、土砂、壁后注浆材料等进入管片与盾构壳体之间的缝隙。

双铰接密封：由重载型橡胶密封和紧急密封（紧急膨胀）组成。

- 为了提高密封刷的密封性能，需要在密封刷之间注入黏性油脂材料。盾构机对盾尾之间的前方有6处自动供给盾尾油脂，每条注脂管都连接到前油脂腔和后油脂腔。
- 盾尾密封装置在加注密封油脂后要求在0.4MPa压力下不漏浆液，否则就应更换。
- 注浆管路直径50mm，整合在盾尾内（内置式）。
- 注浆管设计有特制的窗口以便于进行维修或清洗堵塞。
- 在正常的工作情况下（例如足够注脂等），不需要更换盾尾刷。
- 如确有必要更换，选择地质条件较好的地段进行盾尾刷更换作业。

更换盾尾刷的步骤如下。

- 上一环拼装结束后，盾构推进，直至推进液压缸完全伸出（2000mm）。
- 缩回推进液压缸，安装垫木或顶铁（宽度约650mm），伸出推进液压缸继续推进，至第一和第二道盾尾刷完全暴露。
- 进行盾尾刷更换。
- 拆除垫木或顶铁，拼装管片。
- 恢复掘进。

盾尾密封示意图如图8-5所示。

(7) 盾构机的组成

盾构机主要由下列部件和系统构成：盾构壳、推进液压缸、刀盘、刀盘驱动、主轴承、人闸仓、管片安装机、螺旋输送机、带式输送机等设备和装置。

还有控制系统、液压系统、电力系统、通风系统、密封润滑系统、隧道导向系统、报警装置，以及服务于盾构工作要求的后配套

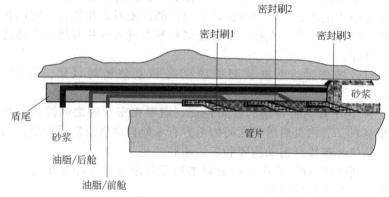

图 8-5　盾尾密封示意图

设备、运输设备、注浆设备等辅助设备。

8.2.2　盾构机的施工准备

盾构机的施工准备分为：技术准备；前期施工准备；生产物资的准备；劳动力的准备；施工现场准备。

(1) 技术准备

① 熟悉施工图纸和有关的设计资料

- 工程设计图纸：充分了解和掌握设计人员的设计意图、结构特点和技术要求。
- 有关的地质资料：地质报告、地质剖面图、钻孔柱状图、水文情况。
- 施工验收规范及有关的技术规定。

② 了解沿线的地下、地面情况

- 地下管线布置情况：种类、结构、类型、埋深等与隧道的相互关系。
- 地下构筑物情况：污水隧道、人防工事、地下室、桩基础等。
- 地面建筑物情况：建筑物的种类、结构、基础埋深与隧道的相互关系。

③ 熟悉施工用机械的特点

- 熟悉盾构机的主要施工参数。
- 相应的盾构施工工法。
- 掌握施工要领。

④ 编制施工组织设计

a. 正确地确定各个关键工序的施工技术。

b. 科学地制定施工方案。

c. 合理地布置施工场地。

d. 必须明确：
- 施工现场总平面布置；
- 盾构基座及后靠布置形式；
- 盾构出洞时洞门密封方式；
- 盾构出洞地基加固方式；
- 材料垂直、水平运输的方式及隧道断面布置；
- 盾构推进的方案、工艺流程；
- 隧道注浆方法及控制地面沉降的技术措施；
- 经过特殊路段的施工技术措施；
- 盾构进洞地基加固方案及盾构进洞方案；
- 测量方法等。

e. 规范的施工组织设计还应包括以下内容。
- 组织管理体系。
- 质量标准及质量保证措施、质量保证体系。
- 安全生产措施。
- 文明施工措施。
- 工程用料及施工用料使用计划。
- 劳动力使用计划。
- 施工进度计划。

(2) 前期施工准备

① 完成始发井土建结构　对于地铁隧道：一般是车站先施工，盾构施工提出始发井的设计要求，车站施工单位配合。

对于过江公路隧道：需要单独施工始发井。

始发井内应预留盾构出洞的洞门，洞门应由钢板、钢板桩或地下连续墙围护。

② 盾构选型　根据地质及地面构筑物情况、施工进度、经济性等条件进行盾构选型，确定所用的盾构类型。

③ 管片生产

(3) 生产物资的准备

① 材料　计算各种材料的规格、数量、使用时间、消耗量；按施工进度编制出材料需要量计划；组织货源、运输、仓储、现场堆放。

② 构件　主要指管片的预生产，并落实运输、堆放。

③ 施工机械　根据施工方案、施工进度，确定施工机械的类型、数量、进场时间、运输安装方式、放置的位置等，编制施工机械的需要量计划，保证施工顺利进行。

(4) 劳动力的准备

① 确定劳动力使用计划。

② 组织劳动力进场。

③ 技术培训，安全、消防和文明施工教育。

④ 技术交底和质量交底。

(5) 施工现场准备

① 盾构拼装或拆卸的工作井　一般井宽应大于盾构直径1.6~2.0m；井的长度主要考虑盾构设备安装及出洞要求。

② 盾构基座　盾构基座置于工作井的底板上，用于安装和搁置盾构，以及导向。

基座结构有：钢筋混凝土，钢结构。

③ 盾构后座（后盾）　后座为盾构与后井壁之间的传力设施，通常由隧道衬砌、专用顶块、顶撑等组成。

④ 搭设人行楼梯和井内工作平台。

⑤ 地面辅助设施

a. 做好三通一平、二堂一舍。设计施工围墙、场区道路、管片堆场，铺设水管、电缆、排水设施、布置场地照明等。

b. 设置行车或其他起吊和运输设备。

c. 拌浆间及材料库：拌制管片壁后注浆的浆体。

d. 配电间、充电间。

e. 空压机房（若采用气压施工）。

f. 地面运输系统：运输方式、道路施工。

垂直运输可采用行车、大吊车、电动葫芦等。

水平运输用铲车、汽车、电瓶车等。

实现水平和垂直运输互为一体的系统。

g. 盾构出土的配套

- 干出土：汽车运输，集土坑。
- 水力掘进运土：沉淀池。
- 泥水盾构：浆拌制及泥水分离等设施。

h. 其他生产设备。油库、危险品仓库、设备料具间、机械维修间等。

⑥ 隧道断面布置　确定轨枕的高度、轨道的轨距等。

人行通道道板宽度要大于50cm，与机车的安全距离要大于30cm，净空高度要大于1.8m。

管线包括通风管路及接力风机、清洗及排污管路。

8.2.3 盾构的出、进洞技术

(1) 盾构出、进洞方法

① 临时基坑法　在大开挖的基坑内，先完成盾构安装、后座施工及垂直运输出入通道的构筑，然后把基坑全部回填。此法没有洞门拆除等问题，一般只适用于埋置较浅的盾构始发端。

② 逐步掘进法　适用于纵坡较大的、与地面有直接连通的斜隧道施工，后坐力可依靠已建敞开式引道来承担，盾构由浅入深进行掘进，直至盾构全断面进入土层。该法没有盾构出、进洞的技术问题。

③ 工作井进、出洞法　挖掘垂直工作井，盾构在井内安装就位、出洞，这是目前使用较多的方法。后盾由负环管片（开口环、闭口环）组成，在闭口环后部用56#工字钢，工字钢后用ϕ609mm钢支承顶紧，盾构出洞，如图8-6所示。

a. 准备工作

- 后盾管片布置及后座混凝土浇筑。
- 安装洞口止水装置，洞门混凝土凿除。

b. 出洞

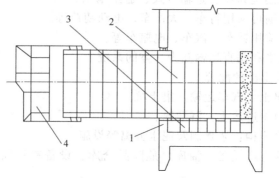

图 8-6 利用专门构筑的工作井出洞
1—出洞壁口；2—盾构设备；3—盾构基座；4—钢板封口

- 出洞口加固土体达到强度，后盾负环拼装。
- 涂抹油：基座轨道面、刀头和密封装置、盾尾钢刷等。
- 盾构后盾支承、推进。

c. 盾构进洞
- 接收井的准备：接收井施工，洞口加固安装盾构接收基座。
- 盾构姿态的复核测量：盾构进洞前100m进行隧道贯通测量，根据测量数据及时调整盾构推进姿态。
- 混凝土洞门凿除。
- 盾构切口距洞门20～50cm时，停止盾构推进，尽可能掏空平衡仓内的泥土。

（2）临时封门的构造形式

① 钢结构封门

a. 横向钢板梁封门：由横向钢梁与梁间钢封板组成。

b. 竖向钢板梁封门：由型钢和钢板或全部用型钢组成。

c. 整块圆钢板封门等。

② 砖石或混凝土封门 用砖石砌体作封门，也可以直接在井壁（地下墙）上凿孔出洞，拆除可用凿岩机或爆破的方法。

③ 洞口加固 直径大、埋深大、土质差时还应考虑降水、地基加固、局部冻结等辅助措施，以稳定洞口土体和防止泥水涌入，如图 8-7 所示。

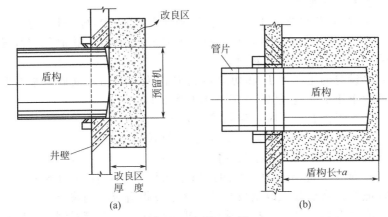

图 8-7 出洞口加固

8.2.4 盾构推进

(1) 盾构正面开挖方法

四种开挖方法：敞开、机械切削、网格、挤压。

① 敞开式挖土　手掘式及半机械式盾构都属于敞开开挖形式。

② 机械切削　目前常用的以液压或电机为动力的、可以双向转动的切削刀盘。

这种掘进方法对正面的障碍排除及盾构超挖纠偏显得有些困难。

③ 网格式开挖　土体就从格子里呈条状被挤进来。

④ 挤压式开挖　全挤式和局部挤压。对地层扰动较大，可以不压浆；盾构上浮趋势明显，在浅埋施工时，盾构轴线较难控制，严重时仅用千斤顶编组已无法纠偏，在这种情况下，用调整挤压程度（即增大进土面积或调整进土孔位置）来控制。

(2) 施工管理和掘进管理

主要需要解决排土量与工作面压力的平衡问题。

① 土压平衡式盾构　通过排土机构的机械控制方式调整排土量，使之与挖土量保持平衡，以避免地面沉降或对附近构筑物造成影响。

控制方法如下。

- 先设定推进速度，再根据容积计算控制螺旋输送机的转速。
- 先设定推进速度，再根据密封舱内的土压计数值和切削转矩值调整螺旋输送机的转速。

将设定的土压力 P 和切削转矩 T 作为基准值，同盾构推进时发生的土压 P'、切削转矩 T' 的数值作比较。

$P>P'$、$T>T'$ 时，降低排土速度。

$P>P'$、$T<T'$ 时，提高转速，增加排土量。

② 加泥式或加泥浆式盾构

a. 泥土、泥浆管理。目的：通过向切削土内注入制泥材料并进行搅拌，将切削土改变成与开挖面土质相适应的泥浆土。

应根据切削转矩、掘进速度、排出的泥土状态等对制泥材料的使用量作相应的增减。

b. 排土量管理。使掘进量和排土量之间平衡。

- 重量管理。通过测定隧道出土车运出的土的重量来调节，缺点：不太准确，不能反映出掘进情况，仅可作参考。
- 掘进量和螺旋输送机转速之间的控制。缺点：根据螺旋输送机的转速很难求出准确的排土量，掘进量和排土量之间也很难保持平衡。

c. 土压管理。以土压计测出的泥土压力来保持土压力平衡。

通常土压力 P 的范围：主动土、水压力 $<P<$ 被动土、水压力。

方法：根据土质情况求出控制土压力的上、下限，再在这一范围内设定基准土压力，控制盾构千斤顶的推进速度和螺旋输送机的转速，使实际土压同基准土压取得一致。

③ 加水式盾构

a. 排土率的管理。不间断地掌握掘土量和排土量之间的关系，将密封舱内切削土的积存量保持在最佳状态。

b. 附加水压力的管理。保证同地下水压力取得平衡。

管理标准：根据土体条件、掘进状况等设定出最佳加水压力，以地下水压力为基准，在其上下设定容许变动值，将压力控制在这一范围内。

④ 泥水加压平衡式盾构　开挖面上泥水压力的管理,是通过设定泥水压力和控制推进时的开挖面泥水压力等环节实施的。

a. 计划泥水压力的设定。计划泥水压力＝开挖面水、土压力＋变动压力。

一般将计划泥水压力的上限值设定为:

$$P_j = P_d + 2H\gamma$$

式中　P_j——计划泥水压力,MPa;
　　　P_d——地下水压力,MPa;
　　　H——隧道埋深,m;
　　　γ——泥水重度。

b. 盾构推进时的开挖面泥水压力控制。通过设于挡土板上的开挖面水压力检测装置测出泥水压力,并通过自动控制回路将其控制为设定泥水压力。

(3) 盾构控制

① 盾构偏向的判定

a. 盾构偏向的原因

- 地质条件:地层土质不均匀,正面及四周的阻力不一致。
- 各千斤顶工作不同步、加工精度误差造成伸出阻力不一致。
- 施工操作的因素:衬砌环缝的防水材料压密量不一致;盾构下部土体如有过量流失,引起盾构下沉;管片拼装质量不佳。

b. 盾构偏向的反映与测定。目前施工技术手段是通过对盾构现状位置的测量后报出的盾构现状报表来反映盾构真实状态的,如图 8-8 所示。

c. 具体测量:由人工进行测量。

- 坡度板。直接读出盾构纵坡、转角的值,记录在图 8-9 中。
- 测量两腰千斤顶活塞杆伸出长度,估计平面纠偏效果。
- 用水准仪、激光经纬仪测量。

② 盾构的操作

a. 了解土质对盾构施工的影响。

- 砂性土透水性较好,在地下水压力差作用下砂粒易产生流动,如不采取必要的防范措施是难以正常施工的。

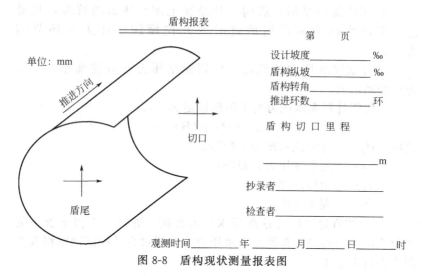

图 8-8 盾构现状测量报表图

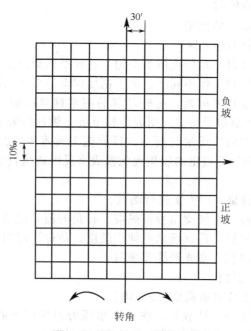

图 8-9 盾构纵坡、转角值

- 黏性土的透水性差，但具有较大的可塑性。虽是最适宜盾构施工的土质，但施工时对土体有过大扰动，则带来的"后患"也大。

b. 盾构的操作方法

- 千斤顶编组：千斤顶的数量应尽量多；管片纵缝处的骑缝千斤顶一定要用；纠偏数值不得超过操作规程的规定值。
- 千斤顶区域油压调整：目前多数盾构将千斤顶分为上、下、左、右四个区域，每一区域为一个油压系统。通过区域油压调整，起到调整千斤顶合力位置的作用，使其合力与作用于盾构上阻力的合力形成一个有利于控制盾构轴线的力偶。
- 盾构的纵坡控制

ⅰ. 变坡法。在每一环推进施工中，用不同的盾构推进坡度进行施工，最终达到预先指定的纵坡。

ⅱ. 稳坡法。盾构每推一环用一个纵坡，以符合纠坡要求，但要做到稳坡，具有相当高的技术难度。用这方法，盾构在推进中对地层扰动最小。

- 调整开挖面阻力：敞开式挖土盾构可采用超挖；挤压式盾构可调整其进土孔位置和扩大进土孔。

c. 盾构自转的纠正

- 产生自转的原因：土质不均匀、纠正不当；大的旋转设备顺着一个方向使用过多；由于盾构制作误差、千斤顶位置与轴线不平行。
- 纠正方法：盾构有少量自转时，用大型旋转设备反转法；当自转量较大时，采用压重的方法。

8.2.5 管片拼装及防水

(1) 管片拼装

① 管片的类型及特点

- 球墨铸铁管片：强度高，重量轻，搬运安装方便；精度高，外形准确，防水性能好；加工设备要求高、造价大。
- 钢管片：型钢或钢板焊接加工而成；强度高、延性好、运输安装方便；精度稍低于球墨铸铁管片；易变形，易锈蚀。

• 钢筋混凝土管片：有一定强度，制作较容易；耐蚀，造价低；较笨重，在运输、安装过程中易损坏。

② 管片形状、尺寸及连接

a. 形状：箱形、板形。

b. 厚度：$(0.05\sim0.06mm)\times$隧道直径。

c. 宽度：$750\sim1200mm$，多数为$1000mm$左右。

d. 管片的接头：螺栓连接，$\phi24\sim36mm$弯栓、直栓、斜栓、弯直结合等。

e. 管片块数

$D\leqslant6m$时，$4\sim6$块；

$D>6m$时，$8\sim10$块。

每环（或圈）管片有三种规格形状：标准块——矩形；邻接块——半梯形；封顶块——梯形。

③ 管片的拼装

a. 拼装方式

• 通缝拼装。定位容易，螺栓容易穿；容易产生环面不平，导致环向螺栓难穿；环缝压密量不够。

• 错缝拼装。一般错开$1/3\sim1/2$块管片弧长；整体性较好，施工应力大易使管片产生裂缝；纵向穿螺栓困难，纵缝压密差；环面较平整，环向螺栓比较容易穿。

b. 拼装工艺

• 先环后纵。先将管片拼装成圆环，拧好所有环向螺栓，穿进纵向螺栓后再用千斤顶整环纵向靠拢，然后拧紧纵向螺栓，完成一环的拼装工序。

用敞开式或机械切削盾构，盾构后退量较小，则可采用先环后纵的拼装工艺。

• 先纵后环。缩回一块管片位置的千斤顶（不是将所有千斤顶全部同时缩回），使管片就位，立即伸出缩回的千斤顶，这样逐块拼装，最后成环。

用挤压或网格盾构施工时，其盾构后退量较大，为不使盾构后退，减少对地面的变形，则可用先纵后环的拼装工艺。

• 先下后上。用举重臂拼装是从下部管片开始拼装，逐块左右交叉向上拼，这样拼装安全，工艺也简单，拼装所用设备少。

• 先上后下。小盾构施工中，可采用拱托架拼装，即先拼上部，使管片支承于拱托架上。此拼装方法安全性差，工艺复杂，需有卷扬机等辅助设备。

目前所采用的管片拼装工艺可归纳为：先下后上、左右交叉、纵向插入、封顶成环、先环后纵。

④ 拼装通病

a. 环面不平整：环面不平整是指相邻两块管片环面不平。

b. 纵缝质量不符合要求：有前后喇叭、内外张角、内弧面平整度、两管片相对旋转及纵缝过宽等表现。

c. 圆环环面不正：整个环面与隧道轴线的垂直度有误差，即上下超前及左右超前。

d. 螺栓拧紧不足。

e. 管片旋转：由于管片旋转，施工车架同时伴随倾斜，对管片成环带来不同程度的困难。

f. 管片的缺角、掉边及断裂。

（2）管片接缝防水

① 防水内容及措施（图 8-10、图 8-11）。

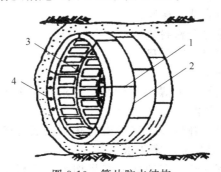

图 8-10 管片防水结构

1—管片总缝；2—管片横缝；3—管片内壁缝；4—螺栓孔

• 单层衬砌防水主要措施：管片采用多道防线防水，一般设 1～2 条防水槽；防水槽内设橡胶防水密封垫。

• 双层衬砌（内衬）防水措施：在隧道内壁上粘贴卷材防水

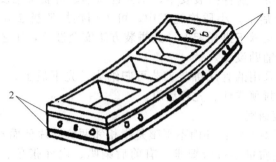

图 8-11 管片
1—管片纵面；2—管片横面

层；喷涂或刷涂防水层，如环氧沥青涂料等；喷射混凝土防水层；钢筋混凝土内衬。

• 管片螺孔防水：当工程有特殊防水要求时，对螺孔也应采用以沥青、橡胶、塑料为材料的专用环形垫圈来防水。

② 防水密封垫

a. 密封垫种类

• 焦油合成树脂体系。
• 天然（或合成）橡胶。
• 泡沫橡胶复合密封垫。
• 异形橡胶复合密封垫。

b. 密封垫施工

• 全断面浇涂环氧煤焦油砂浆，要求在施工现场配置，在制作后 12h 内结束拼装。

• 焦油聚氨酯弹性体，这种密封垫与已成环管片接触面之间无粘接力，主要是依靠压密防水。

• 齿槽型密封垫：在地面上将齿槽型氯丁橡胶密封垫粘贴到管片的防水槽内，当拼装时，在千斤顶的作用下，使其产生弹性变形，填充了管片的防水槽。

③ 嵌缝材料及施工　将嵌缝材料填嵌到拼装后的管片嵌缝槽内，如图 8-12 所示。

依靠填塞力和粘接力达到密封防水的作用。

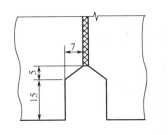 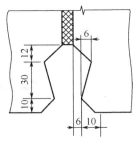

图 8-12 管片嵌缝槽

嵌缝材料应具有足够的粘接力、稳定性和强度；材料要有弹性，能够适应隧道的变形；嵌缝作业应在盾构千斤顶及盾构推进影响范围外的区域进行。

在嵌缝施工前，必须清理嵌缝槽，在漏水部位施工时应先引流、封堵。

④ 堵漏技术

a. 基本措施。主要表现为明显的滴漏：每点 5～30mL/h 之间。

• 单层衬砌在管片接缝发现漏水后，可松动该部位的连接螺栓，将漏水从孔内引出，然后进行堵漏，最后堵螺孔。

• 双层衬砌管片接缝的一般性滴漏，主要采用水泥胶浆修堵。情况严重时考虑用灌浆堵漏。

b. 管片的防水堵漏方法

• 接缝出现渗漏，可从预留孔或螺栓孔注浆，如图 8-13 所示。

• 灌浆堵漏施工方法：将裂缝两侧混凝土凿成槽并处理干净；灌浆孔要布置在水源和纵横裂缝交叉处。

8.2.6 隧道注浆

(1) 注浆的作用

① 防止地表变形。

② 减少隧道的沉降量。

③ 增加衬砌接缝的防水性能。

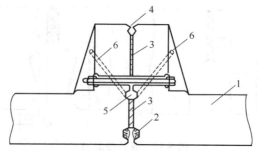

图 8-13 管片注浆沟槽示意图
1—钢筋混凝土管片；2—橡胶密封垫；3—承压垫板；4—嵌缝槽；
5—预留注浆沟槽；6—预留注浆管

④ 改善衬砌的受力状况。

⑤ 有利于盾构推进纠偏。若要使盾构向右纠偏，可选择右侧压浆，使管片外周单侧有压力，迫使衬砌向左移动，靠足左面盾尾部，右侧盾尾内衬砌与盾壳之间的间隙加大，盾构向右侧纠偏余量就大了。

(2) 注浆工艺

① 分次注浆：用于土质条件好的情况，一般先压骨料填充空隙，然后注水泥浆。

② 一次注浆：软土层，地下水位高，饱和土质。

③ 注入时间：盾尾后空隙形成，立即进行压浆。

④ 压浆量：一般为理论空隙的 150%～250% 范围。

⑤ 压浆压力：根据地面建筑物的特点及隧道埋深而定。

⑥ 同步自动注浆：采用注浆压力自动控制系统，一边使压力保持不变，一边直接向盾尾建筑空隙注浆。另外，通过电磁流量计在监测流量的同时进行自动注浆。

⑦ 聚氨酯注浆

a. 预制泡沫层注浆施工法。预先在管片背面粘贴软质聚氨酯泡沫塑料，再通过管片环后的注浆孔注入水玻璃或水泥膨润土。

b. 空隙处发泡注浆施工法。使用硬质聚氨酯泡沫塑料。在空隙处将主剂和发泡剂两种溶液混合起来，在空隙内发泡。

(3) 压浆材料

① 原材料 黄砂（骨料）；水泥（胶结剂）；石灰膏（增加浆体的润滑性）；黏土浆（可用膨润土或原状土拌制，作为填充料）；粉煤灰：填充料；水玻璃（凝结剂）。

② 材料的要求

a. 和易性要好，要易搅拌，易压送，流动性好。

b. 凝结时间要合适：初凝要快，使浆体不易流失，保证压浆质量；终凝要慢，使浆体在较长时间内具有塑性。

c. 要有一定的早期强度，而凝固后的强度要略高于原状土。

d. 收缩率要小，以减少地表变形。

e. 来源充足，价格低廉。

③ 配合比 根据土质、施工环境选择使用，有时还要结合试验数据来确定，具体见表8-1、表8-2。

表8-1 常用压浆材料配合比（体积）

序号	石灰膏	黏土	磨细粉煤灰	黄砂	原状粉煤灰	水玻璃
1	1	1~2	3~4	4~5		0.04~0.08
2	1		4~5	4~5		
3	1	0.6	2.6		2	0.125

表8-2 普通砂浆类材料配合比（质量） kg

序号	水泥	粉煤灰	膨润土	黄 砂	混合材料	水
1	250	140		1200		401
2	191		46	920		572
3	163			1118	366	352
4	250	150	100	1330	2	300

(4) 压浆方法和设备

① 拌浆

a. 地面拌浆。一般隧道施工在地面设有拌浆站，主要设备有：拌浆机，一般用强制式灰浆拌和机；材料起吊输送设备：电动葫芦、斗车、运输车辆；气压式压浆装置，用罐式气压压浆机压注豆粒砂或轻骨料；浆体质量测定仪器、稠度仪；磅秤。

b. 工作面拌浆。将地面拌浆中仪器、设备安置在车架上,在工作面拌浆。该法一般用于后期补压浆或局部压浆。

② 压浆设备　压浆泵［活塞泵（目前多用）、柱塞泵、单轴螺旋泵、挤压泵等］；软管、阀门等。

8.2.7　隧道内衬施工

(1) 概述

一次衬砌：最初施工的衬砌。

二次衬砌或内衬：再次施工的衬砌。

内衬形式有：浇筑底板混凝土；浇筑120°下拱混凝土；浇筑240°下拱混凝土；浇筑360°全内衬混凝土，如图8-14所示。

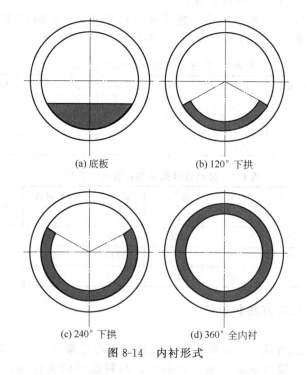

(a) 底板　　　(b) 120°下拱

(c) 240°下拱　　　(d) 360°全内衬

图 8-14　内衬形式

(2) 全断面内衬施工方法

① 普通法

a. 先打底板混凝土,如图 8-15 所示。

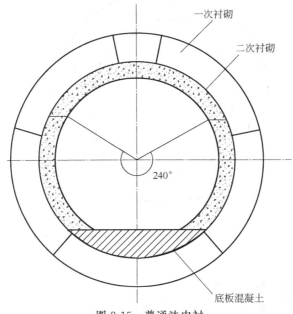

图 8-15　普通法内衬

b. 立模浇捣 240°的左右两腰侧壁的混凝土。

c. 最后对隧道的拱顶部分压注砂浆。

该法施工进度与施工质量不理想,工艺较复杂,劳动强度也较大。

② 钢拱模板台车法　现在多采用。

用特殊的钢拱模板作为成形胎模的模芯,用泵送混凝土连续不断地进行压力灌注。

由混凝土泵、混凝土搅拌车、输送管道等机具设备配套,组成混凝土灌注作业系统。

模板分块和进行浇捣的施工分界面如图 8-16 所示。

优越性:在结构强度、浇筑速度、混凝土表面质量以及可操作性、安全性、经济性等各方面均较优越。

不足:需进行两次浇筑,先浇筑底板混凝土,并敷设轨道,再

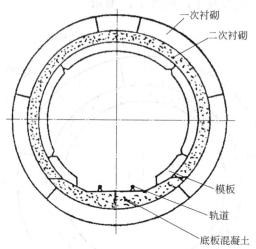

图 8-16　模板分块和进行浇捣的施工分界面

浇注其余部分。

(3) 内衬施工工艺

① 隧道底板钢筋混凝土浇筑的工艺流程

a. 清刷底板,测量,放样。

b. 配筋,成形,扎筋。

c. 设置混凝土泵车及输送管道敷设。

d. 混凝土地面搅拌,垂直和井下运输。

e. 混凝土泵送灌注,振捣。

f. 安插预埋件,铺轨筋,牵引吊钩等。

g. 混凝土表面收水抹面。

h. 拆集水槽,清理。

i. 模板向下一个作业循环工位移动。

② 隧道全内衬钢筋混凝土浇筑的工艺流程

a. 井下台模安装,铺设轨道,进入指定地段。

b. 地面配筋,成形,隧道内上拱扎筋。

c. 台模在浇筑段定位,装封头板。

d. 安装预埋件,插入混凝土输送管。

e. 连接混凝土泵车。
f. 地面拌料，垂直和水平运输（搅拌车）。
g. 泵送混凝土。
h. 边浇捣，边拔出泵管，直至浇筑密实后封口。
i. 养护6h，同时下一作业循环段扎筋。
j. 拆模，进入下一个作业循环。

(4) 施工要点

① 全内衬台模定位立模

a. 必须重视台模定位立模的正确性。

b. 台模就位后，利用台模上的千斤顶将模板伸到设计的直径位置，保证达到要求的内衬壁厚。

c. 台模模板必须与已浇混凝土相叠20cm。

d. 在台模的另一端安装好封堵模板。

e. 台模定位后，在台模中间部位的上部和左右两帮加设定位撑杆，以防浇筑混凝土时模板移动。

f. 最后对台模缝隙之间填上密封材料，防止漏浆。

② 准备浇筑工艺设备

a. 现场搅拌：把混凝土搅拌机设置在隧道井口，拌好的熟料可用溜管直接注入井下储料斗。

b. 使用商品混凝土：用搅拌车输送到井口卸料；用溜管注入井下储料斗或3m³搅拌车再运入台模浇筑点。

c. 泵送混凝土：地面混凝土用溜管注入混凝土泵车，采用ϕ130mm专用混凝土压送钢管输送混凝土。

③ 预埋件设置　有给排水管线、电缆支架、照明、通信线等。

对有规律分布的预埋件：可在台模上开孔，用螺栓固定在台模模板背面。

对无规律的预埋件：在扎筋时固定在钢筋上。

④ 混凝土　强度等级：C20～C30，按设计要求施工。

配合比：要进行设计。

⑤ 拱顶混凝土浇筑质量的保证措施

a. 保证混凝土质量：要有良好的和易性和足够的坍落度。

b. 保证混凝土强度：水泥的用量应适当增加。

c. 保证正确操作：从封头面（正面）浇筑；浇筑要左右对称，高度基本相等；泵管插入深度为台模总长的 2/3；边泵送灌注、边退出管子；用铁锤敲击台模模板，使混凝土密实。

d. 混凝土泵送到最后，采取快速抽管堵口法封好上拱顶最上一块封板。

⑥ 拆模、清理，台模移位：混凝土养护时间超过 6h 后便可松开模板，模板收缩后即可利用台模上的行走机构移位到下一个浇筑地段。

(5) 施工安全

应执行国家安全技术规程和生产操作规程安全操作。

8.3 盾构机技术标准

(1) 盾构壳体

① 对盾构壳体钢板的检查应根据钢材厂家的检查合格证（钢材材料质量保证书）进行确认。

② 盾构壳体制作应以设计要求为依据，并符合 GB 50017—2003 的规定。

③ 焊缝质量应符合国家标准 GB 50205—2001 的规定。

④ 外观上不应有锈迹、伤痕、砂眼等其他异常情况。

⑤ 盾构壳体的长度公差：切口环和支承环范围 ±14mm，盾尾环范围 ±10mm。

⑥ 盾尾环内径的尺寸公差：+5～+15mm。

⑦ 壳体的直线度误差：切口环和支承环范围 ±7.5mm；盾尾环范围 ±5mm。

⑧ 壳体的圆度误差小于等于 10mm。

⑨ 其余参照 JB/T 5943—91 执行。

(2) 刀盘及刀盘驱动装置

① 刀盘盘体的圆度误差小于等于 12mm，平面度误差小于等于 6mm。

② 刀盘驱动装置中的外购件，如大轴承、减速器等，均应有制造厂家的产品合格证和测试报告，各项指标符合设计要求。

③ 盘体总成与支承环连接用高强度螺栓，必须用转矩扳手按设计规定的转矩力预紧。

④ 刀盘运转平稳，不应有不正常的响声、抖动和晃动。

⑤ 刀盘驱动中的密封装置安装，应按设计要求保证密封圈的压密量，密封装置中的集中润滑的技术要求参见"集中润滑"。

⑥ 刀盘的转速允许误差应是理论时间的±20%。

(3) 推进装置

① 推进液压缸安装时，应使推进液压缸轴线平行于盾构机轴线。

② 推进液压缸的顶块安装必须保证推力均匀分布在管片的端面上。

③ 推进液压缸应符合标准 GB/T 15622—1995 和 JB/T 10205—2000 的要求。

④ 所有推进液压缸均应有制造厂家的产品合格证和耐压测试报告，保证推进液压缸的密封性、运动平稳性和耐用性。

⑤ 所有推进液压缸同时动作时，从最大缩回位置到最大伸长位置的时间，从最大伸长位置到最大缩回位置的时间，允许误差范围为理论时间的±20%。

(4) 管片拼装机

① 管片拼装机进行空载和重载试车时，管片的钳夹要可靠，对管片提升、平移、回转等动作的运行必须轻松自如，不得出现抖动及爬行现象，并达到技术参数的要求。动作运行时间允许范围为理论时间的±20%。

② 管片拼装机的制动器性能必须可靠，在油压失压或失电时都能立即制动，系统停止时不得有位移。

③ 管片拼装机两提升导向杆之间的平行度误差小于等于0.2mm。

④ 管片拼装机挡托轮的安装间隙：径向间隙下部为零时，上部小于等于2mm；轴向安装间隙小于等于0.5mm。

⑤ 管片拼装机中心轴线与盾构轴线的平行度公差达到设计要求。

(5) 螺旋输送机

① 螺旋输送机壳体的内径尺寸及螺杆的外径尺寸达到设计要求。

② 壳体的内径与螺杆的外径配合间隙：前壳体下部堆硬质合金处的间隙为 0，上部间隙为 (5 ± 1)mm。

③ 螺旋输送机安装位置及角度应调整正确，角度允差 $\pm0.5°$。

④ 总装后的空载运行试验，应无卡死现象。

⑤ 手动调节螺旋输送机转速，要求调速反应灵敏、平稳。

⑥ 闸门开关无卡滞现象，闸门开和关的限位动作正常。闸门紧急关闭动作可靠，关闭时间满足设计要求。

(6) 带式输送机

① 带式输送机整机安装必须模拟盾构工作状态设临时机架定位。

② 机架平直度公差为 1/1000。

③ 总装后空载运转要求

a. 运转平稳，无振动和噪声。

b. 托辊和滚筒应转动灵活。

c. 运转过程中，输送带不得有跑偏现象。

d. 清扫器等辅助设施工作正常。

(7) 单双梁管片吊运机构

① 单双梁结构件按 GB 50205—2001 制造、安装和验收，安装精度和挠度符合设计要求。

② 传动链在工字梁上焊接可靠，销轴、滚轮、传动机构等安装可靠。

③ 行走机构的安装应使小车行走平稳，限位器安装可靠。

④ 外购的电动葫芦需有制造厂商的产品合格证，安装要符合说明书的要求。

(8) 后方台车

① 按 GB 50205—2001 制造、安装和验收。

② 特别检查车轮组的安装质量，轮距尺寸公差为 ±2.5mm，单节台车三轮直线度误差小于等于 5mm。

(9) 同步注浆系统

① 搅拌桶的搅拌棒安装应保证搅拌棒旋转无卡滞现象。

② 系统管路布置合理、准确，无泄漏现象。

③ 注浆泵应有制造厂家的产品合格证和测试报告。

④ 以水代浆进行系统试压，系统应无泄漏现象。

(10) 加泥加水系统

系统的技术要求按"同步注浆系统"的要求执行。

(11) 加泡沫系统

系统的技术要求按"同步注浆系统"的要求执行。

(12) 集中润滑

① 系统管路布置合理、准确，清洁、无泄漏、无管路堵塞现象。

② 管接头安装位置应不碍周围设备的安装，并且应便于检修。

③ 各循环开关动作次数达设计值，误差±2次。

(13) 液压系统

① 板式连接元件、阀安装底板的连接平面应平整，其沟槽不应有毛刺、飞边、棱角，不应有磕碰凹痕。

② 液压管路配管应正确，布置应合理，硬管弯管半径 R 应大于3倍管子外径 D；平行或交叉的管子间，必须有10mm以上的间隙，以防接触或振动；管路应固定牢固无松动；排管应考虑维修方便。

③ 管道的焊接要求

a. 施焊前应对坡口及附近宽20mm范围内的内外管壁进行清理。

b. 对工作压力6.3MPa的管道，其对口焊缝质量不低于Ⅲ级焊缝标准。

c. 焊缝的返修应有工艺措施，同一部位的返修次数，碳素钢管不得超过3次，合金钢管不得超过2次。

④ 安装软管时应避免急转或扭转，弯曲半径 $R=10D$（D 为软管外径）。

⑤ 泄漏油口应单独回油箱，不得与回油管相通。

⑥ 管道冲洗油液应与系统工作介质及系统中所有密封材质相容，其黏度宜低。

⑦ 液压泵的联轴器安装应保证其同轴度，不得用力敲打泵轴，以免损坏泵的转子。

⑧ 所有泵组工作正常，无异样声响。所有液压马达工作的泄油压力正常，不超过设定值，各压力表、传感器、压力开关、电极点压力表工作正常。

⑨ 注入油箱的油液均须经过精度为 $10\mu m$ 的精细滤油车过滤，油液清洁度要求，伺服系统应达到美国 NAS1638 标准中的污染度等级 7 级，一般系统应达到 9 级。

⑩ 刀盘驱动系统、推进系统、拼装机回转系统、拼装机平移和提升系统、螺旋机回转系统、螺旋机闸门液压缸等液压系统应进行空载试车和负载性能试车，试车后以系统所有焊缝和连接口无漏油，管道无永久变形为合格。

⑪ 其余按 GB/T 3766—2001 的要求执行。

（14）人行闸

① 人行闸为压力容器，必须由具备专业资质的厂家制造。

② 主要材料应具有钢厂出具的材料质量保证书。

③ 焊接必须达到 JB 4730—94 中的Ⅲ级标准的要求

④ 人行闸应进行压力试验，试验压力为设计压力的 1.25 倍，应无渗漏，无可见的异常变形，无异常响声。

⑤ 应按 GB 150—1998 制作、检验及验收。

（15）盾尾密封系统

① 盾尾刷安装时，应意识到盾尾刷的构成是盾尾内接正多边形，为使盾尾刷安装后的圆度达到设计要求，一般情况下，刷宽 100mm 时，可直接安装；若刷宽大于 100mm 时，应采取必要工艺手段使之成弧形后再安装。

② 密封油脂加注装置动作应可靠，压力和流量达到设计要求。

（16）铰接装置

① 铰接液压缸行程应达到设计要求，液压缸伸缩应平稳，不应有爬行现象。所有液压缸应有制造厂家的产品合格证和耐压测试报告，保证液压缸的密封性、运动平稳性和耐用性。活塞杆表面不

得有明显的拉痕、划伤及拉毛痕迹。

② 铰接液压缸安装时,应按设计要求保证液压缸轴线与盾构轴线平行,所有液压缸的轴耳中心在同一横截面内。

③ 密封装置的安装,应按设计要求保证密封圈的压密量,以及密封圈与盾构壳体之间的间隙。密封装置中的集中润滑的技术要求参见"集中润滑"。

(17) 盾构电气系统

① 一般要求

a. 各电气设备和器材到现场后,必须进行验收和检查,并应符合下列要求。

- 外观包装及密封良好。
- 开箱检查型号、规格符合设计要求,设备无损伤,附件、备件齐全。
- 产品的技术文件齐全。
- 按本规范要求外观检查合格。

b. 盾构机内的电气箱柜和箱柜外的电气元器件的防护等级应达到设计要求,如无特殊要求时,应采取措施使之适应现场使用环境的保护等级。

c. 各箱柜内的导线套管编号应用打字机打印,要求字迹正确、清晰。

d. 各系统电气安装与调试应达到正确、可靠、准确、完整。

e. 电气箱柜在安装前必须进行功能测试,其功能应符合设计要求。

f. 盾构机电气系统的施工及验收,除应符合本规范外,尚应符合国家现行的有关标准规范的规定。

② 盾构高、低压箱柜、二次回路的安装要求

a. 高、低压箱柜内的元器件型号、规格应符合设计要求,附件、设备应齐全无锈蚀或机械损坏、变形。柜内元器件安装位置正确、排列整齐、固定可靠、拆装更换方便,操作部分动作灵活、准确。

b. 高压电器与其操作机构应固定牢靠,部件应齐全,电器连接应可靠且接触良好,动作应灵活。联动应正常,无卡阻,分、合

闸指示正确。机械、电器联锁动作应准确、可靠，动、静触头接触紧密、二次回路辅助开关及连接插件接触良好、继电保护动作正确。电器接线端子的螺栓搭接面及螺栓的紧固应符合规范要求。

c. 箱柜外观清洁，油漆完整，相色标志正确，接地良好。

d. 箱柜安装位置应正确，便于维修，固定可靠，接地可靠，机械闭锁可靠，箱柜内照明设施应齐全。

e. 单体箱柜的安装应平整、垂直，拼装式超长柜体的安装时相邻两盘面、水平偏差与垂直度的要求应参照 GB 50171—1992 的相关规定。柜间接缝应密封，柜顶接缝处必须要有防漏措施。箱柜与安装基础的连接宜采用螺栓紧固，紧固螺栓应具有防松措施。

f. 箱柜内的母线及一次回路相序排列正确，所有母线及一次回路导线的截面积应满足实际负荷的要求，信号回路显示准确，工作可靠，所有二次回路接线应准确、连接可靠，具体要求应参照 GB 50171—1992 的相关规定。有接地要求的设备接地应正确、可靠。

g. 高、低压箱柜内电器设备、1kV 及以下配电装置及二次回路的绝缘电阻值的要求应符合 GB 50150—1991 的相关规定。操作及联动试验正确，应符合设计要求。进口成套设备应符合标书规定的相关要求。

③ 盾构电力变压器柜的安装要求

a. 电力变压器本体及其附件应无缺陷。

b. 变压器及其附件的外壳和其他不带电的金属部件应接地，接地引下线及其与主接地网的连接应满足设计要求，接地应可靠。

c. 变压器的相序应一致，绕组的排列组别应符合设计要求。

d. 变压器器身表面清洁，油漆完整，相色标志正确。

e. 干式变压器的型号及防护等级应符合设计要求，各部件完整无损，环氧树脂无损坏、碰撞现象。

f. 测温装置指示正确，整定值符合要求，有风冷装置的干式变压器其风冷装置的控制与动作正常。

g. 变压器的安装位置应便于运行和检修。

h. 安装变压器的基础应水平，固定牢靠。

i. 各部分母排紧固螺栓及电压分接位置的螺栓应固定牢靠。

j. 电力变压器柜与车架安装平面连接时，车架安装平面应留有与变压器柜底部相对应的自然进风口，固定应牢固，接地良好。

k. 电力变压器在使用前必须通过电气检测，试验的要求应符合 GB 50150—1991 的相关规定，各类电气技术数据均应达到规范要求，方能受电。

④ 盾构接地系统的安装要求

a. 动力变压器的二次侧中心点直接接地，并与自然接地体盾壳连接形成一个接地体，至各车架的接地以放射形式进行连接，接地导线的截面和接地电阻要符合设计要求。

b. 电器设备必须直接与接地干线连接，不得串联连接，固定应牢靠。

c. 接地系统的安装应符合设计要求，并参照现行国家标准 GB 50169—1992 有关要求进行施工。

⑤ 盾构电动机的安装要求

a. 电动机运达现场后，安装前应按现行国家标准 GB 50170—1992 的规定进行保管、起吊和检查并符合要求。

b. 电动机冷却、润滑、密封油等附属系统应完好，应符合运行要求。

c. 电动机本体安装固定应牢靠，电动机应完好、无裂纹、变形和不应有的损伤。

d. 盘动电动机转子时，应转动灵活、无碰卡现象。

e. 电动机的旋转方向应正确、无异声，电动机传动部分的保护网罩固定应牢靠，非可逆运行的电动机及被驱动的机械设备应用红色箭头标明旋转方向。

f. 电动机接线应符合铭牌上的接法和要求，应符合设计要求。

g. 电动机本体安装检查结束，启动前应按 GB 50150—1991 进行试验并符合要求。

⑥ 盾构动力、控制、通信电缆的敷设要求

a. 电缆型号规格电压应符合设计要求，外观应无损伤，绝缘电阻值不得小于 5MΩ 或符合产品说明。

b. 电缆排列应整齐、无扭纹、电缆转弯和分支不紊乱，电缆排列走向整齐清楚。

c. 电缆终端头应装设标志牌，标示牌上应注明线路编号，标志牌的字迹应清楚不易脱落、标志牌规格宜统一。

d. 电缆固定应牢固、间距匀称、位置正确合理。

e. 车架电缆敷设时，必须避开车架起吊点，以防起吊时压伤电缆。

f. 电缆敷设时，应考虑到不受机械性的损伤，确实容易遇机械性损伤的地方，应加装保护措施。

g. 高压电缆终端与接头的制作，应由经过培训的合格的操作人员进行，电缆头制作应严格遵守制作工艺制度操作，剥切电缆时不应损伤线芯和保留的绝缘层，附加绝缘的包绕装配、热缩等应清洁。

h. 电缆头固定应牢固、接线应正确牢固、导电良好、螺栓、垫片齐全、导线排列整齐，线号标志应正确清晰。

i. 电缆敷设经过可活动区域及电缆端头时电缆的长度必须放有适当的余量。

j. 低压电缆等电气设备各用500V的兆欧表摇测绝缘电阻，绝缘电阻应符合相关标准的规定。

k. 高压电缆终端与接头宜在一个工作日内做好并及时安装，如在一个工作日内不能完成应有防潮、防污措施。

l. 电缆敷设的通道应尽可能保持连续、安装牢固，横平竖直，便于电缆的敷设；电缆通道与其他回路的通道宜保持一定的间距；电缆通道可采用槽架、梯架或采用角钢与扁钢自制，所选用的材料必须进行防腐处理，电缆敷设通道的全长均应有良好的接地。

m. 在电缆通道内敷设电缆时应尽可能做到将强电回路和弱电回路的电缆分开敷设，有条件时宜将强电回路和弱电回路的电缆分别敷设在两个电缆通道内。

n. 电缆敷设的其他要求参照现行国家标准 GB 50168—1992 有关要求进行施工。

o. 各电缆的绝缘电阻、直流耐压试验的要求应符合 GB 50150—1991 的相关规定。

⑦ 盾构检测仪器、仪表的安装要求

a. 各类传感器的型号、规格、应符合设计要求。

b. 各类传感器、变送器在安装使用前应做相应的校验，并做相应的外观检查。传感器的安装位置、方式应符合设计、生产厂产品的要求。

c. 各类传感器的防护等级应符合要求。安装位置应尽可能避开易受机械性损伤的地方。

d. 传感器的接线，连接应正确可靠，电缆线型号规格应符合设计要求。

e. 传感器的连接应牢固可靠，外表无损伤，清洁。

f. 传感器在安装时必须正确接地，接地方式应符合设计或产品使用说明书要求。

g. 显示（指示）仪表至少进行零点校验、50%满量程和满量程的校验，显示（指示）仪表读数精度符合要求。

h. 设计有利用重力原理构成的传感器，在搬运、安装中应保持水平，倾斜度不可大于产品说明书中规定的倾斜度。

i. 智能控制器的组态参数应按照设计要求进行参数设定。

⑧ 盾构检测、数据采集系统的安装要求

a. 检测设备的型号、规格、安装位置应符合设计要求。

b. 检测系统、数据采集系统的各类设备安装位置符合设计要求，安装可靠牢固，便于维修和检查；各类设备参数按照设计要求进行设定。

c. 检测、数据采集系统的各类软件安装应正确。

d. 现场各传感器、限位、箱柜的按钮、指示灯等 I/O 信号与 PLC 的硬件、软件，输入/输出的元件定义应一致，显示正确。

e. 联动控制的调试应满足设计要求。

f. 数据采集的数据应与实际的数值相一致（误差值不大于1%）。

⑨ 盾构电动葫芦的安装要求

a. 电动葫芦的控制应符合设计要求。

b. 电气设备和线路的绝缘电阻值符合现行国家标准 GB 50150—1991 的有关规定。

c. 电动葫芦的起吊、行走限位动作应可靠。

d. 软电缆的滑轨式吊索终端固定应牢靠，吊索调节装置齐全，软电缆的悬挂装置与电缆固定可靠，沿滑轨式钢索滑动时灵活平稳，无卡阻现象、软电缆移动段的长度应比起重机移动距离长15%～20%，如设计无规定时，长度大于20m应加装牵引器，牵引绳长度短于软电缆移动段的长度。

⑩ 盾构照明系统的安装要求

a. 灯具型号应符合设计图纸要求，无机械损伤、变形、油漆剥落和灯罩破裂等缺陷。螺口灯头的绝缘外壳不应有破损和漏电。

b. 灯具的固定应牢靠，安装位置正确，如遇振动的部位应采取防振措施，内外表面清洁，导线进入灯具绝缘保护良好，接地符合规范，灯头盒内导线余量恰当。

c. 灯具的安装数量、规格型号与安装位置应符合设计要求。灯具的安装方式牢固可靠，便于维修和更换。

(18) 盾构涂装

① 盾构涂装按 JB/T 5000.12—1998 执行。

② 盾构主机内外、后方台车等的涂装颜色按设计要求执行，各类硬管按表 8-3 涂色。

表 8-3　盾构各类硬管涂色

序号	名称	涂料颜色
1	吸油硬管	草绿色
2	压油硬管	红色
3	回油硬管	黄色
4	泄漏油硬管	湖蓝色
5	润滑油脂硬管	墨绿色
6	盾尾密封油脂硬管	橙色
7	同步注浆硬管	深褐色
8	泥水硬管	浅褐色
9	水系统硬管	白色

8.4 试验方法

① 试验场地条件：常温场地，平坦的钢筋混凝土地面，承载能力不小于盾构的重量；提供盾构试验时所需的电源。

② 试验机具、仪器、仪表：盾构托架、钢卷尺、游标卡尺（0.02）、千分尺（0.01）、计时表、电流表（±0.5%）、测速表、电压表（±0.5%）、高低压电源摇表、油压表、隧道管片。

③ 试验分类盾构试验分厂内试验、施工现场井下试验和100m试推进试验三个阶段。

8.4.1 厂内试验

(1) 盾构壳体

① 用目测法检查盾构壳体的外观质量和焊缝质量。

② 盾构壳体的测量按图8-17所示方法进行。

a. 壳体的圆度测量：在盾构主机前端测量壳体外径，在盾构主机后端的顶、底和左右方向测量壳体内径。

b. 壳体外径的直线度测量方法：将位于两端磁铁间的基线拉直，测量基线与盾构壳体表面间的间隙，在直径上的5个位置（即顶部、右、右下、左、左下）进行测量，共测5组数据，如图8-17所示。

(2) 刀盘与刀盘驱动装置

① 按图8-18所示，根据各位置测量值，得出刀盘的平面度。

② 刀盘驱动装置按装配要求正确安装调整后，传动齿轮做啮合试验。

③ 对刀盘驱动装置进行空载调试。调试前必须在动力箱内加入齿轮油，加油量需超出1/3驱动直径。驱动装置在调试时：刀盘由零加至最大转速，正反向各运转15min。

④ 测试刀盘的最大转速，旋转速度可由测量1转的时间来计算。在液压系统的压力计上读出压力值。

(3) 推进装置

① 用水平管或激光水平仪测量液压缸轴线与盾构机轴线的平

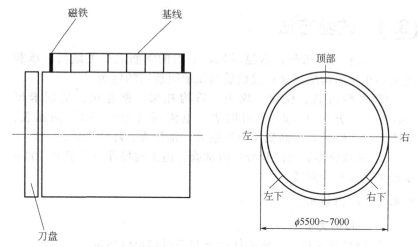

图 8-17 壳体测量示意图

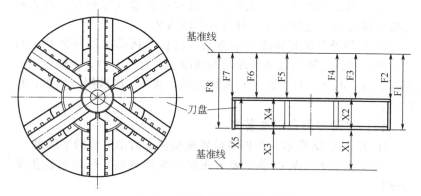

图 8-18 刀盘平面度测量示意图

行度。

② 推进液压缸分别全速伸缩数次，观察液压缸伸缩情况；比较行程仪检测数据与实际液压缸行程，检查液压缸行程。

③ 所有推进液压缸同时伸长和缩回，测量从最大伸长位置到最大缩回位置的时间，并计算最大缩回位置到最大伸长位置的时间和速度。在液压系统的压力计上读出压力值。

(4) 拼装机

① 提升液压缸伸、缩状态下,用千分尺分别测量提升导向杆之间的距离,记录测量值,参照设计值,得出拼装机两提升导向杆之间的平行度,如图 8-19 所示。

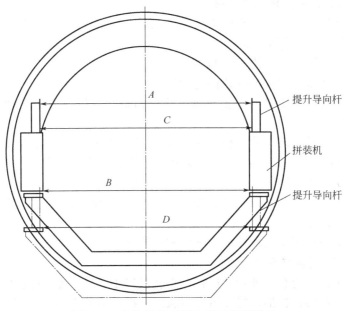

图 8-19　拼装机提升导向杆平行度测量

② 在空载状态下,将拼装机分别停留在上下左右各 90°的位置,进行提升、平移、支承等操作。

③ 在重载状态下,即钳住一块最重的管片,将拼装机分别停留在上下左右各 90°的位置,进行提升、平移、支承等操作。

④ 分别在空载和重载情况下以顺时针和逆时针方向旋转拼装机,记录工作压力。测量以顺时针和逆时针两个方向旋转 180°所需的时间。旋转速度可由旋转 180°所需的时间来计算。

(5) 螺旋输送机

① 用间隙量规测量螺旋输送机前部筒体与螺杆的配合间隙。

② 空载正反向试运转,检查螺杆转动情况。

③ 闸门开合数次，检查闸门开关动作情况，开、关限位动作和紧急关闭动作情况。

（6）带式输送机

① 带式输送机在临时设置的机架上定位，模拟盾构工作状态整机安装，检查机架平直度。

② 进行带式输送机的空载运转测试，运转 1h，检查带式输送机是否符合空载运转要求。

（7）单双梁管片吊运机构

① 测量工字梁的安装精度和挠度。

② 检验工字梁的焊接质量，检查销轴、滚轮、传动机构等的安装情况。

③ 启动行走机构，检查提升高度是否满足要求，观察行走动作，是否有卡滞现象，控制及限位动作是否正确、可靠。

（8）后方台车

① 测量台车外形尺寸，检查车架安装质量、设备布置是否符合设计要求。

② 测量车架轮距及单节车架的三轮直线度。

（9）同步注浆系统

① 以水为介质进行试运行，空转运行 15min，观察运转情况。

② 观察搅拌桶、搅拌棒安装状况，搅拌棒旋转有否卡滞现象，观察系统管路布置，是否漏油。

（10）加泥加水系统

试验方法同"同步注浆系统"。

（11）集中润滑系统

① 加润滑油脂进行试验，直至各部位内外周都有油脂溢出。

② 检查各循环开关动作次数是否达设计值。

（12）液压系统

① 检查液压管路布置情况、液压阀等元件的安装质量，是否符合技术要求。

② 检查液压系统的油液清洁度。

③ 检查液压泵的联轴器安装情况。

④ 刀盘驱动系统、推进系统、拼装机回转系统、拼装机平移和提升系统、螺旋机回转系统、螺旋机闸门液压缸等液压系统进行空载试验和负载试验。

a. 液压系统空载试验
- 松开溢流阀的调节手柄或螺母。
- 打开油箱球阀，向泵内注入油液，排除泵体内的空气。
- 接通电源，点动液压泵电动机，确认电动机和液压泵转向，然后启动电动机，检查液压泵是否平稳，有无卡阻现象；打开主机内系统管路上测压排气接头，排除管道内空气，以油液连续流出为准，反复几次，确认排气排尽后方可进行试车；排气的同时，液压泵向系统管路注油，及时用滤油小车给油箱补油。
- 空载运转15～20min，检查泵组运行情况，检查系统所有焊缝和连接口有否漏油。

b. 液压系统负载试车
- 系统在空载试车合格后，方可进行负载试车。
- 试验压力应逐级升高（每级3～5MPa），每升高一级宜稳压2～3min，达到试验压力后，保压10min，然后降至工作压力，进行全面检查，检查系统所有焊缝和连接口有否漏油，管道有否永久变形。
- 压力试验时，如有故障需要处理，必须先卸压。
- 压力试验期间，不得锤击管道，且在试验区域的5m范围内不得同时进行明火作业。
- 做好系统压力试验记录。

(13) 人行闸

① 按要求对焊缝进行X射线无损检测。

② 分别对两压力容器进行压力试验，压力先逐步升高，至试验压力时保压30min，再逐步降低至设计压力时保压30min。

(14) 盾尾密封系统

① 用钢卷尺测量盾尾刷安装后的圆度。

② 进行密封油脂加注装置的试运转，观察运转情况。

(15) 铰接装置

① 进行铰接液压缸的伸缩操作，观察液压缸伸缩情况；比较

行程仪检测数据与实际液压缸行程，检查液压缸行程。

② 检查盾构左右偏转、上下偏转过程中，以及壳体处于铰接极限角度时，各个铰接液压缸的伸长情况，并且进行铰接装置的复位动作的操作。

③ 铰接操作不能在盾构进行牵引、管片的整圆操作时进行。

(16) 电气系统检查方法

① 盾构高、低压箱柜、二次回路的安装

a. 观察检查内容

- 高、低压箱柜设备的型号、规格是否符合设计要求。
- 高、低压箱柜设备的外观是否完整无损。
- 高、低压箱柜设备的安装是否固定牢固。
- 高、低压箱柜设备内部的元器件是否完整无损。
- 高、低压箱柜设备的接地是否良好。
- 高、低压箱柜设备接线连接是否牢固、正确。
- 高、低压箱柜设备的各系统运行是否正确、可靠。

b. 检查测试记录

- 高压设备的电气测试是否符合规范要求（应有资质的单位进行操作）。
- 母线的接触面是否连接紧密，连接螺栓是否用力矩扳手紧固，其紧固力矩值应符合现行国家标准 GBJ 149—1990 有关规定。

② 盾构电力变压器柜的安装

a. 观察检查内容

- 电力变压器的型号、规格是否符合设计要求。
- 电力变压器的外观是否完整无损。
- 电力变压器的安装是否牢固。
- 电力变压器的接地是否符合设计要求。
- 电力变压器的运行状态是否良好。
- 电力变压器的温度控制显示是否正确。

b. 检查测试记录：电力变压器的电气测试是否符合规范要求（应有资质的单位进行操作）。

③ 盾构接地系统的安装　观察检查内容如下。

- 接地系统的电缆型号、规格是否符合设计要求。

- 接地系统的线路敷设是否符合设计要求。
- 接地电缆是否固定牢固、接触良好。

④ 盾构电动机的安装

a. 观察检查内容
- 电动机的型号、规格是否符合设计要求。
- 电动机的外观是否完好、无损伤。
- 电动机的安装是否固定、牢靠。
- 盘动电动机的转子时,是否转动灵活、无碰卡现象。
- 电动机的旋转方向是否符合机械要求。

b. 检查测试记录
- 电动机三相绕组绝缘电阻的测试是否符合规范要求,绝缘电阻不小于 $0.5M\Omega$。
- 电动机额定电流的测试值是否符合规定要求。

⑤ 盾构动力、控制、通信电缆的敷设

a. 观察检查内容
- 各类电缆的型号、规格是否符合设计要求。
- 各类电缆的外观是否无损伤、扭曲现象。
- 各类电缆的敷设排列是否整齐,标志牌是否齐全、固定是否牢固。
- 各类电缆的敷设是否放有适当的余量。

b. 检查测试记录
- 高压电缆的电气测试是否符合规范要求(应由资质的单位进行操作)。
- 低压电缆的电气绝缘电阻的测试值是否符合规范要求。

⑥ 盾构检测仪器、仪表的安装

a. 观察检查内容
- 各类检测仪器、仪表的型号、规格是否符合设计要求。
- 各类检测仪器、仪表的外观是否完好、无损伤。
- 各类检测仪器、仪表的安装固定位置是否正确,符合设计要求。
- 各类检测仪器、仪表需接地的是否完善、正确,接地是否良好。

• 利用重力原理构成的传感器的安装是否水平，倾斜是否超过产品规定的要求。

b. 检查测试记录：各类检测仪器、仪表的模拟值的测试，显示数值是否符合设计要求。

⑦ 检测、数据采集系统的安装

a. 观察检查内容

• 检测系统设备的型号、规格是否符合设计要求。

• 检测系统设备的接地是否符合设计要求。

• 检测系统设备的平面布置是否符合设计要求。

• 各传感器、限位、箱柜的按钮、指示灯等 I/O 信号与 PLC 的硬件、软件、输入/输出的元件定义是否一致，显示是否正确，误差值是否符合要求。

b. 检查测试记录：各类检测仪器、仪表输入、输出的测试、显示值是否符合设计要求。

⑧ 盾构电动葫芦的安装　观察检查内容如下。

• 电动葫芦控制箱的外观是否完好、无损伤。

• 电气设备和线路的绝缘电阻值是否符合现行国家标准的有关规定。

• 电动葫芦的起吊、行走限位动作是否可靠。

• 软电缆的滑轨式吊索终端固定是否牢靠，吊索调节装置是否齐全，软电缆的悬挂装置与电缆是否固定可靠，沿滑轨式钢索滑动时是否灵活平稳、无卡阻现象。软电缆移动段的长度比起重机移动距离是否长 15%～20%，宜加装牵引绳的长度是否短于软电缆移动段的长度。

⑨ 盾构照明系统的安装　观察检查内容如下。

• 照明灯具的型号、规格是否符合设计要求。

• 照明灯具的外观是否完好、无损伤。

• 照明灯具的安装是否符合设计要求。

• 照明灯具的控制是否符合设计要求。

⑩ 电气系统调试

a. 调试前的准备

• 复核各系统输入、输出电气元器件的安装，应固定牢固、无松动、接线正确符合设计要求。
- 各系统电动机的绝缘电阻测试，测试值应符合规范要求。
- 各系统的低压开关受电前均处于断开位置。
- 采用低压电源供电调试时，其调试电源的容量应能满足单机额定容量最大设备的启动运转要求。
- 采用高压电源供电调试时，高压开关、高压变压器与高压电缆应做电气试验，电气试验应符合规范要求。电气试验后，应在24h内完成高压变压器的受电工作。
- 高压进线开关带有接地开关的高压开关，在受电前接地开关必须处于断开位置，方能受电。严禁高压开关处于接地状态时送高压电。

b. 厂内盾构单机调试
- 检查各显示仪器的数值，显示值应准确。
- 各系统调试，按系统分别合上相应的动力开关。
- 各系统的电动机旋转方向确认。
- 各系统电动机试运行的空载电流值应符合要求，电动机试运行状态应正常。
- 各系统的操作与各系统动作的要求应符合设计要求。
- 各系统运行时模拟量的输出信号显示应准确。

8.4.2 施工现场井下试验

① 盾构壳体在现场进行对头焊接时，板厚在40mm以下的，采用外观目侧检查方法；大于等于40mm的可使用非破坏性检查方法。对于盾尾壳体的焊接采用按25% PT（着色探伤）或MT（磁粉探伤）检查。

② 管片拼装机系统钳住一块最重的管片，按8.4.1（4）中③、④重复进行厂内试验项目内容。

③ 刀盘驱动装置按8.4.1（2）中的③、④对刀盘驱动装置进行空载调试，记录刀盘的转速。

④ 推进装置按8.4.1（3）中②分别对推进液压缸进行伸缩试验，观察液压缸伸缩情况，记录伸缩所需时间。

⑤ 螺旋输送机按8.4.1（5）中的②空载正反向试运转，检查螺杆转动情况。

⑥ 带式输送机按 8.4.1（6）中的②进行带式输送机的空转运载测试。

⑦ 单双梁管片吊运机构按 8.4.1（7）中的③启动行走机构，检查提升高度是否满足要求，观察行走动作是否正常。

⑧ 集中润滑系统按 8.4.1（11）加润滑油脂进行试验，直至各部位内外周都有油脂渗出。

⑨ 盾尾密封油脂系统检查各管路出脂运行是否正常。

⑩ 电气系统调试

a. 检查各系统的电气联锁条件是否符合设计要求。

b. 检查各系统的启动与停止的顺序是否符合设计要求。

c. 检查联动调试时的各系统的功能、参数是否符合设计要求。

8.4.3 盾构 100m 试推进试验

盾构在现场安装调试完毕，始发后进行 100m 试推进试验。

① 刀盘驱动装置：按施工现场井下试验方法进行。观察在实际工作负荷情况下，刀盘的转速和油压是否符合设计要求。

② 推进装置：按施工现场井下试验方法进行。观察在实际工作负荷情况下，推进液压缸的伸缩速度和油压是否符合设计要求。

③ 管片拼装机系统：按施工现场井下试验方法进行。

④ 螺旋输送机：承受实际工作负荷情况下，检查螺杆转动情况，检测螺旋输送机的实际出土能力与设计的一致性。

⑤ 带式输送机：承受实际工作负荷情况下，检查运行是否正常。

⑥ 电气系统：承受实际工作负荷情况下，操作室显示屏显示所有要求的试验项目内容。

⑦ 其余系统均按施工现场井下试验方法进行。

8.5 检验规则

8.5.1 检验的分类

检验分为工厂检验、施工现场检验和 100m 试推进检验。

（1）工厂检验

① 盾构壳体尺寸

a. 壳体内外径尺寸；壳体长度尺寸。

b. 壳体外径的直线度；壳体圆度。

c. 壳体外观和焊接质量。

② 刀盘与刀盘驱动装置

a. 刀盘上刀具布置、刀盘盘面质量、刀盘的平面度，刀盘回转中心与切口环轴线的同轴度。

b. 刀盘驱动中传动齿轮的运转状况，齿轮副的侧隙。

c. 刀盘转动状况，刀盘以最大转速正反向运转各一圈的时间。

d. 刀盘实际转速是否与传感器输出相符。

③ 推进系统

a. 推进液压缸以最大速度伸展、缩进时的动作状况。

b. 推进液压缸的动作控制以及液压缸行程。

c. 行程仪检测数据与实际液压缸行程是否相符。

④ 拼装机

a. 在空载和重载状态下，提升、平移、支承等动作是否正常，工作行程是否符合设计要求。

b. 在空载和重载状态下，拼装机以高、低速度在转动范围内旋转，动作是否正常；正反向转速是否达到设计要求；转动范围内限位是否正确。

⑤ 螺旋输送机

a. 螺旋输送机在空载状态下，正反向试运转，转速是否达设计要求。

b. 螺旋输送机闸门开关是否有卡滞现象，闸门开关的限位是否正常。

c. 螺旋输送机闸门紧急关闭动作是否正常可靠，关闭时间是否满足设计要求。

⑥ 单双梁管片吊运装置

a. 提升高度是否满足设计要求。

b. 行走机构的行走是否有卡滞现象。

c. 控制是否正确、可靠，限位是否正常。

⑦ 车架　加工质量是否符合设计要求，特别是车轮组的安装质量。

⑧ 同步注浆系统及加泥加水系统

a. 搅拌桶、搅拌棒的安装。

b. 系统管路布置情况。

⑨ 集中润滑系统

a. 系统管路布置情况。

b. 各润滑部位内外周是否已有油脂溢出。

c. 各循环开关动作次数是否达设计值。

⑩ 液压系统

a. 系统管路配管、布置情况。

b. 系统工作时，泵组工作情况。

c. 各系统的调定压力是否达设计值。

d. 各系统空载压力是否正常。

e. 所有系统工作的泄油压力是否正常，不超过设定值。

f. 各传感器、压力开关、压力表等是否工作正常。

g. 对系统进行耐压试验，是否有泄漏现象。

h. 系统工作中，油箱温度是否正常。

⑪ 铰接装置

a. 铰接液压缸的配管线路、阀组等的布置情况及其状态的确认。

b. 铰接液压缸的伸缩动作状况，动作控制以及液压缸行程的确认。

c. 铰接液压缸工作压力的确认，不超过设定值。

d. 密封装置中的集中润滑工作是否正常，密封圈中是否充满油脂。

⑫ 电气系统验收

a. 通电前的验收项目

• 电器的型号、规格符合设计要求。

• 高、低压箱、柜等的制作符合设计要求。

• 电器的外观质量检查、绝缘器材无裂纹，安装方式符合产品技术文件的要求。

• 电器安装牢固、平正，符合设计及产品技术文件的要求。

- 电器的接地，符合设计、规范要求。
- 电器的各连接线排列整齐、美观。
- 电缆的敷设排列整齐、美观并留有适当的余量。
- 电器、电缆的绝缘电阻符合规范要求。
- 电缆的标志齐全完好、字迹清晰。

b. 通电后的验收项目
- 操作时动作是否灵活、可靠。
- 电磁器件有否异常响声。
- 线圈及接线端子的温度是否超过规定。

(2) 施工现场检验施工现场检验

在盾构机始发前进行，按厂内检验的项目重复进行。

(3) 盾构 100m 试推进检验

① 刀盘回转检验　按表 8-4 进行检测和记录。

表 8-4　刀盘回转检测表

速度	项目		角度 /(°)	设计时间 /s	实测时间 /s	转速 /r·min^{-1}	油压 /MPa
慢速	顺时针	自查					
		用户检查					
	逆时针	自查					
		用户检查					
快速	顺时针	自查					
		用户检查					
	逆时针	自查					
		用户检查					

注：允许范围为理论时间的±20%。

② 推进液压缸　按表 8-5 对所有推进液压缸进行检测操作并记录。

表 8-5 推进液压缸的检测表

名称		项目			
		设计时间/min	实测时间/min	油压/MPa	备注
伸	自查				
	用户检查				
缩	自查				
	用户检查				

注：允许范围为理论时间的±20%。

③ 管片拼装机　按表 8-6 进行管片拼装机操作运行检测并填写报告。

表 8-6 管片拼装机运行测试检验报告

名称		操作试验	结果	
			自查	用户检查
上部位置	升降	要求动作平稳		
	平移			
	支承			
下部位置	升降			
	平移			
	支承			
左面位置	升降			
	平移			
	支承			
右面位置	升降			
	平移			
	支承			
正反向旋转180°				

④ 螺旋输送机　按表 8-7 进行螺旋输送机的运转试验并填写检验报告

表 8-7 螺旋输送机检验报告

名称	操作试验	结果	
		自查	用户检查
正反向旋转	要求动作平稳		
转速/r·min^{-1}			
油压/MPa			

⑤ 其余检验项目　按表 8-8 进行其余项目的检验并填写检验报告。

表 8-8 检验报告

部件名称	项目	操作试验	结果	
			自查	用户检查
螺旋机闸门	行程	0~100%		
	开闭	运行是否平稳		
	紧急关闭	是否正常		
	工作压力			
单轨梁	升降机构	运行是否平稳		
	行走机构	运行是否平稳		
双轨梁	升降机构	运行是否平稳		
	行走机构	运行是否平稳		
皮带机	正反运转	是否正常		
	紧急停车	是否正常		
集中润滑装置		检查各管路出脂运行是否正常		
盾尾油脂密封系统		检查各管路出脂运行是否正常		
注浆系统		检查各管路出水是否正常		
泥水系统		检查所有出水口是否正常		

8.5.2 判定规则与复验规则

① 产品检验结果全部符合本标准所有技术要求者判为产品合格,若有某项不合格,应对不合格项进行复检,若仍有不合格,则对该项目进行整改,直至合格后方能交付使用。

② 在供需双方对产品质量发生争议时,可由双方协商选定的质量检验机构,按本标准规定的试验和检验规则进行仲裁试验。

8.5.3 标志、标签、使用说明书

① 产品标志盾构外表面两侧轴线处应涂刷或粘贴如下明显标志。

a. 产品名称。
b. 工程名称。
c. 业主名称。
d. 制造厂名。
e. 制造日期。

② 产品检验合格证 产品检验合格证应有:产品型号、规格、数量、编号;产品生产日期、出厂日期;厂名和质量检验员签章。

③ 装箱单 产品出厂装箱单包括:出厂合格证、产品使用说明书。

④ 产品使用说明书:应包括产品适用地质条件、性能、结构组成,以及详尽的操作规程、维修保养手册、主要易损件等。

8.5.4 包装、运输、贮存

(1) 包装

① 盾构出厂一般不进行包装,但对有防潮、防雨要求的零件应采取特殊的保护措施;对易损、易散失的零备件应捆扎牢固,对必须要防水、防湿、防锈并且和其他部件碰撞后可能会有损伤的产品,宜集中装箱运输。

② 包装好的产品应附有装箱单。

(2) 运输

① 运输分整体运输、解体运输、水运、陆运、空运,根据特定条件或客户要求决定运输方法。

② 产品装运应有防潮、防雨、防损坏措施。

(3) 储存

① 产品储存可在室外或仓库内，室外储存应有防雨措施。

② 产品储存期间应定期进行运转。运转要求按厂内空载试验要求。

第 4 篇
盾构机维护保养与故障排除

第 9 章
盾构机的维护保养

为了保证盾构机安全高效地工作，使设备的完好率和利用率达到较高的水平，应制定维修保养规程。

① 盾构机维修保养采用日常巡检保养和定期停机维修保养相结合的方式。每天进行日常巡检保养。每周停机 24h 进行强制性集中维修保养。采取以日常保养为主、停机维修保养为辅的方式。

② 维修保养工作必须制定维保计划（维修保养计划），并且应严格按计划执行。

③ 维修保养采取责任工程师签字确认制度，所有维修保养工作内容都要有书面记录，并且由责任工程师检查签字确认。对电气和液压系统的任何修改（包括临时接线等）都要做详细记录、签字并存档。

④ 维保工作必须遵循以下安全说明

a. 只有当机器停止操作时才能进行维保工作。

b. 断开要维护的电气部件的开关，并确保维护期间不会工作。

c. 在液压系统维护之前必须关闭相关阀门和降压，必须防止液压缸的缩回和液压马达的意外运行。意外泄漏的高压油有可能会造成人员伤亡。

d. 液压系统的维护保养必须注意清洁，严禁使用棉纱等易起毛的物品清洁管接头内壁、油桶、油管等。

9.1 盾构机维修保养内容

对维护保养人员的要求：加强维保人员技术培训，提高维保人员技术水平，提高施工人员的维保意识；提高维保人员的责任意识，在维保过程中发现故障尽量及时解决；做好盾构机配件采购和供应工作；做好维修档案的收集和整理工作。

盾构机维修保养内容见表 9-1。

表 9-1 盾构机维修保养内容

序号	维护保养项目	维护保养内容及要求
1		刀盘是盾构的主要工作部件，它的主要作用是切削掌子面并对碴土进行搅拌。小松 6340 盾构机的刀盘为面板式，在它的主、副刀楔之间是刀盘开口，也是碴土进入土仓的通道，其开口率大约为 40%。刀盘四周和边缘部分堆焊有耐磨条和耐磨隔栅。刀盘经由支柱、接盘和主轴承连接在一起，由六个支柱承受推进力和径向载荷，以及驱动变频电动机提供的转矩。在刀盘的开口部分和主、副刀楔上安装有刀具。对于刀盘的维保主要有以下几点 ① 定期进入土仓检查刀盘各部分的磨损情况，检查耐磨格栅是否过度磨损，必要时可进行补焊 ② 检查刀盘内搅拌棒的磨损情况，以及刀盘面板上的泡沫孔是否堵塞 ③ 在有条件的情况下检查刀盘面板、各焊接部位是否有裂纹产生
2	刀具	根据地质不同可采用不同的刀具。对不同刀具的磨损情况进行检验时必须使用专用的磨损量检验工具 ① 定期进入土仓检查刀具的磨损情况，根据地质情况决定是否换刀 ② 检查盘刀的滚动情况和刀圈的磨损量（使用专用盘刀磨损量检测板检查） ③ 在换装刀具过程中检查盘刀紧固螺栓的拧紧力矩 ④ 检查主切削刀的数量和磨损情况，如有丢失、脱落，要立即停机更换
3	中心回转接头	• 经常检查旋转接头的泡沫管是否有渗漏，并及时进行处理 • 经常对旋转接头部分的灰尘进行清理，防止灰尘进入主轴承内圈密封（此处是主轴承密封的薄弱环节应特别注意） • 检查旋转接头润滑脂的注入情况，如有堵塞应及时处理 • 经常检查回转中心的转动情况，如有异常必须立即停机并进行处理
4	仿形刀	• 在仿形刀工作前应检查油箱油位，必要时加注液压油 • 定期对仿形刀做功能性测试，检查其伸出和缩回动作的工作压力

续表

序号	维护保养项目	维护保养内容及要求
5	铰接密封、铰接液压缸、推进液压缸	• 及时清理盾体内的污泥和砂浆 • 检查铰接密封有无漏浆情况,必要时调整铰接密封的压板螺钉以缩小间隙 • 推进液压缸与铰接液压缸的球头部分加注润滑脂 • 检查推进液压缸靴板与管片的接触情况,正常时二者边缘平齐,如有较大的偏差应及时调整推进液压缸定位螺栓 • 润滑推进液压缸定位螺栓,防止锈蚀 • 检查盾尾密封情况,如有漏水和漏浆要及时处理,并检查盾尾油脂密封系统的工作情况 • 在每环管片安装之前必须清理管片的外表面,防止残留的杂物损坏盾尾密封
6	螺旋输送机	• 检查螺旋输送机泵有无漏油现象,如漏油则必须停机并进行处理 • 检查螺旋输送机驱动及液压管路有无漏油现象,如漏油即进行处理,并注意清洁 • 检查螺旋输送机泵电动机温度是否过高,如果温度过高则查明原因进行处理 • 检查螺旋输送机驱动齿轮箱油位,如果油位过低,必须添加齿轮油 • 检查轴承、闸门、伸缩缸的润滑情况,及时清理杂物并添加润滑脂 • 检查螺旋片磨损情况,如果磨损严重,应补焊耐磨层 • 用超声探测仪检查螺旋输送机管壁厚度,记录检测数据并向机电部门汇报 • 清洁传感器电路灰尘,检查电路接线端子有无松动,如松动应紧固
7	管片吊机	• 经常清理管片吊机行走轨道,注意给吊链加润滑脂 • 检查控制盒按钮、开关动作是否灵活正常。必要时检修或更换 • 检查电缆卷筒和控制盒电缆线滑环,防止电缆卡住、拉断 • 定期检查管片吊具的磨损情况,必要时进行修理和更换

续表

序号	维护保养项目	维护保养内容及要求
8	管片拼装机	• 清理工作现场杂物、污泥和砂浆 • 检查液压缸和管路有无损坏或漏油现象,如有故障应及时处理 • 检查电缆、油管的活动托架,如有松动和破损要及时修理和更换 • 定期(每周)给提升导杆(加二硫化钼)、前后伸缩导杆、大齿圈等需要润滑的部位加润滑脂并检查公差和磨损情况 • 定期检查管片拼装机驱动马达旋转角度编码器工作是否正常,如有必要对角度限位进行调整 • 检查抓取机构和定位螺栓,是否有破裂或损坏,若有必须立即更换 • 定期检测抓取机构的抓紧压力,必要时进行调整(调定压力为 9MPa) • 检查油箱压力,压力一般为 0.3MPa 左右 • 检查各按钮、继电器、接触器有无卡死、粘连现象,测试遥控操作盒,如有故障及时处理 • 检查充电器和电池,电池应及时充电以备下次使用 • 检查控制箱、配电箱是否清洁、干燥,无杂物
9	注浆系统	• 每次注浆前应检查管路的畅通情况,注浆后应及时将管道清理干净。防止残留的浆液不断累积堵塞管道 • 每次注浆前必须对注浆口的压力传感器进行检查,紧固其插头和连线 • 注浆前要注意整理疏导注浆管,防止管道缠绕或扭转,从而增大注浆压力 • 定期检查注浆管的使用情况,如发现泄漏或磨损严重应及时修理或更换 • 经常对砂浆罐及其砂浆出口进行清理,防止堵塞 • 定期对注浆系统的各阀门和管接头进行检查,修理或更换有故障的设备 • 定期对注浆系统的各运动部分进行润滑

续表

序号	维护保养项目	维护保养内容及要求
10	空压机	• 空压机的所有维护保养工作必须在停机并卸压的状态下进行 • 检查空压机管路的泄漏和出气口的温度,如有异常应及时排除 • 保持机器的清洁,防止杂物堵塞顶部的散热风扇 • 每天检查一次润滑油液位,确保空压机的润滑 • 不定期检查输送带及各部位螺栓的松紧程度,如发现松动则进行调整 • 润滑油最初运转50h或一周后更换新油,以后每300h更换一次润滑油(使用环境较差者应150h换一次油) • 使用500h(或半年)后必须将气阀拆出清洗干净 • 工作4000h后,更换空气滤清器(空气滤清器应按使用说明书正常清理或更换,滤芯为消耗品)、润滑油、油过滤器以及油水分离器和安全阀 • 定期对空压机的电动机轴承进行润滑,根据电动机的保养规程操作 • 应定期检查承受高温的零(部)件,如阀、汽缸盖、制冷器及排气管道,去除附着在内壁上的积炭 • 在任何情况下,都不应使用易燃液体清洗阀、冷却器的气道、气腔、空气管道以及正常情况下与压缩空气接触的其他零件。在用氯化烃类的非可燃液体清洗零部件时,应注意将残液清理干净,防止开机后排出有毒蒸气,不允许使用四氯化碳作为清洗剂 • 空压机前面板上的液晶显示屏能显示一些常规故障和故障提示信息,一般情况应按其提示的内容进行维保工作 • 机器各部件的总体保养为每年一次
11	气体保压、工业用气、气管路	• 用于气体保压的储气罐是压力设备,要经常检查其泄漏情况并及时维修 • 储气罐的泄水阀每日打开一次排除油水。在湿气较重的地方,每4h打开一次 • 经常检查管路和阀门有无泄漏,并及时进行修复 • 定期对保压系统做功能性检测,确保其正常工作 • 经常检查空气管路上的油水分离器,清洗并加油

续表

序号	维护保养项目	维护保养内容及要求
12	人员舱系统	由于人员舱的特殊工作性质,人员舱分为使用保养和使用后日常保养两种情况 使用前保养 • 检查压力表、压力记录仪、空气流量计、加热器、照明灯工作是否正常。给压力记录仪添加记录纸,并做功能性测试 • 检查舱门的密封情况,首先清洁密封的接触面,如有必要可更换密封条 • 清洁整个密封舱 • 检查刀盘操作盒操作是否正常 • 清洗消声器和水喷头 使用后日常保养 • 人员舱使用后如近期不再使用,可将人员舱外部的压力表、记录仪拆除,并清洗干净。妥善保管以备下次使用 将人员舱清洗干净,并将人员舱门关紧
13	主驱动系统主轴承	• 每天检查主轴承齿轮油油位,并做记录 • 检查主轴承齿轮油温度,如温度不正常须立即停机并查找原因 • 检查主轴承密封(HBV)油脂分配马达动作是否正常。在检查刀盘时,进入土仓实际检查主轴承密封油脂的溢出情况 • 检查主轴承齿轮油分配马达工作是否正常 • 每天给主轴承内圈密封注润滑脂,并检查内圈密封的工作情况 • 定期提取主轴承齿轮油油样送检,根据检查报告决定是否要更换齿轮油或滤芯。更换齿轮油同时必须更换滤芯 • 定期检查齿轮油滤芯,并根据压差开关反映的情况判断是否更换滤芯 • 定期检查主轴承与刀盘螺栓连接的紧固情况
14	主驱动系统变速箱	• 检查变速箱油位,如油位过低应先找出漏油故障,解决故障后补充齿轮油 • 检查变速箱温度是否在正常范围,观察冷却水的流动情况 • 检查变速箱的温度传感器,定期清除上面的污垢 • 第一次工作50h后更换所有齿轮油

续表

序号	维护保养项目	维护保养内容及要求
15	液压系统	盾构机液压系统主要包括推进液压系统、管片安装液压系统、螺旋输送机液压系统、注浆液压系统、辅助液压系统等 • 检查油箱油位,必要时加注液压油 • 检查阀组、管路和液压缸有无损坏或渗漏油现象,如有要及时处理 • 定期检查所有过滤器工作情况,并根据检查结果和压差传感器的指示更换滤芯 • 定期取油样送检 • 经常监听泵的工作声音,发现异常应及时停机检查 • 经常检查泵、马达和油箱的温度,发现异常要及时检查处理 • 经常检查液压油管的弯管接头,发现漏油要及时处理 • 经常检查冷却器的冷却水进/出水口的温度和油液的温度,必要时清洗冷却器的热交换器 • 定期检查液压系统的压力,并与控制室面板显示值相比较 • 在对液压系统维修前,必须确保液压系统已停用并已经卸压。特别是在清空蓄能器时要特别注意 • 液压系统的加油和换油必须严格按照盾构机说明书规定的程序执行。尽量采用厂家推荐的品种,禁止将不同规格品牌的油混合使用。每次加油前必须对所选用的油品进行抽样检测,检测合格方可使用
16	液压系统的维修	• 液压系统一旦发现泄漏必须立即维修,维修过程中应采取适当的方式避免污染液油,必须保持液压系统的清洁(在松开任何管道连接时,必须彻底清洁接头和其周围的环境) • 维修工作结束后,在重新开动机器前必须确定所有的阀门已打开,特别是某些特定的蓄能器的阀门 • 液压管被碾压或过度弯曲都可能造成保护外皮的损坏。如果其保护外皮受损就有可能影响其最大工作压力,而致使危险的发生(碾压和过度弯曲液压管还可能造成压力损失和回油压力过高) 所有液压管线的拆卸必须做到随时拆卸、随时封口,防止异物进入液压系统。各维修工必须随身携带一条干净纯棉毛巾及干净白绸布

续表

序号	维护保养项目	维护保养内容及要求
17	泡沫系统	• 定期清洗泡沫箱和管路,清洗时要将箱内沉淀物和杂质彻底清洗干净 • 检查泡沫泵的磨损情况,必要时更换磨损的组件 • 检查泡沫泵的工作情况,给需要润滑的部分加注润滑油或润滑脂 • 检查压缩空气管路情况,必要时清洗管路 • 检查电动阀和流量传感器的工作情况,电动阀开闭动作是否正常、流量显示是否正确,如有必要进行维修或更换 • 定期检查旋转接头处的泡沫管路有无堵塞,如发生堵塞要及时清理
18	加泥系统	• 检查加泥泵工作是否正常。润滑轴承和传动部件 • 检查挤压泵动作是否正常 • 检查加泥管路,清理管路的弯道和阀门部位,防止堵塞 • 检查流量仪和压力传感器 • 定期清理泥箱和液位传感器
19	通风系统	• 检查洞内外风机工作是否正常,有无异常声响 • 定期检查叶片固定螺栓有无疲劳裂纹和磨损 • 定期检查、润滑电动机轴承(按保养要求时间和方法进行) • 检查风管卷筒的固定情况 • 根据掘进情况及时延伸和更换风管 • 检查风管有无破损现象,及时修补或更换
20	水系统:冷却循环水、排水系统	• 检查进水口压力(一般为 0.5MPa 左右)和温度(小于 30℃),如压力过低或温度过高,应检查隧道内的进水管路的闸阀、水泵工作是否正常 • 根据推进情况,及时补接水管 • 检查水过滤器,定期清洗滤芯,定期清理排污阀门 • 检查水管路上的压力和温度指示器,如有损坏及时更换 • 检查水管软管,如有损坏应及时修理,并对易损坏的软管作防护处理 • 每天检查排水泵,如有故障应及时修理 • 每天检查所有的水管路,修理更换泄漏、损坏的管路闸阀

续表

序号	维护保养项目	维护保养内容及要求
21	油脂泵站	• 检查油脂桶是否还有足够的油脂,如不够应及时更换 • 经常检查油脂泵站的油水分离器,加注润滑油 • 检查油脂泵的工作情况 • 检查油脂泵的工作压力是否异常 • 检查油脂泵的气管是否有泄漏现象,如有泄漏应及时修理或更换 • 更换油脂桶时应对油脂量位置开关进行测试 • 检查主轴承密封油脂注入频率是否正常(正常为5～7次/min)否则应检查油脂管路调整注脂泵运转频率 • 检查盾尾密封注脂次数或压力是否正常,否则应检查油脂管路是否堵塞。特别是重点检查气动阀是否正常工作 • 经常检查盾构机集中润滑油脂工作是否正常
22	供电系统:电缆、开关柜、变压器	高压电缆 • 经常检查高压电缆,根据推进情况及时绑扎 • 检查高压电缆有无破损,如有破损要及时处理 • 检查高压电缆铺设范围内有无可能对电缆造成损坏的因素,如果有要及时采取防范措施 • 定期对高压电缆进行绝缘检查和耐压试验(做电缆延伸时进行试验) 高压开关柜 • 定期进行高压开关柜的分断、闭合动作试验。检查其动作的可靠性 • 检查高压接头的紧固情况 变压器 • 变压器应有专人维护保养,并定期进行维护、检修 • 检查变压器散热情况和变压器的温升情况 • 定期对变压器进行除尘工作 • 监视变压器是否运行于额定状况,电压、电流是否显示正常 • 注意监听变压器的运行声音是否正常 • 检查接地线是否正常

续表

序号	维护保养项目	维护保养内容及要求
23	配电柜	• 检查配电柜电压和电流指示是否正常 • 检查配电柜内的温度、气味是否正常 • 检查漏电断路器过载保护和短路保护是否正常 • 检查大容量断路器和接触器工作时的温升情况,如温度较高说明触点接触电阻较大,需要进行检修或更换 • 检查柜内变频器显示是否正常 • 经常对配电柜及元件进行除尘 • 定期对电缆接线和柜内接线进行检查,必要时进行紧固
24	主机控制系统:控制面板、传感器、PLC	控制面板 • 检查面板内接线的安装状况,必要时进行紧固 • 定期清洁灰尘(注意防水) • 定期检查按钮和旋钮的工作情况,如有损坏及时更换 • 检查控制面板上的 LED 显示是否正常 • 定期对控制面板上的 LED 显示进行校正。校正时要使用标准信号发生器,先校正零点再校正范围,二者要反复校正 • 定期对推进液压缸和铰接液压缸行程显示与液压缸实际行程进行测量校对,如有误差应及时校准 传感器 • 检查各种传感器的接线情况,如有必要紧固接线、插头、插座 • 清洁传感器,特别是接线处或插头处要清洁干净,防止水和污物造成故障 • 检查传感器的防护情况,如有必要应采取防护措施,防止损坏传感器 • 定期用压力表对压力传感器在控制面板上的显示情况进行检查和校准 PCL • 检查 PLC 插板是否松动 • 检查 PLC 连接线是否松动,紧固接线端子 • 检查 PLC 通信口插头连接是否正常 • 定期清洁 PLC 及控制柜内的灰尘 • 备份 PLC 程序

续表

序号	维护保养项目	维护保养内容及要求
25	带式输送机	• 检查各滚子和边缘引导装置的滚动情况,如滚动不好,即清洗并润滑 • 检查输送带的磨损情况,如输送带磨损严重,即更换输送带 • 检查输送带是否有跑偏现象,如输送带跑偏需进行校正 • 检查驱动装置变速箱油位,如果变速箱油位过低需添加齿轮油 • 检查各轴承润滑,添加润滑脂 • 检查输送带松紧情况,必要时增加输送带张力 • 清洁电路、电动机 • 检查电路接线端子有无松动,如松动则需紧固 • 检查断路器、接触器、继电器触点烧蚀情况,如烧蚀明显则用细砂纸打磨平;如严重烧蚀,则需更换触点 • 定期检查和清洁所有零件
26	后配套拖车	• 经常检查拖车行走机构的工作情况,必要时加注润滑脂 • 定期检查各拖车间的连接销、连接板,防止意外断裂或脱开 • 经常检查拖车走行机构的跨度与钢轨的轨距是否合适,不合适应及时调整

9.2 维修保养操作方法

① 为了确保盾构机安全高效地掘进施工,使盾构机及配套设备的完好率和利用率达到较高的水平,应制定维修保养规程。

② 盾构机主操作人员、维修保养人员、盾构机拼装手、双轨梁操作人员及盾构机配套设备操作人员应经培训合格后持证上岗。

③ 盾构机维修保养采用日常保养和定期停机维修保养相结合的方式。每天进行日常保养,每 2 周停机 12h 进行强制性集中维修保养,每月停机 24h 进行强制性集中维修保养,每季度停机 24h 进行强制性集中维修保养,每半年停机 24h 进行强制性集中维修保养及检查更换易损部件。

④ 维修保养工作必须制定维保（维修保养）计划，并且应严格按计划执行。维修保养采取值班机电工程师签认（签字确认）制度，所有维修保养工作内容都要有书面记录，并且由机电工程师检查签认。尤其是对电器和液压系统的任何修改（包括临时接线等）都要做详细记录、签字并存档。

⑤ 为保证日常保养的有效性和定期维修保养的高效性，机电值班工程师应进行跟班巡检并及时处理发现的问题。

⑥ 维保工作必须遵循以下安全说明。

a. 只有当机器停止操作时才能进行维保工作。

b. 维修时要断开待维护的电气部件的开关，并确保维护期间维修的设备不会工作。

c. 在液压系统维护之前必须关闭相关阀门并降压，必须防止液压缸的缩回和液压马达的意外运行。意外泄漏的高压油会造成人员的伤亡和液压设备的损坏。

d. 液压系统的维护保养必须注意清洁，严禁使用棉纱等易起毛的物品清洁管接头内壁、油桶、油管等。

9.2.1　滤清器（更换滤芯）

(1) 回油滤清器的更换方法

如果 IPC 工业电脑显示其出现故障（F9 故障报警），则表明过滤器滤芯可能堵塞，必须更换滤芯元件。经过较长时间的停用后也应更换滤芯元件。如果滤清器顶部的堵塞显示开关跳起则说明滤芯堵塞，也应更换滤芯。更换滤芯前应清洁过滤器外壳。

由于过滤器（图 9-1）直接接在液压主回路上，属于高压设备，且滤芯是易污染设备，受到污染后无法清洗，不可再次使用。所以更换过滤器滤芯应严格按照下列步骤进行，防止发生危险和损坏设备。

① 断开设备开关阀门并使其降压。如果未先降压就拆开过滤器外壳，则过滤器中的残留物由于高压发生喷射性泄漏，将可能给设备和人身带来伤害；过热的液压油可引起火灾或烫伤。

② 握住过滤器顶部的旋转把手将拧下的滤芯头 3 和滤芯元件 2 一起拉出。

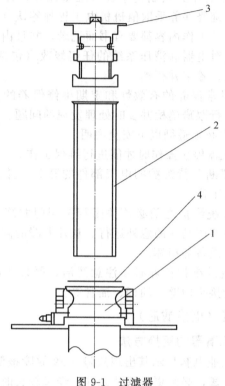

图 9-1 过滤器
1—滤芯外壳；2—滤芯元件；3—滤芯头；4—O 形密封圈

③ 将过滤器的滤芯头和滤芯放在预先准备好的塑料布上（确保塑料布是清洁的）。轻轻左右晃动将滤芯元件 2 从滤芯头 3 中取出，检查滤芯表面是否有可见的污染物（如有可见污染物须提取杂质样本送检，用以确定污染源）。

④ 检查滤芯外壳 1 和滤芯头 3 是否损坏，损坏元件必须更换，并适当清洁滤芯外壳和滤芯头。

⑤ 确保滤芯外壳上的 O 形密封圈 4 完好无损、安装正确，并用干净的液压油适当清洗。

⑥ 新的滤芯元件 2 放入滤芯外壳内，使新滤芯元件的中心孔与滤芯外壳的中心轴对齐。

⑦ 将少量干净的液压油加注在滤芯头 3 的 O 形密封圈和螺纹上，并将滤芯头旋入滤芯外壳内重新安装好。检查滤芯头顶部的堵塞开关并将其复位。

⑧ 打开阀门给液压系统加压，测试过滤器是否泄漏。如有泄漏，检查安装过程是否有错误，并更换出现故障的设备。

更换滤芯时必须注意以下几个问题。

① 损坏部件必须更换。

② 严禁使用管道扳手上紧过滤器头部。严禁用锤子敲打过滤器任何部位！

③ 滤芯元件不能清洗。不可重复使用！

(2) 进油滤清器的检查方法

如果控制板上灯光显示过滤器故障或 IPC 工业电脑显示其出现故障（F9 故障报警），则表明过滤器滤芯可能堵塞必须更换滤芯元件。经过较长时间的停用后也应更换滤芯元件。更换滤芯时，清洁过滤器外壳。

由于过滤器直接接在液压主回路上，属于高压设备，且滤芯是易污染设备，受到污染后无法清洗，不可再次使用。所以更换过滤器滤芯应严格按照下列步骤进行，防止发生危险和损坏设备。

① 断开设备开关阀门并使其降压。如果未先降压就拆开过滤器外壳，则过滤器中的残留物由于高压发生喷射性泄漏，将可能给设备和人身带来伤害；过热的液压油可引起火灾或烫伤。

② 如图 9-2 所示，拧下过滤器外壳 2，并把剩余的液压油倒入一容器中（这部分液压油将用于杂质分析不能再次加注到液压系统中）。适当清洁过滤器外壳。

③ 取出滤芯元件 3 并检查其表面是否有可见的污染物。如有可见杂质必须提取杂质样本送检，用以确定污染源。

④ 检查滤芯外壳 1 和分流阀是否损坏，损坏元件必须更换，并适当清洁滤芯外壳和分流阀。

⑤ 确保滤芯外壳的 O 形密封圈 5 和轴承环 6 完好无损，并用干净的液压油清洗。

⑥ 用干净的液压油清洗 O 形密封圈 4，装回原位后在其上加

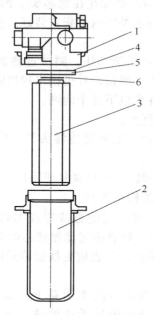

图 9-2 过滤器的安装位置

1—滤芯外壳；2—过滤器外壳；3—滤芯元件；4,5—O形密封圈；6—轴承环

注少量液压油，并使滤芯的中心孔与滤芯外壳的中心轴对齐。

⑦ 将少量清洁的液压油加注到滤芯外壳的螺纹上并将滤芯外壳与滤芯头上紧。

⑧ 打开阀门给液压系统加压，测试过滤器是否泄漏。如有泄漏，检查安装过程是否有错误，并更换出现故障的设备。

更换滤芯时必须注意以下几个问题。

① 损坏部件必须更换。

② 严禁使用管道扳手上紧过滤器头部。严禁用锤子敲打过滤器任何部位！

③ 滤芯元件不能清洗。不可重复使用！

9.2.2　加注液压油和齿轮油方法

液压油较易被污染，为了保证加注到油箱的液压油纯净，在灌注液压油箱时应遵循以下步骤。

① 停止液压站及过滤器和冷却管线的所有泵。
② 清理油箱和其周围的杂物，清洁油箱顶部的污物。
③ 打开专用液压油加油口盲堵（液压油冷却器双过滤器处），连接加油机液压管（加油机由液压泵、液压管线、12μm 过滤器组成）。
④ 启动加油机向油箱中注油，当油位达到要求时停止加油。
⑤ 加油完毕，用盲堵封堵加油口，清洁现场。
⑥ 在加油前检查加油机滤芯情况，必要时更换滤芯后加油，整个过程中一定要注意液压油的清洁，要注意油位的变化，不能使油液溢出。

9.2.3 推进液压缸检查方法

① 在盾构机的掘进过程中不可避免地会遇到转弯地段。由于盾构机的转向纠偏会使推进液压缸的撑靴与管片产生错动，造成管片安装的错台和开裂，严重影响管片的安装质量和隧道质量。所以在推进过程中必须对推进液压缸撑靴的球铰接进行灵活度检查，按要求及时加注油脂，若球铰接头不灵敏应检查调整。
② 经常检查撑靴板减振块，若有损坏及时修复。

9.2.4 铰接密封的调节方法

盾构机在曲线段施工时，由于密封材料（橡胶）的特性，其铰接密封的密封能力会出现下降，从而产生漏浆漏液现象，严重影响施工的质量和进度。对盾构机本身也是一个较大的损害。为了防止和减轻上述情况的发生就必须对盾构的铰接密封进行调整，以适应不断变化的地质和线路的情况。

如图 9-3 所示，盾构的铰接密封由一道橡胶和两道间隔条、调整螺栓、压紧块以及一道紧急密封气囊组成。紧急密封气囊平时处于无气状态，不起密封作用，只有当铰接的橡胶密封出现问题需要更换时，才会充气将盾构铰接部位的缝隙暂时封闭起来，以防止在更换橡胶密封时发生漏液漏浆现象。由于紧急密封的材料是橡胶，它不能承受很大的摩擦。过于剧烈的摩擦和挤压会使密封发生破裂和泄漏。又由于其特殊的安装位置一旦发生损坏将无法更换和修补。紧急密封的损坏将会为前道密封的更换造成很大的困难！

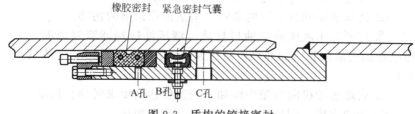

图 9-3 盾构的铰接密封

鉴于其特殊用途的重要性,平时绝对不能将其用于正常掘进状态下的密封使用,只有在盾构停机状态更换橡胶道密封时才可充气使用。

当盾构在曲线段掘进时,应根据其掘进的转向趋势相应调节铰接密封。先将密封压紧块的紧固螺栓松开,将转弯方向内侧密封的压紧块调整螺栓向外调节,使密封与盾体间的间隙加大。相反地将转弯方向外侧密封的压紧块调整螺栓向里调节,压紧铰接密封使其间隙缩小。调整的范围以密封情况的改善为标准。调整完毕,将密封压块的紧固螺栓上紧即可。

虽然调节盾构的铰接密封可以改善其密封状况,但由于橡胶密封的弹性密封件尺寸限制,所以调节范围不会很大,在掘进中应根据线路的变化及时调整铰接密封。只有在施工中不断积累曲线掘进经验,防止过大纠偏(转弯)趋势的产生才能更好地保证施工质量。

9.2.5 盾尾油脂密封气动阀的检查方法

盾尾油脂密封在盾构施工中起着非常重要的作用。一旦盾尾密封出现问题将会严重影响盾构施工的进度及质量,所以平时应定期对盾尾密封的管线和阀门进行仔细检查。在盾尾油脂密封系统中,位于盾尾密封油脂注入口部的电磁气动阀的作用尤为重要,由于其结构和安装位置问题,对它进行检测和维修保养比较困难。现将其检测维保方法介绍如下。

① 检查电磁气动阀的管路、接头是否有漏气和漏油现象,必要时更换管路和接头。

② 检查气管路上的油气分离器的油液位,必要时加注润滑油。

③ 将主控制室内的盾尾油脂密封控制旋钮转到手动控制挡位,

分别控制每路油脂管路单独工作。

④ 配合主控室操作人员，检查电磁气动阀气动控制回路的电磁阀是否工作正常。当主控室人员进行操作时，观察电磁阀的指示灯是否有正常的闪烁指示。

⑤ 如果电磁阀动作正常，注意监听气动回路的动作声音（指示灯闪烁的同时应有气动阀的排气声），还可以通过用手触摸气动阀的阀杆是否转动来确认工作状况。

盾尾油脂注入口部的电磁气动阀较易发生故障，应经常进行检查。注意清理堆积在阀体上的杂物。防止水进入阀体，如有水进入阀体可能会引起阀体的故障。注意保护注入口部的压力传感器，如发生损坏应尽快更换。

9.2.6 空压机的维保方法

(1) 简介

所有保养工作必须由经过专业培训的人员进行，保养人员需仔细阅读操作维护手册。维保时必须停止空压机的工作、释放压力、防止意外使机器再次启动。

空压机的定期维护按空压机的操作维护手册进行。

(2) 释放残余压力

在维保前，需按如下所述对压力的释放进行检查：关闭切断阀以切断空压机与压缩空气系统间的连接。通过安全阀放气以释放压力。

正常的环境温度不得超过＋40℃。

警惕！必须穿戴能保护脸和身体的防护衣物，防止热的油混合物意外泄漏造成人身伤害。

(3) 输送带保养

调整输送带时先将电动机底座上的电动机调节螺杆松开，调节输送带的张紧度，以单手指能压下单根输送带中部 $7 \sim 8$ mm 为宜，拧紧电动机调节螺杆。

若要更换输送带时，必须所有的输送带一齐更换，不得只更换一条输送带，否则张力会不平衡。

调整或更换时，不要将润滑油溅到输送带或输送带轮上。

输送带轮校正：两输送带轮之间稍许不对直都会缩短输送带寿命，两带轮之间的平面不重合度不超过 1.5mm。两根传动轴虽平行，但两个带轮不在同一平面内，将产生平面重合误差。

当两根传动轴不平行时，将产生角度误差。

(4) 带轮校正方法

使用精度直尺检查主动带轮和从动带轮两个平面是否重合，这是一种方便而有效的方法。将一直尺放在主动（电动机）带轮的平面上，来检查从动（主机）带轮的角度误差，反之，将直尺放在从动带轮上来检查主动带轮的角度误差。

在每个方向上测量直尺和对面带轮轮缘之间的间隙，不得大于 1.5mm。带轮平直度在出厂前已校对，只有当拆卸过电动机或主机时才需要重校，例如调换电动机或主机后。

(5) 主机轴承

主机轴承由空压机冷却油润滑，不需维护保养。根据使用工况及运转情况适时进行维修保养。

冷却器维护：每月检查一次外表面灰尘堆积状况，并做出记录及清理。清理方式：压缩空气从冷却器出风面反向吹扫，保证翅片冷却通道顺畅。

(6) 油过滤器更换

① 将油过滤器用相关工具旋开。
② 将新油过滤器在相应位置旋紧。
③ 检查冷却油位。
④ 启动空压机检查有无漏点。
⑤ 将旧滤芯放在密封袋中，按相关安全法规处理。

(7) 冷却油油位检查

冷却油油位要做到时常检查，建议每天一次。油标低于警戒位置时需加专用冷却油。

(8) 冷却油更换

① 空压机运行停机后放油。
② 油气桶体下面设有排放阀，应直接排入相关容器。
③ 打开排放阀，将油排空。

④ 给空压机注入新油时要关闭阀门。

⑤ 根据地方和政府法规处理废油。

(9) 空滤芯更换

① 拆除空滤盖,再拆除空滤芯。

② 装入新空滤芯,以拆除相反顺序安装。

③ 旧滤芯放置在密封袋中,按相关安全法规处理。

(10) 油气分离器芯更换

① 将油气分离器用相关工具旋开。

② 将新油气分离器在相应位置旋紧。

③ 将旧的油气分离器放置在密封袋中,按相关安全法规处理。

9.2.7 油脂桶更换操作要求

① 将油脂泵送系统控制旋钮拧至维修挡。

② 调节气锤压力至 6bar,油脂桶通气阀将气锤操作手柄上抬,提升气锤,将气锤从油脂桶中提出。

③ 搬开空的油脂桶,将新桶正放在气锤下方。

④ 拧开气锤上的放气螺杆,关闭油脂桶通气阀,下压气锤操作手柄,将气锤压入油脂桶中。

⑤ 一旦气锤进入脂桶,调节气锤压力降至 2bar(压力不能高于 2bar),泵送手动阀拧至手动工位,可听见油脂泵频率很高的"啪、啪"声,待其频率降低后,即表示已开始注脂。

⑥ 将油脂泵送系统控制旋钮拧至自动挡,油脂泵送压力调至满足泵送频率 7 次/min,根据实际施工需要确定实际泵送频率。

⑦ 禁止使用碰扁的油脂桶,若油脂桶损坏需更换。

⑧ 整个操作过程应洁净,禁止使用污染的油脂。

第10章
盾构机常见故障排除

TBM 为系统化的集合设备,每个环节的故障均会影响到 TBM 的正常掘进,可能影响到正常开挖进行的主要设备故障包括机械、液压、电气、后配套系统、TBM 带式输送机、岩石支护设备、导向设备、水系统、润滑系统、除尘系统等。根据中铁十八局秦岭隧道和桃花铺 1# 隧道使用 TBM 施工的经验,各种故障所占用施工时间的比例见图 10-1。

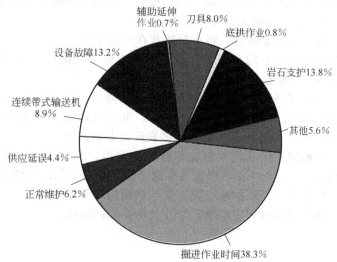

图 10-1　故障时间比例图

图中时间比例根据全部隧道施工中的情况综合统计确定,累计每天处理设备故障需要占用 4.332h,折合到每个掘进工班设备故障需要占用 2.166h,但以上各种设备故障有一部分通常放置在整备时间进行处理,因此确定在掘进工班中设备故障占用时间为

1.5～1.8h/班。

10.1 盾构机操作员常见故障

(1) 漏油

液压驱动在盾构机内部占重要部分，漏油为液压系统常见故障，漏油多发生在管路接头处。漏油的原因视情况而定。一般有两种原因，一是接头连接处松动，这种情况用对应型号的扳手紧固即可，盾构机管路螺纹均为右旋，扳手顺时针扳为紧固；二是管路螺纹磨损，导致接头配合不紧密，此种情况可以缠一些生胶带在螺纹上。有些管路内部有密封圈，可能是密封圈老化、密封圈破损等原因造成，则需更换密封圈。漏油处理完之后，用干抹布擦干净管路及泄漏的液压油，隔一段时间再来观察，如果仍然泄漏，则需进一步处理。在拆开接头处理漏油故障过程中，注意不要让管路螺纹沾上杂质。

(2) 漏气

漏气一般能通过听声音来辨别，漏气原因与漏油类似，多为接头松动或螺纹配合不紧密，解决方法可以参照漏油故障解决方法。

(3) 漏水

漏水多发生在管路接头处，解决方法也可以参照漏油的解决方法。有些情况发生在法兰连接处，需紧固法兰连接螺栓；如果紧固无效，应拆开法兰连接面，查看法兰密封垫片有无破损，如有损坏，及时更换。

(4) 螺栓松动

有些螺栓处在经常振动的位置，例如拼装回旋马达机座上的螺栓，加泥泵周围的螺栓，还有电动机的机座等。由于振动，这些螺栓比较容易松动，应定时检查，加以紧固。

(5) 注浆管路上的控制阀对操作无响应

选中注入口阀，注入口阀通常会在短时间内开闭，如果超过一段时间，也没有全闭、全开时，要考虑以下原因。

① 空气驱动阀（1～2s）：供给空气压力、流量的低下，注入口阀处的同步注浆材料凝固。

② 注入口阀（1s）：注入口开闭用液压泵停止，注入口阀处的同步注浆材料凝固。

③ 电动球阀（9～10s）：注浆材料凝固，电磁阀电源没有合闸。

对于空气压力、流量低下，应启动空压机补充气压；如果压力正常，还不能驱动，则拆开对应的管路，检查注浆材料是否凝固，如果凝固，则应清除管路中的凝固材料，对管路进行清洗，保证管路通畅。

（6）注浆管路压力过高或者过低

盾构机有四条注浆管路，每个管路上设一压力传感器，在注浆触摸屏上有注浆压力值显示，不同注入压力其背景颜色不同。

① 黑色——注入压力正常。

② 橙色——注入压力持续低下。

③ 红色——注入压力高。

注入压力过高或者压力持续低下时，注入口阀、主注入阀自动关闭。

注入压力低下，应考虑浆液剩余量是否不足。

注入压力过高，需考虑注浆管路可能由于注浆材料凝固造成堵管，应拆开管路进行检查，清理管路中的凝固材料，确保管路通畅。

（7）注浆泵无法运转

如果启动注浆泵，注浆泵没有运转，需考虑以下原因。

① 注浆泵电源是否合闸。

② 注浆泵内部注浆材料凝固。

一般多为清洗不及时造成注浆材料凝固，应拆开注浆泵，对注浆泵吸入口、注浆泵内部进行清理。拆开注浆泵时，为防止注浆残余压力，应缓慢松懈拆开。同时注意，长时间停机，为避免注浆材料凝固，应确保浆箱无剩余浆液，清洗注浆泵，清洗注浆回路。

（8）集中润滑给脂压力偏高

给脂压力偏高，多为滤芯阻塞，油脂分配阀堵塞造成，同时往往伴随给脂不足。应停止推进，先拆开操作室后面的总回路上的油脂分配阀出口，启动强制注脂，观察是否有油脂出来，检查总回路上的油脂分配阀和滤芯是否堵塞。如果总回路正常，则需进一步拆开刀盘驱动密封注脂回路上的油脂分配阀出口接头处，启动强制注脂，检查此处滤芯和油脂分配阀是否堵塞。如果这一回路上情况正常，则再拆开螺旋输送机闸门用润滑油脂回路上的油脂分配阀出口接头处，启动强制注脂，检查此处滤芯和油脂分配阀是否堵塞。如果某处发生堵塞，应拆开滤芯进行检查，滤芯没问题继续拆下油脂分配阀进行清理。

（9）刀盘驱动密封给脂不足

刀盘驱动密封给脂不足应停止推进，以防土仓中的泥水进入刀盘驱动密封损坏密封。给脂不足时先观察注脂泵的运转状况，看看注脂频率是否太低，调节注脂泵进气口的节流阀可以改变泵的运转频率。如果给脂不足，同时给脂压力偏高，应考虑给脂管路发生堵塞。

（10）电磁阀电源漏电保护器跳闸

电磁阀电源有ELB41～ELB45，分别控制不同区域的电磁阀。电磁阀电源跳闸的原因多为该电源下某个电磁阀接线短路，如电磁阀接线处进水。电磁阀电源跳闸，如果合闸不上，则检查对应的电磁阀，观察电磁阀表面是否有水迹。如果没有明显迹象，则找到电磁阀对应的接线端子箱，通过拔下熔断器断开某个区域的电磁阀电源，测试并确定故障发生在哪个区域。确定区域之后，拔下所有的电磁阀熔断器，用万用表逐一测电磁阀接线电阻。如果某个电磁阀接线阻值很小（几乎为零），就说明该电磁阀发生短路。找到对应的电磁阀，对电源接线进行检查。

（11）单、双梁无法启动

单、双梁无法启动，需考虑以下原因和对策。

① 遥控紧急开关未闭合，应启动遥控紧急开关。
② 电源没有合闸，应合上电源总闸。
③ 温度过高热继电器跳闸，应复位热继电器。
④ 保险丝熔断，应更换保险丝。
⑤ 电源接线端子松动，应紧固接线螺钉。
⑥ 电缆线芯被拉断，应更换电缆。
⑦ 限位开关短路，应检查限位开关状态。

(12) 带式输送机跑偏

带式输送机跑偏，可以考虑以下原因和对策。

① 盾构机拐弯度数偏大，应用手拉葫芦调整台车上输送带架位置，使之与拐弯度数相适应。

② 输送带内侧粘有泥土，应清洗输送带内侧。

③ 出土块过大，导致输送带受力偏向某一侧，应减小出土块大小。

④ 输送带两边松紧差别太大，应调节带式输送机后面两个螺杆的伸缩来调节输送带某一侧的松紧。

(13) 螺旋输送机出土困难

① 螺旋输送机土压过大的情况下

a. 土的流塑性差，解决方法是给螺旋输送机加些水，同时在接下来的推进中注意加水、加泡沫。

b. 螺旋输送机被不明物体卡住，对螺旋旋输送机进行伸缩。

c. 出土口被堵住，清除堵塞。

② 土压正常的情况下 需考虑土壤黏性是否太大，将整个螺旋输送机粘住。可通过伸缩螺旋输送机来解决。同时，在接下来的推进中注意加些泡沫以改良土壤性质。

(14) 滤芯阻塞

盾构机液压油回路上共有 7 个滤芯，正常情况下，滤芯端面的指示柱为绿色，堵塞时显示为红色。7 个滤芯分别为：液压油专用滤油回路上 1 个，液压油箱前面的回油管路 2 个以及泄油管路 1 个，拼装机上 1 个，推进回路上 1 个，刀盘驱动齿轮油循环回路上 1 个。

滤芯堵塞，应及时更换滤芯。

(15) 油管接头松脱

油管接头松脱，可能是压力过高，油管接头制作不合格造成。例如螺旋输送机闸门液压缸进油口，推进回路的 ASV2 三位四通换向阀的控制油进油口处，曾发生过松脱。油管松脱，液压油会直接喷到外面，应立即通知盾构操纵人员停止作业，停止液压泵的运转。更换新的油管或接头，清理洒在外面的液压油，故障处理完毕方可重新开始作业。

(16) 推进回路压力突然降低

推进回路设四个压力传感器,在触摸屏上有压力值显示,如果压力突然大幅度下降,立即暂停推进,检查推进回路管路是否松脱,查明原因解决故障后方可继续推进。

(17) 管片缝隙漏浆

管片缝隙漏浆,多为盾尾油脂注入不足,应注意推进时盾尾油脂注足。

(18) 全站仪无法搜索到目标

全站仪搜索路线被挡住,清除障碍物;全站仪距离目标太远,该换站了。

10.2 盾构机液压系统故障与排除

10.2.1 盾构机推进系统液压故障案例分析

推进系统受到的制约条件很多,在盾构机掘进中推选系统有时无法推进,故障也很难排除。

(1) 推进系统的液压故障与排除

以下以海瑞克 s266 型土压平衡盾构机用于在某市地铁四号线仑大盾构区间和地铁五号线杨珠盾构区间施工为例分析故障排除过程。

图 10-2 所示为 s266 型盾构机推进液压系统 A 组原理及液压缸布置图。

在图 10-2 中推进液压缸 $Z1 \sim Z30$,共有 30 个,其中 $Z4$、$Z11$、$Z19$、$Z26$ 是带有行程测量系统的液压缸,通过这 4 个液压缸可以在盾构机的操作室中显示各自代表组的液压缸行程($0 \sim 2000mm$)。单缸和双缸间隔均匀布置,被分配以 20 个不同的编号($1 \sim 20$),按上下左右分为 4 组,A 组包括圆周上方的液压缸 1、2、18、19 和 20,图 10-2 给出了 A 组推进液压缸控制阀和 18 号液压缸的回路,B、C、D 组液压缸的回路与 A 组相同,盾构机的推进系统由 75kW 的电动机驱动推进液压泵 9 向各推进液压缸提供液压油。

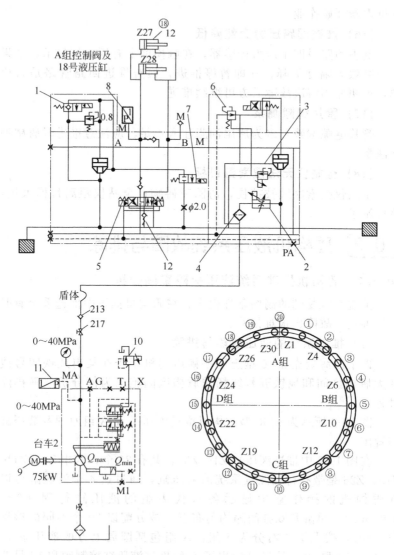

图 10-2 S266 型盾构机推进液压系统 A 组原理及液压缸布置图
1—拼装模式液压缸流量控制阀；2—液压缸组流量控制阀；3—液压缸组压力控制阀；
4—过滤器；5—液压缸推进控制阀；6—拼装模式液压缸组流量控制阀；7—拼装模式液压缸预卸压阀；8—液压缸组压力传感器；9—75kW 电动机及推进泵；
10—液压泵压力控制阀；11—推进液压泵压力传感器；12—单向阀

盾构机的推进系统有两种工作模式：一种是掘进模式，另一种是管片拼装模式。在掘进模式下，PLC控制系统根据盾构机操作人员的操作指令，通过调节阀2和阀3输出的电信号来控制盾构机的掘进，通过阀2可以控制该组液压缸的流量，通过阀3可以控制该组液压缸的工作压力。在盾构机需要调节方向时，控制阀2在保证该组液压缸流量充足的条件下调节阀3增加或减小该组液压缸的液压油压力，从而实现盾构机调节方向；在管片拼装模式下，PLC控制系统根据设定值向控制阀3、阀6和阀10输出电信号，通过阀6增大该组液压缸的流量，通过阀3控制该组液压缸的工作压力，通过阀10控制推进液压泵的工作压力。在拼装模式下，阀3和阀10控制的工作压力值基本是相同的。拼装模式下伸液压缸时通过阀5的阀芯在右侧实现液压缸伸出。拼装模式下缩液压缸时阀7先打开约2s，将液压缸无杆腔的高压油卸压后，阀1和阀5再同时动作，实现液压缸的缩回，这样可以减小液压缸的冲击。

① 故障现象　盾构机准备开始掘进时，操作人员启动推进系统进行推进，推进液压泵正常启动，但调节液压缸组压力时油压一直处在启动压力（约1.4MPa）下，各组液压缸压力不升高，无法推进。

② 故障原因　为何推进液压泵的压力传感器11能控制盾构机的推进呢？通过S266盾构机上PLC程序对盾构机的推进系统进行了详细分析。盾构机每组液压缸的压力调节按钮对PLC的输入值加上2.5MPa作为相应组推进液压缸的压力控制值 a 控制盾构机相应组液压缸的压力控制阀3，而相应组液压缸的压力传感器值的最大值加上2MPa的最大值 b 与推进液压泵的压力传感器11的值保持动态平衡，动态调节推进液压泵压力控制阀10，从而保持各组推进液压缸的压力值，控制盾构机的转向。简单地说，就是如果增大A组液压缸的压力控制阀3的调定值，则此时A组液压缸压力传感器8的实际值变得不足，而液压缸组压力最大值 b 要与压力传感器11的值保持相等，所以PLC要调节压力控制阀10，增大压力使液压缸组压力最大值 b 和压力传感器11的压力值保持相等。由于压力传感器11已经损坏，无法与压力传感器8进行动态平衡，所以无法对压力控制阀10输出电信号，因此各组液压缸的压力无

法调节。当压力传感器11更换后，盾构机的推进系统恢复正常。

③ 故障排除　从故障现象可以看出，盾构机不允许推进，一定是某个条件未满足。首先检查两项盾构机推进允许的条件，没有发现异常。当将推进系统处于管片拼装模式时，推进液压缸的伸缩及油压都正常。由此可以判断，管片拼装模式下所有的工作阀都是正常的，没有损坏。在掘进模式下检查推进系统液压缸组流量控制阀2和工作压力控制阀3电信号是否正常，经检查发现都正常。因为从各方面都检查不出问题，只能再详细检查盾构机掘进情况下各参数值与以前正常掘进时有什么不同。最后发现主控室显示屏上盾构机掘进压力值异常，显示为40MPa，此值是从推进液压泵的压力传感器11（图10-2）从液压泵的液压油出口向PLC输送的一个信号。检查此传感器发现，施工人员上台车时将传感器踩坏，电信号线折断。将此传感器更换，故障排除。

(2) 推进液压缸同时伸出的故障排除

① 故障现象　地铁五号线杨珠区间盾构机组装完成后，在进行推进系统调试时，盾构机在推进系统管片拼装模式下，应单个推进液压缸在进行伸缩时，却有几个推进液压缸同时伸出。

② 故障产生原因　盾构机的停置时间过长，导致盾构机推进系统的单向阀12（图10-2）有些锈蚀，致使单向阀失效。同时，回油过滤器过滤效果不好，过滤前后存在压差，导致液压缸伸出。当回油过滤器更新后，且过滤效果良好，过滤器前无压力，从而排除故障。当盾构机掘进系统正常工作后，单向阀12由于经常工作又恢复正常。

土压平衡盾构机掘进系统在盾构机液压系统中是非常关键的一部分，此液压系统出现的故障是最常见的也是最难排除的，机械工程师在掌握液压系统的同时也要熟练掌握其电气系统，尤其是PLC部分（程序的相关知识）。

③ 故障分析与排除　推进液压缸伸出，是推进液压缸的无杆腔进油导致的。当伸出液压缸的前方有障碍物出现时，液压缸的推进力又很小，说明出现故障液压缸的液压油压力很小。检查伸出液压缸的推进主阀5未发现异常。根据推进系统液压原理，当阀5工作正常的情况下，液压缸伸出时应该是液压缸的有杆腔和无杆腔都

存在一定的油压，由于承压面积不同而导致液压缸伸出。在这样的情况下，单向阀12（图10-2）失效后，同时回油的过滤器有一定的阻力才会产生故障。将盾构机液压油箱的回油过滤器拆除更新后，此故障消失。以后，在盾构机拼装时未出现此故障。

(3) 推进系统液压缸不同步故障的排除

某上压平衡式盾构机推进系统由S7-PLC自动控制系统控制。图10-3所示为该盾构机推进液压系统A组原理及液压缸布置图。

如图10-3所示，推进液压缸Z1～Z30，共有30个，其中Z4、Z11、Z19、Z26是带有行程测量系统的液压缸，通过该系统可以在盾构机的操作室中显示推进液压缸杆的伸长量。液压缸在布置上按单缸和双缸的不同，被分配以20个不同的号码G1～G20。按照在盾构机圆周上的分布，液压缸被分为4组，A组包括圆周上方的液压缸G1、G2、G18、G19和G20，图10-3中详细给出了A组推进液压缸的回路，B、C、D组液压缸的回路与A组相同。由75kW电动机驱动的推进液压泵10向各推进液压缸提供液压油。

盾构机推进系统有两种工作模式：一种是掘进模式，另一种是管片拼装模式。在掘进模式下，S7-PLC控制系统根据操作人员的操作指令，通过调节向控制阀2和阀3输出的电信号来控制盾构机的掘进，通过阀2可以控制该组液压缸的工作压力，通过阀3可以控制盾构机的掘进速度；在管片拼装模式下，S7-PLC控制系统根据设定值向控制阀2、阀3和阀5输出电信号，通过阀2可以控制拼装时液压缸组的工作压力，通过关闭阀3和打开阀5来控制拼装时供给液压缸组的液压油流量。

① 故障现象　掘进中盾构机出现如下故障：在掘进模式下，一部分推进液压缸（单缸G1、G19，双缸G2、G18、G20）动作滞后于其他推进液压缸，致使无法顺利掘进。

② 故障原因　从出现故障的液压缸G1、G2、G18、G19和G20都属于A组这一点来看，故障的原因应在包括控制阀在内的A组推进液压缸的内部，而不是在B、C、D组推进液压缸或是推进液压泵上；从整个A组推进液压缸都出现故障看，可以判断故障的原因应在控制整个A组推进液压缸的控制阀2、3、5或是过滤器4上；由于在掘进模式下，A组液压缸滞后于其他3组液压

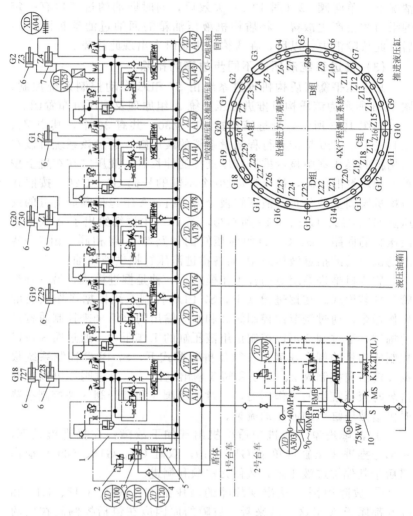

图 10-3 某盾构机推进液压系统原理及液压缸布置图（A组）
1—推进液压缸控制阀组；2—液压缸组压力控制阀；3—液压缸组掘进速度控制阀；
4—过滤器；5—液压缸组拼装模式流量控制阀；6—推进液压缸；7—带有行程
测量系统的推进液压缸；8—液压缸组压力感应塞；9—推进液压泵
压力感应塞；10—推进液压泵

缸，可以判断通过 A 组液压缸掘进速度控制阀 3 到 A 组推进液压缸的流量过小。而 A 组掘进速度控制阀 3 流量过小，又可能由以下 3 种原因造成。

a. 过滤器 4 或相关管路堵塞。

b. A 组掘进速度控制阀 3 出现机械故障。

c. 控制 A 组掘进速度控制阀 3 的 S7-PLC 自动控制系统或电路系统出现故障。

图 10-4 所示为 A 组推进液压缸压力及速度控制电路。

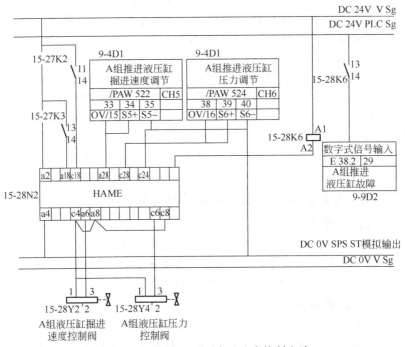

图 10-4　推进液压缸压力及速度控制电路

图 10-4 中的 15-28N2 在掘进模式下，接收 9-4D1 按操作人员操作指令传输过来的调节信号，再向阀 15-28Y2（图 10-3 中 A 组液压缸掘进速度控制阀 3）输出调节信号，调节其阀门开度来控制通过阀 3 的液压油流量，使得 A 组的掘进速度与操作人员的操作

指令相符。

③ 故障排除　检查图 10-3 所示的 A 组推进液压缸的过滤器 4 及其管路，没有发现堵塞现象。由此可以排除过滤器 4 或其相关管路堵塞导致推进故障的可能性。试着用一个备用的新液压缸组速度控制阀替换 A 组液压缸速度控制阀 3 后，在推进模式下故障仍然存在，由此可以排除 A 组速度控制阀 3 的机械故障导致推进故障的可能性。

图 10-4 中 15-28N2 为 A 组推进液压缸压力和掘进速度控制卡；15-27K2 为 A 组推进液压缸压力调节继电器；15-27K3 为 A 组推进液压缸掘进速度调节继电器；15-28K6 为 A 组推进液压缸故障指示继电器 9-4D1 为 S7-PLC 模拟信号输出卡；9-9/Y2 为 S7-PLC 数字信号输入卡；15-28Y2 为 A 组推进液压缸掘进速度控制阀；15-28Y4 为 A 组推进液压缸压力控制阀。检查从控制卡 15-28N2 到控制阀 15-28Y2 导线的通断性，结果是通断性正常。

试着用一块备用的液压缸组压力和掘进速度控制卡替换图 10-4 中的控制卡 15-28N2 后，盾构机的掘进恢复正常，由此可以得出结论，控制卡 15-28N2 的损坏是造成本次推进故障的原因。更换损坏的控制卡后，故障排除。

10.2.2　刀盘驱动液压系统的故障与排除

(1) 故障现象

盾构在掘进时，三个刀盘泵突然出现故障无法重新启动。主控室显示补油泵压力不足，达不到设计要求的最低补油压力，此时补油泵压力显示为 1.8MPa，而设定值为 2.7MPa 左右。

(2) 故障原因

① 检查油箱液位，液位正常，可以排除吸油不足的因素。

② 检查补油泵溢流阀。怀疑溢流阀被卡，造成卸荷。清洗溢流阀后再装回原来位置仍不能建立正常压力，由此判断溢流阀无故障。

③ 补油泵为螺杆泵，自身抗污染能力很强，由于补油泵自身元件损坏造成压力不足的可能性很小，而且在关闭补油泵出口球阀的情况下，调节补油泵溢流阀，压力显示与新泵相同，可以排除补

油泵自身的问题。至此可以判断补油泵压力不足是由于部分流量从某个地方非正常流走造成的。

④ 补油泵除对闭式回路进行补油和对3台主泵进行壳体冷却外，还为螺旋输送机的减速器进行壳体冷却，在补油主管路上还装有蓄能器。检查蓄能器回油管，没有油液流出；关闭通往螺旋输送机减速器管路上的球阀，补油压力还是达不到设计要求。由此可以判断三个刀盘泵内部泄漏是造成补油压力不足的主要原因。

⑤ 在观察三个刀盘泵泄漏油管时发现，3号刀盘泵泄漏油管有大量油液流动的迹象，同时发现斜盘没有归零，卡在5°左右的位置。随即打开3号刀盘泵泄漏油口，发现有铜屑杂质，接着在冷却循环过滤器也发现了大量铜屑。随即将3号刀盘泵送生产厂家拆检，发现泵的内部已严重损坏。如滑靴磨损严重，其中的两个已碎裂成多块，固定回程盘的8个螺栓也全部剪切断裂，且回程盘已断裂成三部分。在3号泵AB口取的油样检测报告显示油液中含有金属粉末，表明整个刀盘驱动系统已受到污染。随即拆下1号和2号刀盘泵及一个驱动液压马达送生产厂家检测。拆检结果显示：1号和2号刀盘泵滑靴都有不同程度的磨损，需要更换，液压马达柱塞环轻微磨损，缸体也有磨损痕迹，打磨后可正常使用。刀盘泵磨损的杂质进入盾构机主油箱，整个液压系统遭到严重污染。

⑥ 初步分析造成3号刀盘泵损坏的原因，可能是油液严重超标。泵滑靴与斜盘之间造成严重划伤，影响了油膜的建立，致使滑靴与斜盘之间干摩擦，并在一段时间后部分滑靴磨损严重，转动平衡被打破，较大的径向力使得固定回程盘的螺栓剪切断裂，回程盘也断裂成3块。机械元件的损坏导致斜盘被卡不能归零，同时使得补油通道直接与泄油口连接，大量补油泄漏，造成补油压力降低，刀盘泵停止运转。生产厂家的拆检报告也证明了这个推测。因3号刀盘泵损坏，磨损的杂质又进入1号和2号刀盘泵，最终导致1号和2号刀盘泵滑靴磨损。磨损的杂质同时进入主油箱，致使其他各系统都遭到不同程度污染。

(3) 故障排除

为尽快恢复掘进，除更换新泵外，还要清洗整个液压系统。依据各部位油样检测报告，判定金属杂质存在于油箱、冷却循环系统、刀盘驱动系统，以及其他液压系统从进油管路到高压过滤器位置。于是，制订如下清洗方案。

① 油箱部分　将油箱内的液压油全部放出，取出液压滤芯，把泵和油箱之间的管路从泵的接口处拆开，并放出管路内的油液；用清洗油冲洗液压油箱和管路；用医用纱布把液压油箱内部擦净；将面粉揉到能拉伸成面的程度，分成3份，用面团分3次粘干净液压油箱的内表面，尤其是油箱的边角处和滤芯筒（液压油箱和滤芯筒内必须彻底清理干净）；更换新的滤芯，上好盖板；油箱内加装新的液压油。

② 过滤冷却循环系统　打开冷却循环过滤器，更换滤芯，同时对过滤器壳体进行清洗；启动冷却循环泵，运行一段时间后，检查过滤器滤芯，如有必要可更换新的滤芯。

③ 刀盘驱动系统　由于液压马达受到污染程度较轻，所以采用离线循环清洗的方法；泵与液压马达之间的管路采用在线循环清洗的方法；补油部分采用自循环清洗的方法。

④ 其他液压系统　拆检辅助泵显示泵内部并没有机械损伤，其他系统情况也大致相同，因此其他液压系统采用自循环清洗的方法清洗。清洗时要时刻观察油液污染度，直到完全达标，清洗工作才能结束。

将三个测试好的刀盘泵安装到原位置，所有管路按原设计连接，油箱内加装新油，各系统分别调试。调试时，时刻观察各液压元件的压力、噪声、振动、速度、温升等，并在系统各关键部位提取油样化验。盾构机恢复掘进后，各液压系统运行平稳，压力、噪声等无异常现象。

油液污染是导致本次故障发生的主要原因，一旦液压系统遭到污染，带来的结果必定是液压元件的损坏。建立定期进行油样分析制度是盾构机使用过程中必不可少的一个环节。如果从设计的角度出发，增加一些保护元件过滤装置是值得的。

10.2.3　刀盘卡死故障与排除

(1) 故障现象

① 循环不充分或泥浆黏度过大。掘进结束后，如果循环时间

过短，开挖仓内碴土没有排净，拼装管片时大粒径卵石及未排干净的碴土会沉积在开挖仓底部，在再次转动刀盘时，刀盘受到的摩擦阻力矩较大，尤其超过液压系统额定最大转矩时刀盘就会被卡住。

② 当膨润土浆液浓度过高时，停止掘进后高浓度泥浆会在开挖面形成一层较厚的泥膜，刀盘刀具可能被嵌入泥膜中，加上开挖后泥浆中沉淀下来的一些碴土，使得刀盘旋转的阻力矩较大，造成刀盘不能旋转。

(2) 故障原因

① 盾构刀具磨损严重。盾构机在砂卵石中掘进时，地层对盾构刀具磨损较严重。刀盘磨损会导致转矩突然增大，当大于其安全转矩时，刀盘停止旋转，造成再次启动困难。

② 停止掘进后刀盘旋转时间太短，停机转矩过大。一方面，停机位置地层中与刀盘接触的部分砂石未被切削下来；另一方面，已经切削下来的较大卵石因为刀盘停止旋转不能随膨润土悬浮液（泥浆）排出开挖仓而沉积下来。这也会对刀盘再次启动造成困难。

③ 地层产生变形。保压过程中地层可能产生变形压迫刀盘，使刀盘启动摩擦力矩较大，造成刀盘卡死。

(3) 故障排除

① 可以通过泥浆循环系统和冲刷系统对开挖仓及刀盘反复进行冲刷，然后转动刀盘，顺时针、逆时针各试几次，也可以将刀盘旋转按钮打到脱困转矩模式下启动刀盘。

② 通过泥浆循环系统反冲模式冲刷沉积在开挖仓下的碴土，再通过正常的循环模式排出开挖仓内的碴土，然后转动刀盘。

③ 将推进液压缸全部缩回，缩回长度不能太大，使盾构向后退一些，刀盘刀具离开开挖面然后顶紧液压缸旋转刀盘（此种方法可能会对盾尾密封刷造成意外损坏，需谨慎使用）。

④ 解决泥浆浓度不合理造成的刀盘被卡问题，必须合理配置泥浆浓度，使其既能很好地在开挖面形成泥膜，又不会因泥膜太厚而使刀盘被卡。

⑤ 发现刀盘转矩、掘进推力等参数不正常时带压进仓检查刀具磨损情况，必要时更换刀具。

⑥ 掘进结束后，让刀盘继续旋转直到刀盘转矩降到安全值以

下再停止。

⑦ 盾构停止掘进保压期间,每隔 2～3h 转动一次刀盘,刀盘有转动即可停止,以免过度扰动地层。

10.2.4 管片拼装系统的故障与排除

管片拼装系统故障的表现、产生原因及处理方法见表 10-1。

表 10-1 管片拼装系统常见故障及处理方法

故障表现	产生原因	处理方法
拼装机提升液压缸、小节液压缸自动伸出或收回	平衡阀堵塞或损坏	更换平衡阀阀芯
	液压缸内泄	更换密封修理包
提升液压缸、平移液压缸、小节液压缸无动作	油路中有空气	排气
	公共电源线 Sl22 线芯断裂	更换备用线

管片拼装系统比较常见的故障之一是拼装机的提升液压缸、小节液压缸自动伸出或收回,该故障导致操作者拼装时很难将管片精确定位,从而影响管片拼装质量。

一般来说,产生该故障的原因是控制液压缸回路的平衡阀堵塞或损坏,更换平衡阀阀芯即可解决,但是如果液压缸本身产生内泄漏,也会产生同样的故障现象。因此,在更换阀芯后若故障依旧存在,则可检查液压缸是否存在内泄漏。

同样的故障现象可能由不同原因产生,在处理故障时可以依据经验来判断故障产生的原因,但不能完全依靠经验。

(1) 故障现象

在钳口位置处于下半周时,拼装机所有动作均正常,但当钳口位置旋转到上半部一定角度时,提升液压缸、平移液压缸和小节液压缸均无动作,而且这种故障并不是旋转到某一固定位置时才产生,即具有随机性。

(2) 故障原因

首次遇到上述故障是在拼装机更换液压油后,由于此前设备工作正常,故分析可能是在换油过程中排气不充分,造成各工作液压缸没有动作。在重新排气之后,故障得以解决。

但如果在同样情况下反复排气,甚至按规范重新加注液压油后故障依旧，只能另找原因。另一次出现此类故障时，检查电磁阀后发现线圈没有吸合，用万用表测量，发现各液压缸的电磁阀均没有通电。对照拼装控制电路（图 10-5），怀疑公共电源线 Sl22 线芯断裂，故只能在部分位置正常接触，而在旋转到某些部位时则会脱开造成断电。

由于 XF2 所在的控制箱与 JO5 控制箱距离较远，无法直接用万用表测量，因此用一根长接线与 XF2 的 14 号接线柱连接，然后用万用表测量远端与 JO5 上的 26 号接线柱，证实线路不通。

（3）故障排除

于是决定换备用线，但是由于从拼装控制箱的 XF2 到 JO5 的电缆线经过电缆卷筒，而厂家在安装定位时设计不合理，电缆卷筒接线端子转换架无法拆卸，相应的备用线也无法更换。分析拼装机的工作性质，1 和 4 小节是在拼装过程中对管片位置起微调作用，而操作工只使用 2 和 3 小节时就能很好地完成管片的拼装，因此决定将控制 4 小节伸出的 13 号线改为电源公共线，即将 XF2 的 14 号线与 12 号线对换，JO5 内 23 号线与 26 号线对换，操作后拼装机正常工作。

10.2.5 盾构机施工中设备泄漏的故障与排除

盾构隧道最大埋深位于水面以下约 60m，最大水压力约 0.65MPa，隧道所穿越的主要地层包括：填土和淤泥质粉质黏土、粉土、粉砂、粉细砂、砾砂、圆砾及少量强风化粉砂质泥岩，地层的透水性较强（渗透系数达 $10^{-2} \sim 10^{-3}$ cm/s），水文地质情况比较复杂。

（1）故障现象

盾构机的主驱动密封装置共有 5 道密封：第 1 道为主驱动密封油脂密封；第 2、3 道均为润滑油脂密封；第 4 道为齿轮油和压缩空气混合密封；第 5 道密封为泄漏腔，用来检查主驱动密封装置的密封情况，正常情况下泄漏腔没有润滑油。盾构机推进一段距离后，在泄漏腔的集油箱内发现了润滑油（始发时集油箱是空的），经检测为齿轮油，并且每天泄漏的油量有所增加。

（2）故障原因

① 主驱动密封为 5 道唇形密封，这种结构的特点是开挖舱压

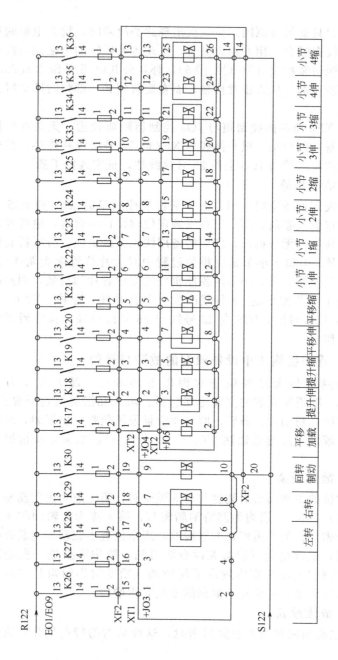

图10-5 拼装控制电路

力越大,密封性能越好;反之,开挖舱压力越小,密封效果越差。因盾构机掘进距离较短,开挖舱压力较低,因此第4、5道唇形密封外侧压力很低,所以唇形密封的压力特性不好,只能依靠密封圈自身的张力进行密封。在主驱动旋转后,会在唇形密封接触处产生油膜,外侧压力越低,油膜越多。

采取的措施:首先,严格控制主轴承密封油脂的注入压力,使其压力略高于开挖舱压力,防止主轴承密封油脂压力低于开挖舱压力使泥浆进入密封腔内导致密封被破坏;其次,注意观察泄漏腔内油的泄漏量是否增加,并注意定期取样进行化验分析,确定泄漏油的品质;再次,合理设定主驱动各密封腔的油脂、润滑油的压力。

在采取上述措施一段时间后,泄漏腔不再继续漏油,主驱动密封装置工作正常。

② 推进液压缸漏液压油:在盾构机掘进期间,每推进一环,推进液压缸要伸长、收缩各一次,伸缩比较频繁。同时,推进液压缸所处位置环境较差,尤其下部区域的泥浆、砂浆等杂质较多,容易损伤推进液压缸的密封装置,使推进液压缸泄漏液压油。在项目盾构掘进期间曾发现一个推进液压缸向外泄漏液压油,起初向外渗油,随着时间的推移,渗漏程度逐步加重,变成了漏油。

将该液压缸解体检查,发现液压缸活塞杆上有一条弯曲状长度约60mm的疤痕,液压缸导向套内部与活塞杆配合的密封圈和导向套均严重磨损,液压缸活塞杆尾部的密封圈和导向套磨出深约1mm的沟槽,液压缸筒体的内壁被磨出深约1mm的沟槽。针对检查情况,经研究、分析认为,在设备运输期间,液压缸活塞杆受到损伤产生疤痕,当液压缸伸缩时,活塞杆上的疤槽多次经过液压缸导向套内部的密封圈和导向套,使密封圈和导向套被磨损;磨损下来的碎屑颗粒进入液压缸内并沉积到液压缸内壁上,进而导致液压缸缸筒内壁和液压缸活塞杆尾部的密封圈及导向套磨损,随着液压缸伸缩次数的增加,密封圈和导向套等部位的磨损越来越严重,液压缸从渗油逐步发展成漏油。

(3) 故障排除

针对液压缸的损坏情况,对损伤的部件进行了修复,包括将活塞杆退镀,补焊损伤有疤格的部位,然后打磨、抛光,重新为活塞杆镀铬并抛光；将液压缸缸筒内径镗磨扩大1mm；重做液压缸活塞头，将其内径扩大1mm；更换了液压缸导向套内部和液压缸活塞杆尾部的密封圈和导向套。经修复后的液压缸使用情况良好，再未出现漏油情况。

10.2.6 液压油温度过高故障的排除

(1) 故障现象

德国海瑞克公司生产的上压平衡式盾构机，曾用于某地铁一号线的隧道施工。在现场施工中，两台盾构机均出现液压油温度过高报警现象（该盾构机液压系统各装置设定报警温度均为60℃）。检查了盾构机的工作负荷得知，刀盘转矩只有1900kN·m（最大设定转矩为4350kN·m）；螺旋输送机转矩只有120kN·m（最大设定转矩为239kN·m）。由于盾构机负荷很小，而且各液压装置回油均畅通，所以可以排除因盾构机负荷过大和液压装置回油油路不畅而导致液压系统油温过高的原因。但由于液压油箱的油温也过高，所以可以推断，盾构机整个液压系统油温过高可能是由于液压油冷却装置有问题而引起的。由于液压油箱的油液是通过冷却水进行冷却的，如图10-6所示，所以当盾构机进水压力低、进水温度高、水过滤器滤网堵塞、液压油箱油位过低及液压油和冷却器的冷却水回路不畅时，都将引起液压油温度过高而报警。

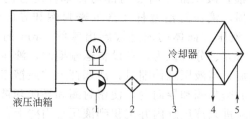

图10-6　海瑞克盾构机的油箱油液过滤冷却系统
1—水过滤器；2—水压表；3—水温表；4—出水管；5—进水管

(2) 故障原因

① 检查进水压力　若盾构机进水压力低，整个盾构机水流量不足，引起冷却器进水压力低，进而通过冷却器的水流量小、流速慢，使液压油得不到有效冷却，将导致液压油温度过高。检查盾构

机进水水压表（图 10-7），压力值为 0.5MPa，也就是说，压力是正常的。

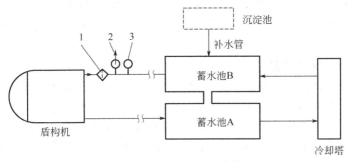

图 10-7 冷却水循环示意图
1—供液压泵；2—过滤器；3—油压表

② 检查进水温度 若盾构机进水温度高，引起冷却器进水温度也高，液压油同样得不到有效冷却，将导致液压油温度高。盾构机进水温度受环境影响大，当环境温度高时，进水温度就高。进水温度要求不超过 30℃ 是正常的范围，检查图 10-7 所示盾构机的进水温度表，显示进水温度正常。

③ 检查水过滤器滤网 卸下水过滤器的顶盖，取出滤网，发现滤网清洁干净（事先已清洗），表明这里也没有问题。

④ 检查液压油箱的油位 观察液压油箱的油位，查得油位正常，油箱油量充足。

⑤ 检查液压油冷却回路 卸下液压油过滤器的滤芯，发现滤芯清洁。检查液压泵的供油压力，结果压力正常。用手分别触摸冷却器进、出油管，发现进油管较热，出油管也较热。由此可知，液压油在冷却器中未得到很好冷却，说明冷却器有故障。卸下液压油冷却器，检查冷却器的进水口和出水口，发现冷却器进、出水口的水道小孔被污垢和铁锈等脏物堵塞。

用清洗剂及高压水清洗冷却器内部的水道小孔，并用铁丝疏通每一个小孔，直至冷却器水道完全畅通。将清洗干净的冷却器重新安装试机，液压油的温度正常，油温报警现象消失，故障被排除。

由于冷却水管是铁管，容易生锈，自来水中含有不少铁锈杂质,这些水未经处理就通过水泵直接供入盾构机,虽经过水过滤器过滤。但由于水过滤器滤网网孔较大,只能滤掉直径较大的杂质,而其他的杂质和形成的水垢等脏物容易堵塞冷却器内部的水道小孔,使冷却器水流不畅。液压油不能正常冷却,从而导致油温过高而报警。

(3) 故障排除

为了解决这一问题,对供水装置进行了改进,即增加了一个沉淀池(见图10-7中的虚线部分)。对蓄水池的补水,先在沉淀池中进行沉淀和软化处理,再补水至蓄水池中,并将原蓄水池中的沉淀脏物清洗干净,在蓄水池B中加入防锈剂,使供入盾构机的水干净清洁。改进后,两台盾构机再未出现过因冷却器内部水道小孔被脏物堵塞引起液压系统油温过高而报警的现象。

10.3 盾构机电气系统故障与排除

盾构机上面的电气连接和控制系统相当于盾构机的神经网络,研究了盾构机的电气系统原理,并在此基础上研究了电气故障处理方法。首先要论述盾构机上面的配电系统,然后研究控制技术,在这些基础上研究故障处理方法。掌握好这些技术才能更完善地了解盾构机和处理盾构故障。盾构施工工期紧,施工安排紧凑,盾构机出现故障势必影响盾构施工进度与工程效益,掌握盾构机的电气技术对于处理盾构机在施工过程中出现的故障具有非常重要的意义。

盾构机是一种隧道掘进的专用工程机械,现代盾构机集机、电、液、传感、信息技术于一体,具有开挖切削土体、输送土碴、拼装隧道衬砌、测量导向纠偏等功能。本节结合NFM盾构机的结构特点,重点介绍NFM盾构机的电气系统组成和处理故障的方法。

凡在盾构密封泥土舱内采用刀盘开挖和用螺旋输送机从密封泥土舱直接排出弃土的盾构,即称为土压平衡盾构。通过大量的工程实践,土压平衡式盾构大大显示出技术经济上的优越性,因而得到了快速发展和推广。盾构机在推进过程中出现了很多机械和电气故障,因此研究盾构机的电气技术对解决盾构机施工过程中出现的问题和对盾构机进行改进具有非常重要的意义。

盾构机掘进系统的控制，多数是采用智能控制方法，所以盾构机上面传感器和电磁阀非常多，线路连接也繁多、复杂。传感器主要有感应式接近开关、压力传感器、电容式流量传感器、温度传感器、转速传感器、压力开关、流量开关温度、开关位移传感器、旋转编码器。电磁阀有比例调节电磁阀和开闭式电磁阀，还有PLC输入输出模块。电气设备繁多，所以出现问题时需要整体去把握研究问题的起因和处理方法。

(1) 处理故障的原则

先简后繁，由外而内，先检查电源，随后再检查外部线路。绝大多数故障是线路故障，断线、短路、接地和接触不良等。PLC程序出问题比较少，对于电气故障要先从简单的地方查起，当外部可能出现的故障点都排除后，才去考虑PLC可能出现的问题。

(2) 故障的种类

在日常掘进的维保过程中，电气方面的问题主要有以下几种。

① 电气元器件损坏　电气元器件，如传感器和电磁阀会出现故障，如损坏或者烧掉，导致不能正常工作。

② 连接线路出现问题　元器件跟模块之间连接，或者通信网络之间连接出现故障，如接触不良或者短路，会导致数据传输不顺畅，无法把信号传到PLC的数据处理模块中。

③ PLC程序部分出错或丢失　程序出错会使得当正常操作时，命令已通过PLC的输入模块输入到处理器，但是不按正常的程序运行，导致程序之间矛盾或者输出不正确，不能正常工作；程序丢失则会让某个PLC接口模块连接不上数据，或者全部PLC模块连接不上，导致显示屏上面显示都是问号。

(3) 故障处理方法

对于不同的问题种类，有不同的故障处理方法。

① 电气元器件损坏的处理方法　当电气元器件出现故障时，屏幕会显示异常，如盾尾油脂2000kPa的压力传感器出现问题时，屏幕就会显示盾尾油脂的压力传感器读数为－2000kPa。最好的检查方法就是把电气元器件接到相同正常工作的传感器接口那里，如果仍正常工作，就把别的正常的传感器接到出现故障的接口那里，

看是否正常工作。这样就可以准确找出电气元件的哪个部位出现问题，元件或者接头损坏就得更换。

② 连接线路出现问题的处理方法　　连接线路中间断开或者短路故障比较难处理，因为盾构机上面的线路都比较复杂，线路较长，连接的地方很多，处理此类问题最有实效的方法是把电箱里的线路一端短接，然后测量另外一端的电阻，如果显示短接，则线路正常，显示有电阻或者断路则线路连接出现问题，接头有松动或者中间线路断开，找出故障点重新接好，设备就能正常工作。

③ PLC出现故障时的处理方法　　由于PLC是采用顺序扫描、不断循环的方式进行工作，PLC出现问题时会引起内部程序逻辑矛盾。PLC不断扫描、检测输入信号，通过内部控制电路输出到控制端，相应的设备就运行，当某段程序出错或丢失，导致输入信号无法被检测，或者信号输入后控制电路运算出现逻辑错误，不能正确输出。处理此类问题的方法是把PLC的程序重新连接到机器上的PLC模块中，通过问题现象检查出哪段程序出错或丢失，重新修改，或者把以前正确的程序重新输入模块中，就可以解决问题。

(4) 故障处理实例

盾构机施工过程中，出现了许多故障，处理这些故障需要特别小心、仔细，应认真研究故障现象，并且做出判断。下面举例说明故障处理的过程和方法。

① 拼装机通电无动作的故障排除

故障现象：在拼装机遥控面板按下拼装机启动按钮时，拼装机泵能正常启动，操作旋转按钮时旋转泵的进油管有绷紧的声音，但是拼装机无动作，改换到现场面板控制时仍无动作。

故障原因：根据现象分析故障的原因可能有以下几种。

a. 拼装机泵不工作，无法提供动力。

b. 阀块上面的电磁阀不动作，导致油路不通。

c. 旋转泵已损坏，输入油后不工作。

d. 线路故障，相关信号无法传输。

e. PLC程序故障，无法检测到操作面板的信号输入。

故障排除：根据现象分析，拼装机泵有动作，排除了a；操作旋转按钮时油管有绷紧,说明操作信号已传入到PLC模块,并且输出有反应,排除d、e;旋转泵质量稳定性较高,出故障的概率非常小,暂先考虑其他可能。查看拼装机的旋转部分图纸,发现图纸上面拼装机旋转泵除了进出油路外,还有个刹车系统,由电磁阀EV5108控制,如图10-8所示。

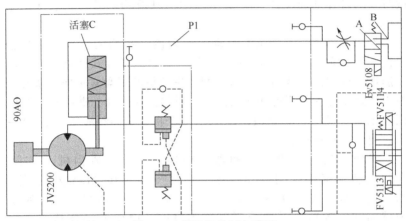

图10-8 拼装机控制电路图

图10-8中JV5200为旋转泵,FV5113和FV5114为比例阀调节旋转转速。EV5108不通电状态下,线路P1接到B端,此时活塞C处于伸长状态,起刹车作用,旋转泵不能动作;当EV5108通电动作后,油路P1接到A端,是进油管路,此时活塞C收缩,刹车松开,旋转泵能动作。检查EV5108的接头输入电压,有24V的电压,继续反复查看发现,电磁阀虽然有电压输入,但是没有工作,把电磁阀接到盾构机上的24V电源中,则有工作,说明接头的电压虽然有24V,但是虚电压;检查电磁阀接头的线路,发现模块120AO从113和213接口输出后,在拼装机的B2电箱接线柱转接时,由于电箱受潮,电线已损坏,接触不良,更换电线,重新接好;使用操作面板控制时,电磁阀工作,刹车打开,拼装机能正常旋转。

② 土压平衡式盾构机管片拼装系统故障的排除 管片拼装系统是德国海瑞克公司土压平衡式盾构机上的一个重要部分,管片拼

装机又是管片拼装系统的主要组成部分，盾构机在掘进一环的距离后，操作人员通过拼装控制器操作管片拼装机，拼装预制好的由6块管片组成的一环单层衬砌管片，使隧道一次成形。管片拼装机由拼装机行走梁、行走架、旋转架、拼装头和拼装机动作执行元件组成。拼装管片时，管片拼装机可以实现6个自由度，从而可以保证被拼装的管片准确就位。图10-9所示为某盾构机管片拼装液压系统原理。

如图10-9所示，45kW电动机驱动两个串联的斜盘式变量轴向柱塞液压泵1和2，通过相应的控制阀组构成开式回路，回油流回油箱。该回路的执行元件包括两个拼装机的斜盘式轴向柱塞旋转液压马达18、两个拼装机前后行走液压缸17、两个拼装机伸缩液压缸16、一个管片抓紧液压缸15、一个拼装头倾斜液压缸14和一个拼装头旋转液压缸13。

操作人员通过拼装控制器发出操作指令，盾构机S7-PLC自动控制系统接收到操作指令后，运行Simatic Manager程序，如果要完成动作的所有必要条件都能满足，S7-PLC自动控制系统就向相应的执行元件控制电磁阀供电，电磁阀动作后，液压油驱动相应的执行元件完成操作人员想要完成的动作；如果一个以上的必要条件不满足，控制系统就不会向相应的执行元件控制电磁阀供电，拼装机也就不能完成操作人员想要完成的动作。

图10-10所示为拼装机旋转控制电路，图中的S7-PLC的数字式信号输出卡9-13D7端口21的输出代表S7-PLC的输出A25.6，当9-13D7的端口21输出电信号给继电器16-13K3时，该继电器的触点11和14接通，拼装机旋转和行走控制卡16-15N2就会给拼装机逆时针方向旋转控制电磁阀16-15Y6（见图10-9中的阀4）供电，驱动液压马达，使拼装机逆时针方向旋转。

拼装管片时该系统出现如下故障：管片拼装机抓起管片后无法旋转，致使管片无法拼装。

拼装机抓起管片后不能旋转，肯定是此时拼装机旋转的某个或某些必要条件不能满足。在监控室利用SimaticManager程序对拼装机旋转的故障进行了实时监控（以拼装机逆时针方向

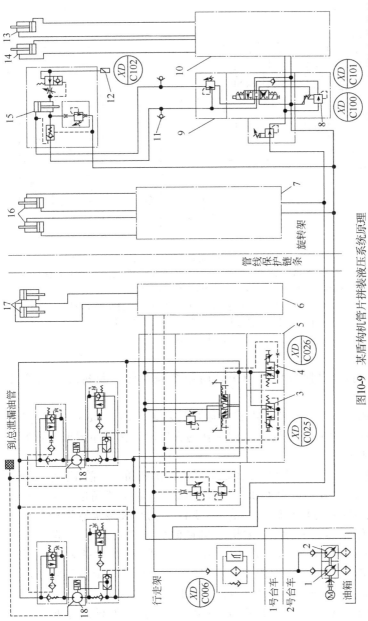

图10-9 某盾构机管片拼装液压系统原理

1、2—液压泵；3—顺时针方向旋转控制电磁阀；4—逆时针方向旋转控制电磁阀；5—旋转液压缸控制阀组；6—行走液压缸控制阀组；7—伸缩液压缸控制阀组；8—管片抓紧液压缸压力调节阀；9—管片抓紧液压缸控制阀组；10—拼装头倾斜旋转液压缸控制阀组；11—测压接头；12—管片抓紧液压缸；13—拼装头旋转液压缸；14—拼装头倾斜液压缸；15—管片抓紧液压缸；16—伸缩液压缸；17—行走液压缸；18—旋转液压马达

第10章 盾构机常见故障排除 ▶▶ 305

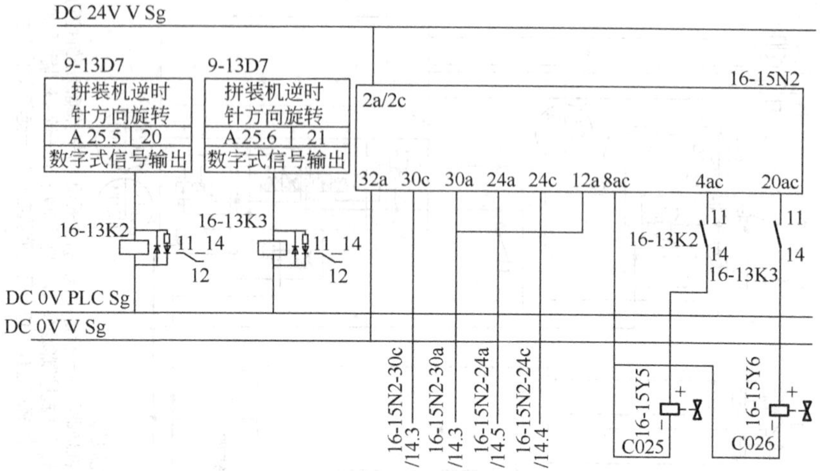

图 10-10 拼装机旋转控制电路

9-13D7—57-PLC 的数字式信号输出；16-13K2—拼装机顺时针方向旋转控制信号输出继电器；16-13K3—拼装机逆时针方向旋转控制信号输出继电器；16-15N2—拼装机旋转和行走控制卡；16-15Y5—拼装机顺时针方向旋转控制电磁阀；16-15Y6—拼装机逆时针方向旋转控制电磁阀

旋转为例），以便找出故障出现时不能满足的拼装机旋转的必要条件。

FB16 是程序中控制拼装机运行的功能模块，Network13 是该模块中控制拼装机逆时针方向旋转的程序段，其程序逻辑流程如图 10-11 所示。

图 10-11 中 DB40.DBD324 为拼装机的当前位置角度；DB40.DBD328 为取自 OB35 的拼装机的当前位置角度；E42.6 为拼装机逆时针方向旋转输入信号；E42.4 为拼装控制器旋转和行走控制解锁信号；M121.5 为拼装机逆时针方向旋转控制器条件解锁；T123 为延时断开 S5 定时器；DB43.DBD80 为拼装机逆时针方向旋转角度最大限定值 200°；M121.0 为拼装机旋转限制条件解锁；A25.6 为拼装机逆时针方向旋转控制信号输出。

图 10-11 中的 "E42.6" 是一个常开接点，如果条件 E42.6 能

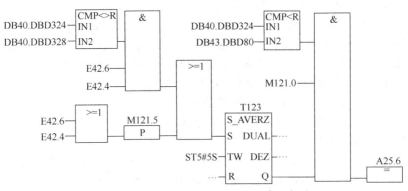

图 10-11 FB16 中 Network13 的程序逻辑流程

够满足,就向下一个逻辑单元输出信号;如果条件 E42.6 不能够满足,就不能向下一个逻辑单元输出信号。包含"CMP<>R"和"CMP<R"的方框是浮点数比较逻辑盒,该类型的逻辑盒按所选定的比较类型将 IN1 和 IN2 进行比较,如果比较为"真",该逻辑盒就向下一级逻辑单元输出信号;反之,就不会向下一级逻辑单元输出信号。包含"&"的方框是个"与"逻辑盒,当"与"逻辑盒左边的条件都能够满足时,"与"逻辑盒就向下一级逻辑单元输出信号;反之,就不会向下一级逻辑单元输出信号。包含">=1"的方框是一个"或"逻辑盒,当"或"逻辑盒左边的条件有一个以上可以满足时,"或"逻辑盒就向下一级逻辑单元输出信号;反之,就不会向下一级逻辑单元输出信号。包含"P"的方框是一个逻辑操作结果上升沿检查逻辑盒,当上一个逻辑单元从无信号输入该逻辑盒变到有信号输入时,该逻辑盒就向下一级逻辑单元输出一个脉冲信号,所有其他情况下该逻辑盒都不会向下一级逻辑单元输出信号。T123 是一个延时断开 S5 定时器,当上一个逻辑单元有信号输入定时器的"S"端时,定时器的"Q"端输出信号给下一个逻辑单元,当上一个逻辑单元从有信号输入定时器的 S 端的状态变到没有信号输入时,定时器的 Q 端仍然会在"TW"端预置时间值的时间内,输出信号给下一个逻辑单元,直到 TW 端预置时间值的时间结束,Q 端才停止向下一个逻辑单元输出信号。包含"="的方框是 S7-PLC 的一个输出结果。

在用 Simatic Manager 进行实时监控时，如果某项条件可以满足，该条件与下一逻辑单元的连线就会以绿色实线的形式显示；如果条件不满足，就以蓝色虚线的形式显示。通过监控发现，由于条件 M121.0 不能满足，导致得不到输出结果 A25.6。

利用 Simatic Manager 程序进一步监控发现，条件 M121.0 不能满足是由于条件 E44.2 不满足造成的，即管片抓紧液压油压力监控信号不正常。

图 10-12 所示为管片抓紧液压油压力监控电路。当拼装机抓起管片时，如果管片抓紧液压缸液压同路中压力达到或超过图中管片抓紧液压力开关 16-25B4（见图 10-9 中压力开关 12）设定的压力值 8.5MPa 时，压力开关就会闭合，24V 的电信号就被输入 S7-PLG 的数字式信号输入卡 9-14D5 的信号端口 6，表示管片抓紧液压油压力监控信号正常，条件 E44.2 可以满足；反之，就没有 24V 的电信号被输入 S7-PLG 的数字式信号输入卡 9-14D5 的信号端口 6，表示管片抓紧液压油压力监控信号不正常，条件 E44.2 不能满足。

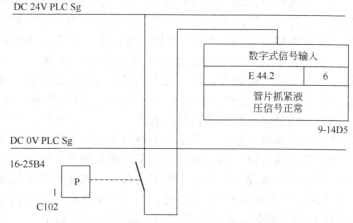

图 10-12　管片抓紧液压油压力监控电路

9-14D5—S7-PLC 的数字式信号输入卡；16-25B4—管片抓紧液压油压力开关

条件 E44.2 不能满足，可能由以下三种原因造成。

a. 拼装机抓起管片时，管片抓紧液压油压力不足 8.5MPa。

b. 管片抓紧液压油压力监控回路存在问题。

c. S7-PLC 系统内部存在问题。

本着由易到难的故障查找原则，首先用油压表测量拼装机抓起管片时的管片抓紧液压油压力。在图 10-9 中测压接头 11 处安装 0~20MPa 量程的油压表后测量，结果是 8.45MPa，小于图 10-9 中压力开关 12 的设定压力值 8.5MPa。再检查图 10-9 中的力调节阀 8，发现其压力调节螺柱的锁紧螺母 E1 松动。由此可得出结论：拼装管片时的振动使图 10-9 中阀 8 的压力调节螺柱锁紧螺母松动，导致管片抓紧液压油压力下降，使条件 E44.2 不能满足，从而得不到输出结果 A25.5 和 A25.6，最终导致拼装机不能旋转。

在图 10-9 中测压接头 11 处安装一块，0~20MPa 量程的油压表，在拼装机抓起管片时，松开图 10-9 中阀 8 的压力调节螺柱锁紧螺母，顺时针转动压力调节螺柱，观察压力表直至油压被调至 9.0MPa，将锁紧螺母锁紧。管片抓紧液压油压力经过调整后，故障消除。

盾构机管片拼装系统故障可能涉及机械、液压、电路、S7-PLC 自动控制系统及盾构机操作等多方面，只有系统地掌握这几方面的知识，运用 Simatic Manager 程序监控故障运行过程，充分进行推理分析、测试及调整，才能够准确快速地找到故障原因并排除管片拼装系统的故障。